Werner Trutwin

Zeit der Freude

Religion – Sekundarstufe I
Band 1
Jahrgangsstufen 5/6
Grundfassung

Patmos

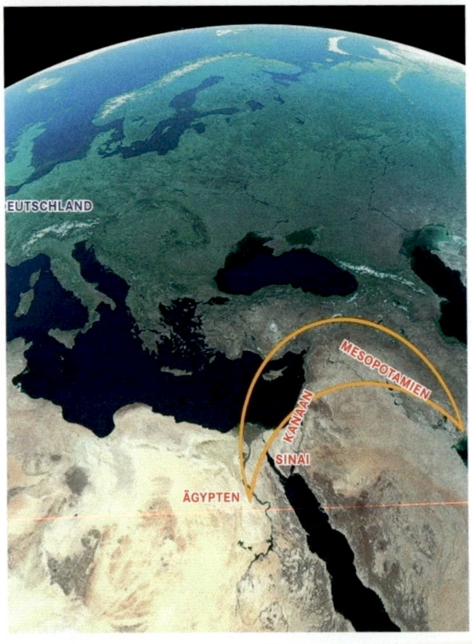

Inhalt

GOTT

JESUS

GESCHICHTE – GESTALTEN DER CHRISTENHEIT

KIRCHE

RELIGIONEN

Methoden

Vorschläge zum Lernen

Die „Zeit der Freude“ stellt sich vor

Bild auf dem Umschlag:
Alfred Manessier (1911–1993), Alleluja II
(hebräisch: „Lobt Gott“), 1961

Liebe Schülerinnen und Schüler,

mein Name ist „Zeit der Freude.“ Ich möchte euch im Religionsunterricht begleiten und euch dabei Freude machen.
Ihr seid dabei, euch in einer neuen Schule auf den Weg zu machen, auf dem ihr viel erleben werdet. Religion – das ist auf diesem Weg ein ganz besonderes Fach. Da lernt ihr nicht, wie man richtig schreibt oder rechnet, da lernt ihr nicht Englisch, Biologie oder Erdkunde – also Themen die wichtig sind, aber auf einzelne Lebensbereiche zielen. Im Religionsunterricht geht es um ein Thema, das umfassend ist, das euer ganzes Leben betrifft. Hier hört ihr von der **Freudenbotschaft Gottes für alle Menschen**. Sie hat viel Gutes mit euch vor.
Der Religionsunterricht ist wie ein **großes Haus**, in dem es viele verschiedene Zimmer gibt. Da finden sich ganz unterschiedliche Dinge: Buchregale, Lichtquellen, Bilder, PCs, Telefon, Radio und Handys, Esstische, Wasseranschlüsse, Stühle und Betten usw. Man braucht eine gewisse Zeit, um alles genau kennenzulernen und alles richtig gebrauchen zu können. Im Religionsunterricht werdet ihr ebenfalls viele Entdeckungen machen, aber in den nächsten zwei Jahren nicht so viel, dass ihr nicht später weiterhin auf immer Neues stoßen werdet. All das erfordert auch etwas Mühe, wird euch aber Freude machen und bereichern.
Wenn zur „Zeit der Freude“ etwas zu fragen oder zu kritisieren gibt, wenn ihr gute Ideen habt, so schreibt meinem Verfasser.
Seine Adresse: Dr. Werner Trutwin, Cornelsen Verlag GmbH, Rosenheimer Straße 143, 81671 München
Jetzt wünscht euch allen einen guten Start
eure

Zeit der Freude

A Was können wir tun, damit der Religionsunterricht gelingt?

1 Richtet gemeinsam den **Raum**, in dem der Religionsunterricht stattfindet, so ein, dass er dafür gut geeignet ist. Ihr könnt z. B. dafür sorgen, dass ein Kreuz an der Wand hängt, dass Blumen und passende Bilder den Raum schmücken, dass auf einem Plakat Fotos von euch allen zu sehen sind u. a. Welche Ideen habt ihr?

2 Wenn ihr zuhause **kleine religiöse Gegenstände** wie Bilder, Bücher, Kreuze, Weihwasserbecken, Rosenkränze, Medaillen oder Kerzen habt, bringt sie mit in den Unterricht und erklärt euren Mitschülerinnen und Mitschülern, was sie bedeuten.

3 Verteilt in der Klasse einen kleinen Bogen, auf dem ihr folgende **Sätze ergänzt**:
- Ich **erwarte** und **erhoffe** vom Religionsunterricht …
- Ich gehe mit diesen **Fragen** an den Religionsunterricht …

Sammelt eure Zettel ein und besprecht eure Antworten gemeinsam mit eurer Religionslehrerin/eurem Religionslehrer.

4 Fragt eure Religionslehrerin/euren Religionslehrer, was sie/er **von euch** erwartet.

5 Welche Lebensfragen möchtet ihr ergänzen oder streichen?

6 Stellt einen „**Briefkasten** für den Religionsunterricht“ aus einem Schuhkarton her. Hier könnt ihr eure Fragen und Anregungen einwerfen, ohne dass ihr dabei euren Namen angeben müsst. Von Zeit zu Zeit solltet ihr den Kasten öffnen und die Fragen im Unterricht besprechen.

7 Wenn ihr ein **persönliches Problem** habt, über das ihr nicht öffentlich sprechen wollt, wird eure Religionslehrerin oder euer Religionslehrer gewiss Rat wissen.

Lebens-Fragen stellen

Warum bin ich eigentlich da?

Woher komme ich? Wohin gehe ich?

Woran kann ich mich im Leben letztlich halten?

Gott – wer ist das? Gibt es überhaupt Gott?

Warum gibt es so viele Gebote und Verbote?

Jesus – wer ist das?

Gibt es eigentlich Wunder?

Warum gibt es so viel Leid in meinem Leben und auf der Welt?

Was bedeutet es, Christ zu sein?

Glauben – wie geht das?

Was glauben und tun die Menschen in anderen Religionen?

Warum ist die Kirche auch heute wichtig?

Kyu-Chul Ahn (geb. 1955), Ohne Titel.
Bezieht das Bild auf eure Erwartungen an den Religionsunterricht.

Wie ihr mit „Zeit der Freude" umgehen könnt

Das Inhaltsverzeichnis

Im **Inhaltsverzeichnis** (→ S. 2–5) findet ihr die Themen des Buches. Ihr braucht im Unterricht nicht alle Kapitel **der Reihe nach** durchzugehen, bis ihr an den Schluss kommt. Schaut euch zuerst einmal das Buch etwas näher an und entscheidet dann zusammen mit eurer Religionslehrerin/eurem Religionslehrer, mit welchem Kapitel ihr anfangen wollt und wie es weitergehen soll.

Die Kapitel

- Die **einzelnen Kapitel** haben denselben Aufbau. **Auf der ersten Doppelseite** erfahrt ihr, worum es geht und was zum Lernen vorgesehen ist. **Am Ende des Kapitels** könnt ihr zeigen, was ihr gelernt habt und wozu das Gelernte gut ist. Der **Hauptteil** des Kapitels ist in **mehrere Abschnitte** gegliedert, aus deren Überschriften ihr oft schon erkennen könnt, was hier im Einzelnen behandelt wird.
- Manche **umfangreicheren Kapitel** (z. B. S.48–73 oder 112–145) könnt ihr aufteilen und in Gruppen oder zu verschiedenen Zeiten bearbeiten. Eine andere Möglichkeit ist es, die Abschnitte auf **einzelne Schüler/innen** zu verteilen.

Die häufigsten Abkürzungen

- **A** steht für **Aufgaben**. Manche Mädchen und Jungen denken bei **A** auch an **Arbeit**, was auch nicht ganz falsch ist. Die Aufgaben sollen **A**nregungen für den Unterricht sein und euch ermöglichen, unterschiedliche Fähigkeiten zu erwerben. Ihr braucht und könnt aber nicht alle Aufgaben bearbeiten. Das wäre langweilig. Da kämet ihr auch nach zwei Schuljahren an kein Ende. Ihr müsst eine **A**uswahl treffen. Oft könnt ihr die Aufgaben auch auf verschiedene Schüler/innen oder verschiedene Gruppen verteilen. Am besten wäre es, wenn ihr euch selber interessante Aufgaben stellt, die zum Thema passen.
- **L** steht für **Lexikonartikel** oder **Lernwissen**. Hier findet ihr wichtige Informationen zum Thema.
- **!** steht für die **Erklärung von Begriffen,** die auf der Doppelseite vorkommen und euch vielleicht fremd sind.
- **M** steht für **Methode**. „**Methoden**" (griechisch: „einen Weg gehen") sind **Lernwege**. Sie helfen euch, **das Lernen zu lernen.** Es reicht nicht, nur das aufzunehmen, auswendig zu wissen und zu wiederholen, was im Unterricht gesagt wurde oder was im Buch steht. Methoden helfen euch zu verstehen, **auf welchen Wegen** ihr zu Erfahrungen, Fertigkeiten und Erkenntnissen kommt. Insgesamt finden sich in „Zeit der Freude" vier Methoden:
  M1 – Die Perspektive wechseln: → S. 22
  M2 – Einen (biblischen) Text erschließen: → S. 60
  M3 – Ein Bild sehen und deuten: → S. 120
  M4 – An einem Projekt arbeiten: → S. 170
- **V** steht für **Vorschlag** zur abwechslungsreichen Gestaltung des Unterrichts. **V** kommt in vielen Aufgaben vor, z. B. **V1** „Ein Religionsheft anlegen". Alle 11 Vorschläge sind näher erklärt: → S. 214.

Wir stellen uns vor

Hey! Ich bin **Anke**. Ich höre nur ab und zu etwas von Religion und christlichem Glauben. Ich bin zwar getauft, aber meine Pfarrgemeinde kenne ich kaum. Mir fällt auf, dass meine Großeltern beten, meine Eltern aber nicht. In eine Kirche komme ich nur selten und unseren Pfarrer kenne ich nur vom Hörensagen. Wenn man mich fragt, ob ich Christin bin, kann ich nur antworten: **Ich weiß es nicht so genau.**

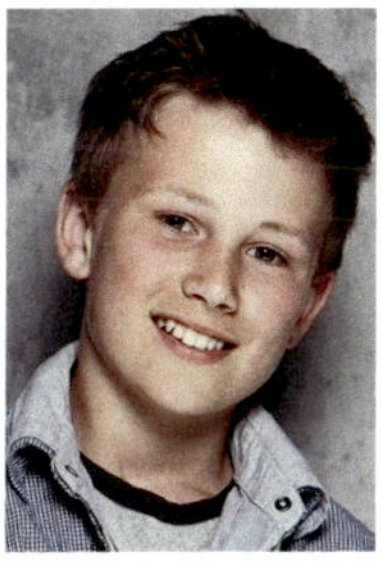

Hallo! Mein Name ist **Lucas**. Ich bin getauft und meine ganze Familie ist katholisch. Ich habe am Religionsunterricht in der Grundschule teilgenommen, gehe sonntags immer oder doch meistens in die Kirche, habe das Fest der Erstkommunion schon gefeiert und kenne einen ernsten Kaplan und eine lustige Pastoralreferentin. Wenn man mich fragt, ob ich ein **Christ** bin, antworte ich gern: **Ja.**

Meine Mutter hat mir den Namen **Ester** gegeben, der „Stern" bedeutet. Ich möchte eigentlich in den jüdischen Religionsunterricht gehen, aber der findet nur im Nachbarort statt. Der dort lehrende Rabbiner hat gemeint, solange ich nicht dahin kommen kann, soll ich in den katholischen Religionsunterricht gehen. Da könnte ich manches lernen, was auch für Juden wichtig ist. Aber auch das, was Juden und Christen unterscheidet.

Ich heiße **Christine**, bin **evangelisch**, möchte aber am katholischen Religionsunterricht teilnehmen, weil der evangelische Religionsunterricht zur Zeit wegen Lehrermangel ausfällt. Ich bin ich gespannt, was hier **anders** ist.

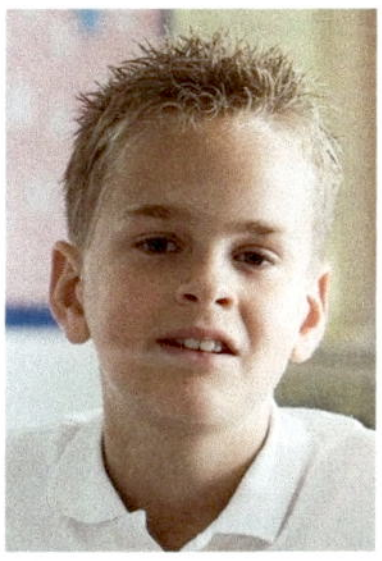

Hier meldet sich **Tobias**. Für mich ist Religion eine fremde Sache. Ich bin nicht getauft, meine Eltern beten nicht und haben mit Religion nichts zu tun. Leute, die sich mit religiösen Fragen beschäftigen, kenne ich nicht. Ich möchte schon wissen, was es mit Gott auf sich hat. Darum haben meine Eltern mich für „Reli" angemeldet. Sie meinen, dass ich hier manches Gute lernen kann. Wenn man mich fragt, ob ich Christ bin, muss ich die Antwort geben: **Nein.**

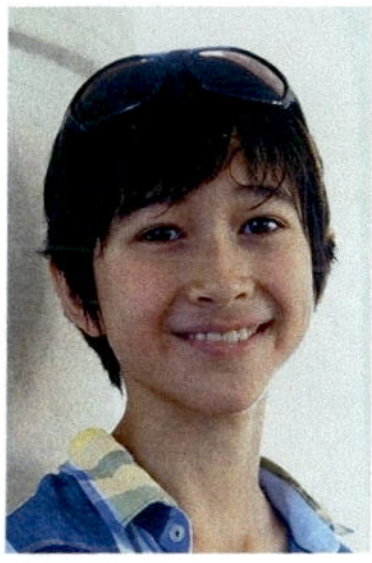

Ich heiße **Mesut** und bin **Muslim**. Meine Eltern meinen, es könne nicht schaden, wenn ich am christlichen Religionsunterricht teilnehme, solange es an der Schule keinen Islam-Unterricht gibt. Ich bin **kein Christ** und möchte auch nicht Christ werden.

Ich bin **Frau Mertes**, eure **Religionslehrerin**, katholisch, und erteile auch gern katholischen Religionsunterricht. Ihr alle seid hier herzlich willkommen, egal, was ihr von Religion wisst und wie ihr dazu steht. Jeder Einzelne kann mit seiner Überzeugung etwas dazu beitragen, dass der Religionsunterricht alle begeistert und weiterbringt. Keiner braucht sich hier überflüssig zu fühlen. Ihr alle sollt zu Wort kommen und aufeinander hören, weil eure Erfahrungen wichtig sind.

Ich bin **Markus Rank**, Priester und Religionslehrer an eurer Schule, vor allem bin ich aber **Schulseelsorger**. Von Zeit zu Zeit möchte ich zusammen mit euch den Schulgottesdienst vorbereiten, der in der benachbarten Pfarrkirche St. Nikolaus stattfindet. Da werden wir gemeinsam beten und die Eucharistie feiern. Dazu seid ihr herzlich eingeladen.

Wir lernen uns kennen

Entweder: Ich – ganz persönlich

Schreibt die folgende Fragen an die Tafel und in euer Religionsheft (→ V1). Beantwortet sie zuerst im Religionsheft schriftlich und danach im Unterricht mündlich.

- Mein Name?
- Was bedeutet der Vorname?
- Von welcher Grundschule komme ich?
- Wie viele Geschwister habe ich? Deren Namen?
- Bin ich getauft? Wenn ja, wann und in welcher Kirche?
- Welches Buch habe ich gern gelesen?
- Welchen Star aus Sport oder Fernsehen finde ich super?
- Was möchte ich später werden?
- Was mag ich überhaupt nicht?
- Vom Religionsunterricht erhoffe ich mir ...

Oder: Einen Pass anfertigen

Entwerft dazu gemeinsam ein Formular, vervielfältigt und verteilt es, klebt euer Passbild ein und tragt darunter folgende Daten ein:
Name – Vorname – Bedeutung des Namens – Spitzname oder Kurzform des Namens – Adresse – Grundschule – Hobby – Berufswunsch – Ort – Datum – Unterschrift
Ihr könnt auch Kopien an einer Pinnwand in der Klasse aushängen.

An einen Mitschüler/eine Mitschülerin schreiben

Schreibe dem Nachbarn oder der Nachbarin einen kurzen Brief, in dem du etwas von dir erzählst. Stelle auch zwei oder drei Fragen, die sie/er beantworten soll. Du kannst auch dem Nächsten im Alphabet schreiben. Dann schreibt der Letzte dem Ersten. Ihr könnt auch euer Smartphone nutzen.
Fertigt einen **Namenstagskalender** eurer Klasse an. Anregungen dazu: → S. 166.

Die „Zeit der Freude" fragt euch

Fülle nun einen **Fragebogen** aus:

- Nach dem ersten Durchblättern ist mein erster Eindruck, dass die „Zeit der Freude" ...
- Folgende zwei oder drei Themen interessieren mich auf Anhieb ...
- Die Gründe dafür sind ...
- Folgende zwei oder drei Themen interessieren mich im Augenblick nicht ...
- Die Gründe dafür sind ...
- Die Aufmachung des Buches finde ich ...
- Wenn ich einen Vorschlag für das Buch machen sollte, würde ich ...

Besprecht eure Fragebögen in der Klasse mit eurer **Religionslehrerin/ eurem Religionslehrer**. Schreibt evtl. dem **Autor** einen Brief. Vielleicht kann er eure Anregungen in einer späteren Auflage berücksichtigen. Seine Adresse: → S. 6.

Zeit der Freude – Das Grundthema des Buches

Pablo Picasso (1881–1973), „Das Lächeln“, 1961

L Freude gehört zu den wichtigsten Dingen unseres Lebens. Ein Mensch, der froh ist, macht oft auch andere Menschen froh. Freude ist ansteckend.

Freude

Freude soll nimmer schweigen.
Freude soll offen sich zeigen.
Freude soll lachen, glänzen und singen.
Freude soll danken ein Leben lang.
Freude soll dir die Seele durchschauern.
Freude soll weiterschwingen.
Freude soll dauern.
Ein Leben lang.

Joachim Ringelnatz (1883–1934)

Herz

Ich freue mich, wenn ich dich seh,
ich finde dich so nett,
ich schenke dir mein **H** und **E**,
mein **R** und auch mein **Z**.

Franz Wittkamp (geb. 1943)

A

1 Zum Bild von **Picasso:** → M3.
2 Erzähle, was dir im Leben Freude macht.
3 Malt auch selbst ein **Bild**, das zeigt, wie ihr euch Freude vorstellt und vergleicht eure Bilder miteinander. Oder: Bringt Fotos mit, auf denen zu sehen ist, wie Menschen sich freuen.
4 Findet **Lieder**, die euch Freude machen. Entscheidet, welches ihr singen wollt.
5 Schreibe auf, warum du **froh über dich** selbst sein kannst.
6 Mache heute einem Menschen eine kleine Freude und erzähle morgen davon.
7 Was **zerstört** Freude?

Geteilte **Freude** ist doppelte **Freude**.
Geteilter Schmerz ist halber Schmerz.

Jemandem eine kleine **Freude** zu machen, macht eine große.

Keine **Freude** ist auf Erden ganz.

L

- Das Wort „**Angst**" ist verwandt mit dem Wort „**eng**". Angst bedeutet Enge. Sie ist das Gegenteil von Offenheit und Weite.
- Angst ist oft **schädlich**. Sie lähmt unsere Arbeit und Phantasie, reißt uns zu unüberlegten Taten hin und treibt uns zur Flucht, wo wir mutig sein müssten. Angst lähmt das Leben.
- Angst ist oft **nützlich**. Sie warnt uns vor Gefahren und treibt uns in die Flucht, wenn wir bedroht sind. Angst schützt das Leben.

Was uns Angst macht und Angst nimmt

„Wovor habt ihr manchmal Angst?"

Diese Frage wurde vor einiger Zeit Schülerinnen und Schülern gestellt. Hier ein paar Antworten, die ihr ergänzen könnt ...

Hannah (11): Ich habe Angst, dass ich später keine Mutter und keinen Vater habe.
Elias (10): Ich habe Angst, dass meine Eltern sich scheiden lassen.
Ellen (11): Vor den Klassenarbeiten habe ich Angst.
Kemal (11): Manchmal habe ich Angst, dass die Deutschen uns Muslime beleidigen.
...

Verschiedene Wirkungen der Angst

Wenn **Maria (10)** in der Schule Angst hat, macht sie sich **kleiner**, damit sie nicht so leicht bemerkt und aufgerufen werden kann. Am liebsten möchte sie sich irgendwohin verkriechen, oft auch in sich selbst. Die Angst macht sie **schwach**.

Edvard Munch (1863—1944), Der Schrei, 1893

Weil **Paul (12)** sich schwach fühlt, möchte er **größer** erscheinen als er ist. Er spielt den Starken, damit keiner merkt, wie ängstlich er ist. So wird er zum Angeber. Manchmal wendet er sogar Gewalt an, um anderen Angst einzujagen und von der eigenen Angst abzulenken. Die Angst macht ihn **gefährlich**.

Ben (11) wirkt mit seiner Angst **kälter**, als er eigentlich ist. Er wagt sich aus Angst nicht in die Nähe anderer und beschäftigt sich deshalb fast nur mit sich selbst. Gegen andere ist er abweisend, weil er diese fürchtet. Es ist kein Wunder, dass er keinen Freund findet und ganz einsam wird. Die Angst macht ihn **unsympathisch**.

Jesus befreit von Angst

Das Markusevangelium erzählt eine Angst-Geschichte, in der sich jeder wiederfinden kann. Sie sagt: Wer an Jesus glaubt, kann seine Angst überwinden.

35 Am Abend eines Tages sagte Jesus zu seinen Jüngern: Wir wollen ans andere Ufer des Sees Gennesaret hinüberfahren.
36 Sie schickten die Leute fort und fuhren mit ihm in dem Boot, in dem er saß, weg; einige andere Boote begleiteten ihn.
37 Plötzlich erhob sich ein heftiger Wirbelsturm und die Wellen schlugen in das Boot, so dass es sich mit Wasser zu füllen begann.
38 Er aber lag hinten im Boot auf einem Kissen und schlief. Sie weckten ihn und riefen: Meister, kümmert es dich nicht, dass wir zugrunde gehen?
39 Da stand er auf, drohte dem Wind und sagte zu dem See: Schweig, sei still! Und der Wind legte sich und es trat völlige Stille ein.
40 Er sagte zu ihnen: Warum habt ihr solche Angst? Habt ihr noch keinen Glauben?
41 Da ergriff sie große Furcht und sie sagten zueinander: Was ist das für ein Mensch, dass ihm sogar der Wind und der See gehorchen?

aus dem Evangelium nach Markus 4,35–41

Jesus und die Jünger im Sturm auf dem See, Köln, um 1000

Wunder des Alltags

Manchmal, da habe ich eine Angst.
Manchmal, da habe ich einen Zorn.
Manchmal, da habe ich eine Wut.

Manchmal, da habe ich keine Freude
Manchmal, da habe ich kein Vertrauen.
Manchmal, da habe ich keinen Mut.

Aber manchmal,
da kommt plötzlich jemand
und fragt mich: „Kommst du, geht's dir nicht gut?"

Hans Manz (geb. 1931)

Was uns die Angst nimmt

Vater und Mutter und vertraute Gesichter,
im Dorf und in der Stadt die Lichter.
Die Sonne, die uns am Morgen weckt,
das Kätzchen, das sich in unsern Arm versteckt.
Im Bett Teddybären und Puppen,
Sterne, die durchs Fenster gucken.
Bruder, Schwester, Neffen und Nichten
und in der Schule die schönen Geschichten.
Alles, was jeden Tag mit uns lebt,
und am Abend das Gutenachtgebet.

Max Bolliger (1929–2013)

A

1 Entwickelt ein **Standbild** zum Thema „Angst": → **V9**.
2 Schreibt ein **Elfergedicht** oder zeichnet ein **Bild** zum Thema „Angst": → **V10**.
3 Überlegt, was ihr tun könnt, wenn **ihr selbst Angst** habt und wenn **andere** Angst haben.
4 Suche Beispiele aus deinem Leben für **nützliche Angst** und für **schädliche Angst**.
5 Zum **Bibeltext**: → **M2**. Stellt euch vor, ihr wäret mit Jesus im Boot auf dem See gewesen – Beschreibt, wie euch zumute gewesen wäre. Vergleicht den Text auch mit dem Bild: → **M3**.
6 **Jesus** hat andere Menschen von ihrer Angst befreit, aber auch selber Angst gehabt. Lest dazu Lk 22,40–45. Wie könnt ihr euch das erklären? Zum Bibeltext: → **M2**.

Ein fröhlicher Christ

Der Priester und die Straßenkinder

In der Mitte des 19. Jahrhunderts gab es in Turin (Oberitalien) viele Jugendliche, die zwar als billige Arbeitskräfte gebraucht wurden, um die sich aber sonst niemand kümmerte. Sie trieben sich auf den Straßen herum, und weil nichts vor ihnen sicher war, hatten die Leute Angst vor den „kleinen Dieben."

Ein Mann hatte keine Angst. Er wollte nicht glauben, dass diese Jungen schlechter seien als die anderen. Man durfte sie nur nicht sich selbst überlassen. Es musste jemanden geben, der sie verstand, der für sie sorgte und sie als Freunde gewinnen wollte. Und so fing der italienische Priester Giovanni (Johannes) Bosco (geb. 1815) an, die Jungen um sich zu sammeln. Er spielte mit ihnen, zog mit ihnen von einem Platz zum anderen, weil man ihn mit seiner „Horde" immer wieder wegjagte, gab ihnen Unterricht und lud sie manchmal in seinen Gottesdienst ein. Schließlich fand er einen alten Schuppen, den er notdürftig zu einem Jugendheim ausbaute. Bei reichen Leuten sammelte er Lebensmittel, damit seine vielen jungen Freunde zu essen bekamen.

„**Don Bosco**" (italienisch: „Herr Bosco") – so nannten ihn die Jungen – kam jetzt zugute, dass er schon als Junge ein Tausendsassa war, der alles konnte. Er beherrschte viele Zaubertricks. Auch als Sportler, mit dem Ball oder am Trapez, konnte er die Leute stundenlang unterhalten. Es machte ihm Spaß, wenn er sie als Clown zum Lachen brachte. Einmal sagte er lachend: „Um die jungen Leute zu gewinnen, brauche ich eine Wiese, einen Koch und eine Trommel."

Er begeisterte immer mehr Jugendliche mit seinem Witz, seiner Schlagfertigkeit und seinem Verständnis. „Mögen sie auf meinem Rücken ruhig Holz spalten, wenn sie nur nichts Böses tun." Die Jungen spürten rasch: Hier ist einer, der uns mag, der uns nicht im Stich lässt.

Zahlreiche Bürger von Turin fanden es seltsam, dass sich ein Priester mit den Straßenkindern abgab. Wenn er mit ihnen durch die Stadt zog, schüttelten sie ihre Köpfe über ihn: „Er ist nicht ganz normal." „Man müsste ihn in ein Irrenhaus bringen."

L

Heute gehört die von **Don Bosco** gegründete Gesellschaft der **„Salesianer Don Boscos"** zu den größten Ordensgemeinschaften der katholischen Kirche. An die 15 500 Männer und 14 000 Frauen leben weltweit im Geist jenes Mannes, der als fröhlicher Christ gezeigt hatte, dass auch die Straßenkinder von Gott geliebt sind. Heute bemühen sie sich mehr denn je darum, ihnen eine Ausbildung in Schule und Beruf zu ermöglichen, Kindern medizinische Hilfe zu besorgen, sie bei Katastrophen zu unterstützen und ihnen Lebensfreude zu schenken. Ihr weltweites Werk heißt „Don Bosco mondo" (italienisch: „Don Bosco für die Welt"; → S. 32).

Wahlspruch Don Boscos

Ein verrückter Kerl

Eines Tags fuhren zwei hohe Geistliche mit einer Droschke bei Don Bosco vor. Der Kutscher hatte Anweisung, bei der Rückkehr mit dem Gespann ohne Anhalten mit ihm in die Irrenanstalt zu galoppieren. Die beiden würdigen Herren stiegen aus und luden Don Bosco mit freundlichen Worten zu einer Spazierfahrt ein, die seiner Gesundheit guttun würde. Don Bosco durchschaute das falsche Spiel, zog seinen Priesterrock an und begleitete die beiden zur Kutsche. Diese baten ihn einzusteigen, aber er erwiderte: „Wo denken Sie hin? Der Vortritt gehört solch gelehrten Herren, wie Sie es sind." Kaum hatten sie Platz genommen, als er die Wagentür zuwarf, die Riegel umschlug und dem Kutscher zurief: „Vorwärts, fahre los!" Anstatt seiner landeten die beiden im Irrenhaus und hatten Mühe wieder herauszukommen. In ganz Turin lachte man über diese Geschichte. Niemand wagte es mehr, Don Bosco für verrückt zu halten.

Ein beachtliches Werk

Schon bald genügte es ihm nicht mehr, die jungen Leute von der Straße zu holen. Er richtete ein geräumiges Haus ein, das immer mehr Straßenkindern zur Heimat wurde. Schulklassen, eine Abendschule, Lehrwerkstätten für Handwerker entstanden. Geld hatte er nie, aber er verstand es in seiner unwiderstehlichen Art immer wieder, die Brieftaschen reicher Leute für seine Jungen zu öffnen. Als seine Kräfte allein nicht mehr ausreichten und man in vielen Städten Italiens nach ihm rief, gründete er eine Vereinigung von Laien und Priestern, die in seinem Geist lebten und arbeiteten. Am 31. Januar 1888 starb Don Bosco nach langer Krankheit. Auf die Nachricht von seinem Tod schlossen in der Stadt Turin alle Geschäftsleute zu seinen Ehren ihre Läden. 1934 wurde er heiliggesprochen und ist seitdem der Patron der Jugend (→ S. 156 ff.).

Gebetet oder nicht gebetet?

Als in Rom 1934 darüber beraten wurde, ob man Don Bosco heiligsprechen könne, stellte jemand die Frage: „Wann hat dieser Mann bei seiner vielen Arbeit überhaupt gebetet?" Papst Pius XI. selbst griff in die Debatte ein und antwortete: „Die Frage ist falsch gestellt. Sie muss heißen: Wann hat Don Bosco nicht gebetet?"

A

1 Schreibe **ein Wort Don Boscos**, das dir besonders gefällt, in schöner Schrift auf eine Postkarte oder ein Blatt und hänge es bei dir zuhause auf oder schenke es jemandem, den du magst. Vergiss nicht, darunter seinen Namen zu schreiben „Don Bosco (1815–1888), ein fröhlicher Christ und Freund der Kinder".

2 Erkundigt euch, ob es in eurer Nähe **Salesianer** gibt. Vielleicht könnt ihr einen Salesianer zu euch in den Unterricht einladen und mit ihm über Don Bosco und die Salesianer sprechen. Schreibt vorher die Fragen auf, die ihr ihm stellen wollt.

3 Informiert euch über **Straßenkinder heute**: → S. 30.

L

Christen glauben, dass sie **Gott vertrauen** dürfen und er die Angst der Menschen kennt. Er gibt ihnen oft die Kraft, mit ihrer Angst fertig zu werden. Wie ein Vater und eine Mutter ist er Helfer und Tröster. Davon ist in der Bibel oft die Rede. Viele Menschen haben seit Jahrtausenden diese Erfahrung gemacht. Aber manche Menschen belässt Gott auch in ihrer Angst. Warum das so ist, wissen wir nicht.

Eine Freudenbotschaft

Freude – Worte des Alten Testaments

*In den **Psalmen** (→ S. 80) ist oft vom Vertrauen auf Gott die Rede, z. B.*

Du hast mich aus der Tiefe gezogen. *Ps 30,2*

Deine rechte Hand hält mich fest. *Ps 63,9*

Du bist mein Fels und meine Burg. *Ps 31,4*

Behüte mich wie den Augapfel, den Stern des Auges. *Ps 17,8*

Gerrit van Honthorst (1590–1656),
Die Anbetung des Kindes, 1619–1620

Freude – das Programm Jesu

*Jesus hat seine Lehre **„Evangelium“** (griechisch: „Frohe Botschaft“) genannt. Darum heißen auch die vier Schriften, die von ihm handeln, „Evangelien“ (→ S. 38). Freude gehört zum Programm Jesu. Es ist kein Zufall, dass in den Evangelien oft ein neuer Abschnitt seines Lebens mit Worten oder Taten beginnt, die Freude machen und Angst verringern.*

In der Erzählung von der **Geburt Jesu** in der Krippe zu Betlehem erschienen den Hirten auf dem Feld in der dunklen Nacht Engel. Einer von ihnen sagte zu den Hirten:

Fürchtet euch nicht. Ich verkünde euch eine große Freude, die dem ganzen Volk zuteil werden soll. *Lk 2,10; → S. 118*

Als Jesus sein **Wirken in der Öffentlichkeit** begann, sagte er in seinem ersten Satz:

Glaubt an die frohe Botschaft. *Mk 1,14*

In seiner **Rede auf dem Berg** in Galiläa („Bergpredigt“) hat Jesus seine Lehre darlegt (→ S. 81). Das erste Wort, das er sprach, lautet:

Freuen dürfen sich alle, die … *Mt 5,3–11*
(in anderer Übersetzung: Selig sind die …)

Es blieb nicht bei diesem Anfang. Er wiederholte diese Botschaft der Freude neunmal. Sie wendet sich an Arme und Trauernde, an Gerechte und Barmherzige, an Leute, die ein gutes Herz haben und sich für Frieden einsetzen.

A

1 Wandelt die „Bildworte“ der **Psalmen** in Bilder um und malt/zeichnet sie.
2 Stellt ein paar Worte oder Begebenheiten aus dem **Leben Jesu** zusammen, die euch Freude machen.
3 Schreibt Gründe dafür auf, dass Christinnen und Christen eigentlich frohe Menschen sein sollten.
4 Wenn ihr euch so in unserer Welt umschaut – wie steht es um das Freudenprogramm Jesu?

Ein freudiger Papst

***Papst Franziskus** ist ein Papst, der Freude ausstrahlt und anderen Freude macht. Er lacht oft und sieht gern freudige Gesichter, auch wenn er die Leiden und Sorgen der Menschen sehr ernst nimmt. Seine erste größere Schrift hat den Titel „Die Freude des Evangeliums“ (lateinisch: „Evangelii gaudium“; → S. 114). Hier legt er dar, weshalb der Glaube letztlich Freude macht. Er zeigt, dass die Christen allen Anlass haben, freudige Menschen zu sein. Der Anfang dieser Schrift lautet:*

DIE FREUDE DES EVANGELIUMS

erfüllt das Herz und das gesamte Leben derer, die Jesus begegnen. Diejenigen, die sich von ihm retten lassen, sind befreit von der Sünde, von der Traurigkeit, von der inneren Leere und von der Vereinsamung. Mit Jesus Christus kommt immer – und immer wieder – die Freude.

Papst Franziskus (seit 2013)

1 Die Welt der Kinder

Franz Radziwill (1895–1983), Tobias im Hafen, 1950

Was wir lernen

In diesem Kapitel beschäftigt ihr euch nicht mit anderen Dingen, sondern mit euch selbst. **Kinder** – das ist ein Thema, zu dem ihr alle viel sagen könnt. Dazu müsst ihr nicht in Bücher oder ins Internet gucken. – Fallen euch da noch weitere passende Stichwörter ein?

1 Schaut euch das Bild in aller Ruhe an. Beschreibt es dann in Partnerarbeit oder in kleinen Gruppen (→ V4) mit seinen **Gegenständen** und **Lebewesen** sowie in seinem **Aufbau** und **Eigenschaften** (→ M3). Stellt die Einzelergebnisse aus der Partner- oder Gruppenarbeit zu einer Endfassung zusammen.

2 In der Mitte steht ein **Kind**. Was sagt das Bild über die **Welt**, in der es seine Lebensreise beginnt? Überlege, was es bedeutet, dass auf dem Bild **keine Eltern und andere Kinder** zu sehen sind.

3 Wie versteht ihr den **Begleiter** des Kindes? Warum wohl wirft er keinen Schatten?

4 Ein Buch des Alten Testaments (→ S. 38) erzählt von **Tobias** (hebräisch: „Gott ist gut"), der auf eine große Reise geht. Sein Begleiter ist der Erzengel Rafael. Er verhilft Tobias zu einem Fisch, mit dem er seinen blinden Vater Tobit heilen kann. Woran erkennt ihr, dass der Maler an den biblischen Tobias erinnert?

1. Ich und ...

L Alle Mädchen und Jungen fragen sich irgendwann einmal: **Wer bin ich?** Die Antwort ist nicht einfach, weil wir selbst nicht einfach sind. Das, was wir **„Ich“** nennen, besteht aus vielen Eigenschaften, und es ist doch mehr als alle Einzelheiten zusammen. Es ist einmalig. Kein anderer Mensch der ganzen Welt ist genau so. Doch jeder Einzelne kann auch von sich sagen: „Ich“. So ist es von **Gott** gewollt, als er uns schuf (→S. 26).

Sieben Seelen

Ich will euch erzählen
von meinen sieben Seelen.
Die erste ist fleißig,
die zweite ist faul,
die dritte will reden,
die vierte hält's Maul,
die fünfte ist feige,
die sechste hat Mut,
die siebte mahnt sie:
Nun vertragt euch mal gut!
Meine sieben Seelen
sind so verschieden
wie du und ich.
Und doch ergeben sie
zusammen:
mich.

Roswitha Fröhlich (1924–2008)

Was ist ein Kind?

A

1 Beschreibt in Partnerarbeit (→ V4), was mit den **Antworten** auf die Frage: „Was ist ein Kind?“ jeweils gemeint ist. Wenn ihr weitere Antworten von Erwachsenen kennt, ergänzt sie.
Diskutiert (→ V5) auch in der Klasse darüber, welche Antworten ihr für **richtig** und welche für **falsch** haltet. Untersucht, bei welchen ihr sagen könntet: „**Teils – teils**“ oder „**ja – aber**“.

2 Stellt eure **Fingerabdrücke** mit Hilfe eines Stempelkissens her und vergleicht sie miteinander. Aber Vorsicht, dass ihr nicht Pulli oder T-Shirt beschmutzt.

3 Nenne auf einem Blatt Papier **(1) die Stärken und (2) die Schwächen,** die Mädchen oder Jungen oft haben. Vergleicht eure Antworten miteinander und prüft, ob sie auf euch selbst passen.

4 Wer schafft es, ein kleines **Gedicht** über seine **Seelen** zu schreiben? Es müssen nicht sieben, es können mehr oder weniger sein.

5 Zu einem **persönlichen Gebet** findest du eine Anregung: → S. 83.

wir

Du und ich

Du bist anders als ich,
ich bin anders als du.
Gehen wir aufeinander zu,
schauen uns an,
erzählen uns dann,
was du gut kannst,
was ich nicht kann,
was ich so treibe,
was du so machst,
worüber du weinst,
worüber du lachst,
ob du Angst spürst bei Nacht,
welche Sorgen ich trag,
welche Wünsche du hast,
welche Farben ich mag,
was traurig mich stimmt,
was Freude mir bringt,
wie wer was bei euch kocht,
wer was bei uns singt …
Und plötzlich erkennen wir
– waren wir blind? –
dass wir innen uns
äußerst ähnlich sind.

Karlhans Frank (1937–2007)

Wen du brauchst

Einen zum Küssen und Augenzubinden,
einen zum lustige Streiche-Erfinden.
Einen zum Regenbogen-suchen-Gehn
und einen zum Fest-auf-dem-Boden-Stehn.
Einen zum Brüllen, zum Leisesein einen,
einen zum Lachen und einen zum Weinen.
Auf jeden Fall einen, der dich mag,
heute und morgen und jeden Tag.

Regina Schwarz (geb. 1951)

A

1 Zähle die **Gruppen und Gemeinschaften** auf, zu denen du gehörst, und schreibe sie in dein Religionsheft (→ **V1**). Beantworte dann folgende Fragen:
(1) Was bringt es dir, dass du dazu gehörst?
(2) Was ärgert dich daran?
(3) Was bringst du selbst diesen Gruppen und Gemeinschaften?
(4) Wann ärgern sich diese über dich?

2 Entwerft ein **Plakat** (→ **V7**), auf dem ihr **Regeln** aufschreibt, die **für das gemeinsame Leben** in eurer Klasse gut sind. Die Regeln könnten beginnen: Wir beachten immer ..., Wir werden nie ... Prüft miteinander, ob eure Regeln der **„Goldenen Regel"** (→ S. 23) entsprechen. Am Ende sollen alle Schülerinnen und Schüler die Regeln unterschreiben. Hängt das Plakat in der Klasse auf.

3 Schreibe auf, was du tun kannst, um einen **Streit** zwischen dir und deinen Freundinnen/Freunden zu entschärfen:
- ein Gespräch mit ihnen suchen
- ordentlich dazwischenschlagen
- sich nicht einmischen, wegschauen
- ihnen die Hand geben
- sie zu dir nach Hause einladen
- ...

L

Niemand kann ohne andere Menschen leben. Niemand kommt ohne andere Menschen auf die Welt. Niemand kann ohne andere Menschen erwachsen werden. Niemand lernt sprechen, wenn keiner mit ihm spricht. Niemand lernt etwas, wenn ihm nicht andere helfen. Niemand kann für sich allein glücklich sein. Es gibt kein „Ich" ohne ein **„Wir"**.

M1 Die Perspektive wechseln

L

- Mit den **Vorurteilen** tun wir anderen Unrecht. Bei den Betroffenen bewirken Vorurteile Trauer, Aggression, Minderwertigkeitsgefühle.
- Wir können unsere Vorurteile am ehesten durchschauen und vermeiden, wenn wir unsere **Perspektive wechseln**, d.h. uns in andere hineinversetzen und versuchen, wie die anderen zu empfinden, zu denken, zu sprechen.
- Perspektivenwechsel bedeutet, die eigene Sichtweise durch die Sichtweise des anderen oder der anderen zu ergänzen. Es ist eine Art **„Parlament im eigenen Kopf“.**
- Der Perspektivenwechsel hat darüber hinaus auch **viele andere Vorteile**.

!

Aggression ist ein Verhalten, das auf eine Verletzung/Beleidigung anderer Personen und/oder auf eine Beschädigung von Sachen zielt.
Comic ist eine Folge von kleinen gezeichneten Bildern, die oft ein lustiges oder spannendes Thema haben.
Minderwertigkeitsgefühle hat der, der darunter leidet, dass er sich selber zu gering einschätzt, und dem es an Selbstvertrauen fehlt.
Konflikt ist ein kleiner oder großer Streit, der zu Gewalt führen kann. Er kann und soll friedlich beigelegt werden.

„Das kann doch nicht richtig sein“ – Vorurteile und Urteile

Wir sprechen oft über andere unsachlich und falsch, ohne dass wir es sofort merken. Solche gedankenlose Urteile richten sich nicht selten

- gegen das andere **Geschlecht**: „Mädchen sind in Rechnen schlechter als Jungen“.
- gegen ein anderes **Volk**: „Die Türken in Deutschland kosten uns viel Geld“.
- gegen eine andere **Hautfarbe**: „Die Schwarzen sind dümmer als die Weißen“.
- gegen eine andere **Religion**: „Alle Christen sind altmodisch“; „Alle Muslime sind gewalttätig“.

Wir nennen solche Urteile **„Vorurteile“** (Vor-Urteile), weil sie zustande kommen, „bevor wir urteilen“ bzw. ehe wir prüfen, was wir sagen. Im Vorurteil werten wir andere Personen und Gruppen ab und meinen, diese seien weniger wert als wir. Das tun wir meist nur deshalb, weil die anderen anders sind als wir. Wir übernehmen Vorurteile oft gedankenlos aus unserer Umgebung und unterlassen es, sie zu kontrollieren. Manche Politiker haben Vorurteile geschürt, um Verfolgung, Ausweisung und sogar Krieg zu rechtfertigen.

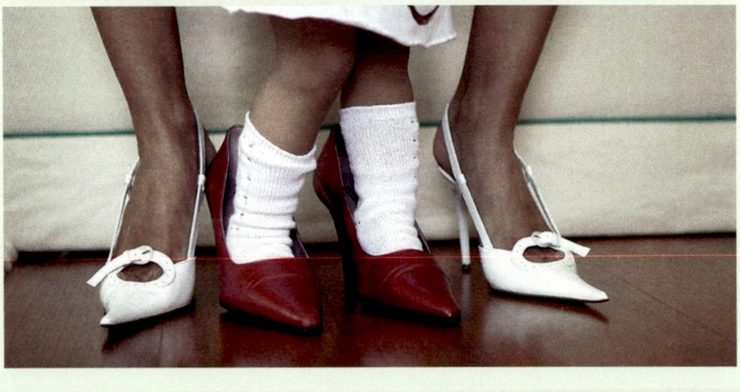

Kinder zur Karnevalszeit in Köln, hier im Jahr 2001

Was der Perspektivenwechsel bewirkt

- Immer **bewirkt der Perspektivenwechsel etwas mit euch**. Ihr erfahrt etwas Neues, lernt dabei, werdet froh, wütend oder neugierig, wünscht euch etwas, fasst einen Plan usw.
- Der Perspektivenwechsel hilft auch, **andere Leute und Situationen besser zu verstehen**. Ihr schlüpft sozusagen in die Haut eines anderen und merkt, wie er denkt, fühlt und empfindet. **Ihr erweitert euren Horizont und eure eigenen Grenzen.**
- Im **Religionsunterricht** spielt der Perspektivenwechsel eine überaus wichtige Rolle. Bei der Arbeit mit **biblischen Texten** hilft der Perspektivenwechsel, sich in die Situation einer alttestamentlichen Person wie Abraham, Mose oder David oder in eine Gestalt aus dem Neuen Testament wie Maria, Petrus oder Judas hineinzuversetzen.
  Ein nützlicher Perspektivenwechsel im Religionsunterricht liegt auch da vor, wo sich **gläubige Schüler/innen** in die Situation **ungläubiger Schüler/innen** versetzen und umgekehrt ungläubige in die Situation gläubiger Schüler/innen.

„DAS BIN JA ICH!"

Meine Mutter spielte früher ein Spiel mit mir, das hieß: „ABER UM GOTTES WILLEN, DAS BIN JA ICH!"
Es geschah alles eines Tages, als ich acht oder neun Jahre alt war. Ich erinnere mich nicht mehr genau daran, aber ich erinnere mich deutlich, dass Mutter und ich an einem sehr schönen Nachmittag die Straße entlang gingen.
Es geschah ganz plötzlich, dass ich mich vor Lachen ausschütten wollte, und als Mutter mich fragte, was denn so komisch sei, zeigte ich auf eine sehr, sehr, sehr dicke Dame, die wie eine Ente gerade vor uns herwatschelte.
Jäh, wie vom Blitz getroffen, blieb Mutter stehen. Sie ließ meine Hand los. Sie lächelte nicht und ihre ersten Worte, die ich nicht verstand, klangen unwillig. Dann beugte sie sich nieder, bis unsere Gesichter ganz nahe beieinander waren, und sagte: „ABER UM GOTTES WILLEN, DAS BIN JA ICH! Kannst du das sagen, mein Kind?"
Ich wiederholte es, aber ich begriff nicht, was es bedeutete. Da sagte Mutter: „Wir wollen ein Spiel daraus machen: Jedes Mal, wenn du jemand siehst, der zu dick oder zu dünn ist, schieläugig oder krummbeinig, launisch oder entstellt oder nicht hübsch – so stelle dir vor, dass du in seiner Haut steckst und er in deiner."
Das gefiel mir. Und ich spielte das Spiel immer wieder und übte es von Jahr zu Jahr:
„ABER UM GOTTES WILLEN, DAS BIN JA ICH!"

Gloria Swanson (1899–1983)

Die Goldene Regel – Der Perspektivenwechsel Jesu

Viele Völker kennen die „Goldene Regel": „Was du nicht willst, das man dir tu, das füg auch keinem anderen zu." Jesus hat diese Regel in seiner Rede auf dem Berg (→ S. 81) verändert. Bei ihm lautet sie so:

Alles, was ihr von anderen Menschen erwartet, das tut auch ihnen.

aus dem Evangelium nach Matthäus 7,12

L

- Das Wort **„Perspektivenwechsel"** (lateinisch: „Wechsel der Sichtweise") hört sich kompliziert an. Aber im Grund ist der Perspektivenwechsel ein **alltäglicher Vorgang**. Ihr wechselt die Perspektive, wenn ihr mit anderen sprecht oder spielt, ein Buch lest, Anregungen der Lehrer/innen aufnehmt, eine Reise macht, mit dem Computer arbeitet usw. Immer kommt ihr da mit anderen Leuten oder anderen Situationen in Kontakt. Fast nie denkt ihr darüber nach, dass ihr dabei gerade die Perspektive wechselt. Oft ist es auch gar nicht nötig, darüber nachzudenken.
- Der Perspektivenwechsel misslingt oft, weil es sehr schwierig ist, sich in die Rolle eines anderen hineinzuversetzen, und die Macht der Vorurteile ist kaum zu brechen.

A

1. **Erklärt**, was das Spiel **„ABER UM GOTTES WILLEN, DAS BIN JA ICH!"** mit seinem Perspektivenwechsel bewirken soll.
2. **Entweder**: **Erfindet selbst eine Erzählung**, in der ein Perspektivenwechsel das Verhalten ändert. Etwa: Pits Eltern finden es nicht gut, dass er ständig mit dem Smartphone beschäftigt ist, etwa beim Essen ...
3. **Oder:** Entwerft einen kurzen **Comic**, der einen Perspektivenwechsel zeigt. Ein Beispiel: → S. 37.
4. Erläutert, welchen Perspektivenwechsel **Jesus** in der Goldenen Regel vorschlägt.

2. Die Eltern

L

- Es ist ganz natürlich, dass **Eltern** ihre **Kinder lieben**. Sie sorgen dafür, dass sie leben und sich entwickeln können. Kinder kosten viel Geld und viel Zeit. In der Regel wissen Kinder das auch und sind ihren Eltern dankbar.
- Nicht selten entsteht jedoch für Kinder eine **schwere Situation**, wenn die Eltern sich nicht genug um sie kümmern (können), sich nicht vertragen oder für sie keine Zeit haben.
- Viele Kinder leben nicht mit Vater und Mutter in einer Familie zusammen, weil die Eltern sich getrennt haben oder ein Elternteil gestorben ist. Dann leben sie allein mit ihrer Mutter oder ihrem Vater, mit einem **neuen Lebenspartner** von Mutter oder Vater, mit **Verwandten** oder auch mit einem **Vormund** zusammen. Vater und Mutter, aber auch die, die an ihre Stelle treten, sind hier ebenfalls gemeint, wenn von Eltern die Rede ist.

Wir haben dich lieb

Komm, sagt die Mutter, zur Welt, Kind.
Ich will dich nähren.
Wozu wir auf dieser Welt sind,
kann ich dir nicht erklären.
Das sagt dir der Vater morgen
oder irgendwann.
Ich hab' zu tun und zu sorgen,
mich geht's nichts an.
Ich will dich nicht gar so mutig
und auch nicht besonders schön,
weil die allzu Kühnen und Schönen
so oft zugrunde gehn.
Ja, am liebsten behielt ich dich immer
klein und bei mir.
Ich heizte dir das Zimmer
und ließe dich nicht vor die Tür.
Ich will, dass du immer satt hast
und kein Regen auf dich fällt
und du eine bleibende Statt hast
hier in der Welt.
Und dass du das Schmutzigste meidest
und den Rechten zum Freund dir erwählst
und dass du nicht krank wirst und leidest
und mir immer alles erzählst
Denn draußen ist sehr viel Böses,
weiß nicht, wo das Gute blieb.
Komm auf die Welt, Kind,
sieh selbst, Kind!
Vergiß nicht, wir haben dich lieb.

Marie Luise Kaschnitz (1901–1974)

„Meine Eltern wollen sich trennen"

Meine Eltern trennen sich und haben die Scheidung beantragt. Ich kann es noch nicht fassen. In der letzten Zeit war es schon schlimm zu Hause, aber jetzt ist es so, als ob die Welt für mich untergeht. Was soll ich tun? Wie geht es weiter? Ich kann den Schmerz und auch die Wut nicht beschreiben. Beide hab ich lieb, auch wenn sie ganz verschieden sind. Beide waren eigentlich immer für mich da. Für wen soll ich mich entscheiden? Bei wem soll ich bleiben? Ich weiß mir im Augenblick keinen Rat.

Nadja (11)

„Wir meinen es doch nur gut mit dir."

„Wer nicht hören will, muss fühlen."

„Das schaffst du schon."

Worte, die **Eltern** oft den Kindern sagen

„Das verstehst du nicht."

„Du kannst mit uns über alles sprechen."

Meine Mutter heißt Sorge

Meine Mutter heißt Sorge.
Im Sommer sorgt sie sich um Wasser,
im Winter sorgt sie sich um Kohle,
und das ganze Jahr sorgt sie sich um Reis.

Am Tage sorgt sie sich um das Essen,
in der Nacht sorgt sie sich um die Kinder,
jeder Tag ist ausgefüllt mit Sorgen.

So heißt meine Mutter Sorge,
mein Vater heißt Zorn, er ist oft betrunken,
und ich – ich heiße: Tränen und Seufzer.

Ein zwölfjähriges Mädchen aus Korea

„Ich bin kein kleines Kind mehr."

„Ihr macht euch zu viele Sorgen um mich."

„Wenn ich euch nicht hätte, ..."

Worte, die **Kinder** oft den Eltern sagen

„Ihr seid die besten Eltern auf der Welt."

„Das versteht ihr nicht!"

A

1 Ein Teil der Klasse erzählt, wann Eltern mit euch **schimpfen, Strafen androhen oder unangenehm werden**. Ein anderer Teil erzählt, wann die Eltern euch **loben und euch gut finden**. Sprecht in der Klasse über euren Befund und bewertet ihn.

2 **Verteilt ein paar Aufgaben** zu den zwei Gedichten und schreibt auch selbst jeweils ein kleines Gedicht zum Thema „Kinder – Eltern." Eine Hilfe: → **M2**.

3 Wiederholt das **4. Gebot**: → S. 64. Das Gebot richtet sich zuerst an **Erwachsene**, die sich um ihre alten Eltern kümmern und deren Rat ernst nehmen sollen. Aber es ist auch für **Kinder** aktuell. Beschreibt einige Situationen, in denen es zu euch spricht.

4 Überlegt euch, welches **Geschenk** ihr euren Eltern machen könnt, das ihr ihnen zu einem guten Anlass überreicht. Beispiele: ein Foto im Rahmen, ein Gutschein für zehnmaliges Ausräumen der Spülmaschine oder ...

3. Leben in Gottes Schöpfung

L Christen glauben, dass **Gott** der **Schöpfer** der Welt ist. Sie soll für alle Menschen der **Lebensraum** sein, in dem sie gut leben, sich freuen und glücklich sind. Das gilt auch für alle **Kinder**. Sie sollen sich in Gottes Schöpfung natürlich entwickeln und gut leben können.

Die gute Schöpfung

Erschaffung von Adam und Eva, St. Michael, Hildesheim, um 1230

Die Würde der Kinder – Worte der Bibel

Im ersten Kapitel der Bibel findet sich ein altes Lied über die Schöpfung. Darin heißt es, dass Gott allein durch sein Wort die Welt in 6 Tagen geschaffen hat. Am Ende seines Schöpfungswerks, am 6. Tag, schafft Gott auch den Menschen. Er gibt den neu geschaffenen Menschen den Auftrag, fruchtbar zu sein und sich zu mehren, d.h. Kinder zu haben. Darum sind auch die Kinder Geschöpfe und Bilder Gottes.

26 Dann sprach Gott: Lasst uns Menschen machen als unser Abbild, uns ähnlich. Sie sollen herrschen über die Fische des Meeres, über die Vögel des Himmels, über das Vieh, über die ganze Erde und über alle Kriechtiere auf dem Land.
27 Gott schuf also den Menschen als sein Abbild; als Abbild Gottes schuf er ihn. Als Mann und Frau schuf er sie.
28 Gott segnete sie und Gott sprach zu ihnen: Seid fruchtbar und vermehrt euch, bevölkert die Erde, unterwerft sie euch (d.h. macht sie zu eurem Lebensraum und bewahrt sie auch für die kommenden Generationen).

aus dem Buch Genesis 1,26–28

Der 8. Psalm (→ S. 80) ist ein Loblied auf den Schöpfergott, dessen Name auf der ganzen Erde gewaltig ist. Hier sind die Kinder und Säuglinge die ersten, die Gott loben. Darum liebt Gott sie besonders.

2 Herr, unser Herrscher, wie gewaltig ist dein Name auf der ganzen Erde; über den Himmel breitest du deine Hoheit aus.
3 Aus dem Mund der Kinder und Säuglinge schaffst du dir Lob.

Psalm 8,2–3

Lieber Gott!

Ich bin wütend.
Ich bin traurig.
Ich bin einsam.
Immer bin ich an allem schuld.
Immer hacken alle auf mir herum.
Immer bin ich der Böse.
„Jeder Mensch ist
ein genialer Gedanke Gottes“,
sagt unser Religionslehrer.
Ob meine Familie das auch weiß?

Verfasser/in unbekannt

Unsere Verantwortung für die Schöpfung

Das Kätzchen

Besuch! Im Garten ist ein Gast!
Ein Kätzchen sitzt auf einem Ast.
Lasst, Kinder, alles Spielzeug stehn,
wir wollen es bestaunen gehn!

Es hat zwei Lichter mitgebracht,
die sehn – und leuchten in der Nacht.
Was es hier will? Nun – denken wir,
es wolle sagen: Ich bin hier.
Denn eine Katze, Kinder, ist
ein Wunder. Was der Mensch vergisst.

Der Mensch kann auf dem Mond erwachen,
aber keine Katze machen.
Das kleinste Vogelherz, das schlägt,
ist nicht von Menschenhand bewegt.
Der Fisch, der sich im Wasser regt,
entschlüpft dem Ei, vom Fisch gelegt.

Das größte Wunder selbst auf Erden
muss aus dem Leib geboren werden:
Verwundert steht das Menschenkind
vor all den Wundern, die da sind.
Und jeder Mensch und jedes Tier
ist nur für eine Weile hier.

Drum danken wir dem Kätzchen schön,
dass es sich anschaun ließ, und gehn.

Reiner Kunze (geb. 1933)

L

- Der **Schöpfungsglaube** stellt die Menschen heute vor die verantwortungsvolle Aufgabe, die Umwelt zu bewahren und zu erhalten. Aber unsere Generation geht mit der Schöpfung oft verantwortungslos um. Die Erde, der Boden, die Luft, das Wasser, die Pflanzen und Tiere werden ausgebeutet und beschädigt. Schon ist es ungewiss, ob der Lebensraum für die nachkommenden Generationen nicht bereits dauerhaft beschädigt ist.
- Gerade **Kinder** sind durch solch rücksichtslosen Umgang **bedroht**. Sie können sich noch nicht gegen den Umgang der Erwachsenen mit der Schöpfung wehren. Wenn sie erwachsen sind, müssen sie auf der Erde leben, die die heutigen Erwachsenen ihnen hinterlassen. Aber auch für Kinder stellen sich hier schon einige **Aufgaben**. Je älter sie werden, umso größer wird ihre **Verantwortung** für die Schöpfung.

A

1 Begründe, warum wir **dem Kätzchen dankbar** sein sollten.
2 Suche Antworten auf die Fragen, was das **größte Wunder** hier auf Erden ist und wer dieses Wunder letztlich bewirkt hat.
3 Beschreibt, was **Kinder** schon tun können, um ihre Umgebung zu erhalten und zu bewahren.
4 Wenn **Bäume oder Tiere reden** könnten – was würden sie euch sagen?
5 Stellt **Bilder** für die Ausstellung (→ V8) **„Unser Umgang mit der Schöpfung“** zusammen. Ihr könnt Fotos suchen und auch selbst Bilder anfertigen.
6 Untersucht, warum es einzelnen Menschen und der Menschheit im Ganzen so schwer fällt, auf Taten zu verzichten, die für sie so **gefährlich und zerstörerisch** sind.
7 Überlegt, auf welches Problem das Plakat von **Staeck** aufmerksam macht.

Klaus Staeck (geb. 1938), Plakat, 1998

4. Kinder Gottes

L Im Christentum dürfen sich **Kinder** rundum geborgen fühlen, weil sie an die Freudenbotschaft von Gottes Liebe glauben. Alle Kinder sind hier nicht nur einmalige **Geschöpfe Gottes**, sondern noch mehr: sie sind **Kinder Gottes**. Das könnte nicht sein, wenn Gott die Kinder nicht besonders liebte. Jemand hat einmal gesagt: „Die Kids sind Gottes Hits."

Was Jesus an den Kindern so gut findet

Jesus hat nie gesagt, dass Kinder wie Erwachsene sein sollen, wohl aber, dass **Erwachsene wie Kinder werden müssen**, um Zugang zum Reich Gottes (Mt 18,2; → S. 125) zu haben. Dabei hat er nicht gemeint, die Kinder seien immer gut oder gar unschuldig. Er wusste nur zu genau, dass Kinder oft nicht gerade liebevoll miteinander umgehen und mancherlei Fehler haben. Eher hat er daran gedacht, dass Kinder ganz auf ihre Eltern angewiesen sind und im **Vertrauen** auf sie leben. Sie nehmen von den Eltern alles mit der größten **Selbstverständlichkeit**. Ein ähnliches Vertrauen sollen alle Christen zu Gott haben.

Emil Nolde (1867–1956), Christus und die Kinder (Lk 18, 15–17), 1910

Jesus und die Kinder

Jesus *wollte nicht, dass man Kinder von ihm fernhielt, weil sie ihn etwa stören könnten, sondern ließ sie zu sich kommen. Er setzte die Kinder sogar* ***mit sich selbst*** *auf eine Stufe: Was man einem Kind tut, das tut man Jesus. Und selbst dieses unerhörte Wort hat er noch überboten: Was man einem Kind tut, das tut man* ***Gott*** *selbst an.* ***Nie hat jemand über Kinder etwas Großartigeres gesagt.***

15 Man brachte auch kleine Kinder zu ihm, da-
mit er ihnen die Hände auflegte. Als die Jünger
das sahen, wiesen sie die Leute schroff ab.
16 Jesus aber rief die Kinder zu sich und sagte: Lasst
die Kinder zu mir kommen; hindert sie nicht
daran! Denn Menschen wie ihnen gehört das
Reich Gottes.
17 Amen, das sage ich euch: Wer
das Reich Gottes nicht so annimmt wie ein
Kind, der wird nicht hineinkommen.

aus dem Evangelium nach Lukas 18,15–17

Er nahm ein Kind, stellte es mitten unter sie, schloss es in seine Arme und sprach zu ihnen: Wer eines von solchen Kindern aufnimmt in meinem Namen, der nimmt mich auf, und wer mich aufnimmt, der nimmt nicht mich auf, sondern den, der mich gesandt hat (d. h. Gott).

aus dem Evangelium nach Markus 9,36

A

1. Zum **Umgang** mit dem Bild: → **M3**. Beschreibt, wie das Bild **aufgebaut** ist. Welche **Personen** könnt ihr erkennen? In welchen **Farben** sind sie links und rechts gemalt? Deutet ihren Gesichtsausdruck auf beiden Seiten.
2. **Entweder:** Suche dir eines der **Kinder** und einen der **Erwachsenen** aus und lasse beide erzählen, wie es zu diesem Treffen mit Jesus gekommen ist und was sie in diesem Augenblick empfinden. **Oder: Male** auch selbst in Umrissen ein Bild zum gleichen Thema mit **Sprechblasen**, in die du kleine Aussagen der abgebildeten Personen schreiben kannst.
3. Auch im **Alten Testament** finden sich viele Erzählungen, in denen Kinder eine große Rolle spielen. Erzählt, was ihr schon früher von Isaak, Esau und Jakob, von Josef, Benjamin, vom jungen Mose oder vom jungen David gehört habt (→ S. 60, 66).
4. Überlegt noch einmal, was das **Eingangsbild „Tobias im Hafen"** (→ S. 18) zu diesem Thema beitragen kann.

5. Kinderrechte – Kinderpflichten

Menschenrechte sind Kinderrechte

- Niemand kann leben ohne zu essen und zu trinken. Jeder braucht Kleidung zum Anziehen, ein Dach über dem Kopf und Geld in der Tasche.
- Zum Leben braucht man aber mehr. Jeder braucht zum Leben **Rechte**. Das heißt, dass jeder – nur weil er ein Mensch ist – Anspruch auf etwas hat, das man nicht wie ein Ding sehen und anfassen kann. Rechte sind unsichtbar, und doch sind sie etwas. Man braucht sie sich nicht erst mühsam zu verdienen, man hat sie von Geburt an. Weil sie allen Menschen zukommen, heißen sie „**Menschenrechte**".

Beispiele

Zu den besonderen **Rechten, die alle Menschen und somit alle Kinder haben,** gehören folgende:

- das Recht auf Leben in einer unbeschädigten Welt
- das Recht auf einen eigenen Namen
- das Recht auf richtige Ernährung und ärztliche Betreuung
- das Recht auf eine Wohnung und eine eigene Schlafstätte
- das Recht auf Gehör und freie Meinung
- das Recht auf Schutz vor Gewalttätigkeit
- das Recht auf Schule und Unterricht
- das Recht auf Spiel und Erholung
- das Recht auf Religionsfreiheit
- ...

A

1 Arbeitet heraus, welche **Verantwortung** sich für euch und für andere aus euren Kinderrechten ergibt.

2 Schreibe neben 3 Kinderrechte die sich daraus ergebenden 3 Kinderpflichten, z.B.: **Kinderrecht**: Leben in einer unbeschädigten Welt; **Kinderpflicht**: Die Welt nicht beschädigen und mit ihr gut umgehen.

3 Schickt einem **Politiker** aus eurer Stadt einen Brief und fragt ihn, was er und seine Partei in der letzten Zeit für die Rechte der Kinder getan haben. Ihr könnt auch euren **Pfarrer** oder **Bischof** in einem Brief fragen.

4 Die **Zehn Gebote vom Sinai** (Ex 20,1–17; → S. 64) und das **Liebesgebot Jesu** (Lk 10,25–27; → S. 129) sind die wichtigsten Richtlinien für Christen. Vergleicht diese Texte mit den Rechten und Pflichten für Kinder. Beschreibt, welche Entdeckungen ihr da machen könnt.

!

Würde bedeutet, dass jedem Menschen auch mit seinen Fehlern und Schwächen Achtung zusteht. **Kinderrechte** sind **Menschenrechte**, d.h. Ansprüche, die jedes Kind von Geburt an gegen alle anderen hat. Man kann und braucht sie sich nicht erst durch seine Taten zu verdienen. Sie ermöglichen allen mit Würde zu leben.

L

Christen glauben, dass **Gott** allen **Menschen Würde und Rechte** schenkt. Jede Frau, jeder Mann und jedes Kind ist ein **Geschöpf Gottes** (→ Gen 1,26–27), und jeder ist auch „**Abbild Gottes**" (Gen 1,27; → S. 26). Diese beiden biblischen Worte besagen: Alle Menschen, also auch die **Kinder**, haben den Anspruch, geachtet und geschützt zu werden. Sie haben das Recht, in Würde zu leben. Sie haben aber auch die Pflicht, die Würde und Rechte anderer zu wahren. Aus der Würde erwächst eine **Verantwortung** für Kinder.

6. Die großen Nöte der Kleinen

L **Kinder haben oft Sorgen.** Es gibt viele **Gründe** für ihre Sorgen, z.B. Eltern, Freunde und Freundinnen, Schule, Begabung, Aussehen, Ansehen, Kleidung, Krankheit, Armut, Einsamkeit usw. Die Sorgen der Kleinen sind oft groß. Allein werden Kinder oft nicht mit ihren Sorgen fertig. Wenn sie Sorgen haben, brauchen sie Hilfe.

Peter Nagel (geb. 1941), Spielkiste II, 1976

Sorgen des Alltags

Max (11) schreibt in letzter Zeit nur noch schlechte Klassenarbeiten. Seine Eltern haben sich scheiden lassen.

Maria (12) kann sich so ausgefallene Hosen, Pullis, Schuhe und T-Shirts nicht leisten wie viele ihrer Klassenkameradinnen. Die teuren Markenartikel sind nur für andere da. Ihr Vater ist arbeitslos.

Anna (10), ein Mädchen mit Übergewicht, wird immer von ihren Mitschülern gehänselt. Sie heißt nur „die Dicke".

Samir (11) stammt aus einer türkischen Familie, die noch nicht lange in Deutschland lebt. Wenn jemand Klassenkameraden zum Geburtstag nach Hause einlädt, wird Samir regelmäßig übergangen.

Emma (12) lebt in einem Kinderheim, weil ihre Eltern bei einem Autounfall ums Leben gekommen sind.

Sophie (10) kommt oft zu spät in den Unterricht. Obwohl die Lehrerin Verständnis zeigt und nicht schimpft, ist ihr die Sache peinlich. Alle wissen: Ihre Mutter ist Alkoholikerin.

Alex (10) weiß, dass er nicht mehr lange leben wird. Er hat einen Hirntumor, der ständig wächst.

Katastrophen in der Welt

Täglich sterben ca. 17 000 Kinder

Jedes Jahr sterben weltweit ca. 6,3 Millionen Kinder vor ihrem 5. Geburtstag an den Folgen **unzureichender Ernährung oder mangelnder medizinischer Versorgung**. Das bedeutet pro Tag den Tod von ca. 17 000 Jungen und Mädchen. Am Tag ihrer Geburt sterben ca. 1 Million Babys jährlich. Sie sterben, obwohl es in der Welt genügend Lebensmittel und Medikamente für alle gibt. Dabei ist jedes Kind und jedes Baby ein wunderbarer Mensch, der ein Recht zum Leben hat.

Straßenkinder in aller Welt

Heute gibt es weltweit schätzungsweise über 100 Millionen Straßenkinder und Jugendliche, davon ca. 20 000 in Deutschland. Sie leben auf den Straßen, schlafen unter Brücken, in verfallenen Häusern oder im Bahnhof. Häufig werden sie von ihren Eltern auf die Straße geschickt, damit sie etwas Geld für den Familienunterhalt verdienen. Häufig sind sie aus Angst vor Prügel oder Missbrauch von zu Hause ausgerissen. Sie leben vom Straßenverkauf, Autowaschen, Schuhe putzen, Betteln, Drogenverkauf, Prostitution und Diebstahl. Die wenigsten haben eine solide Schul- oder Berufsausbildung.

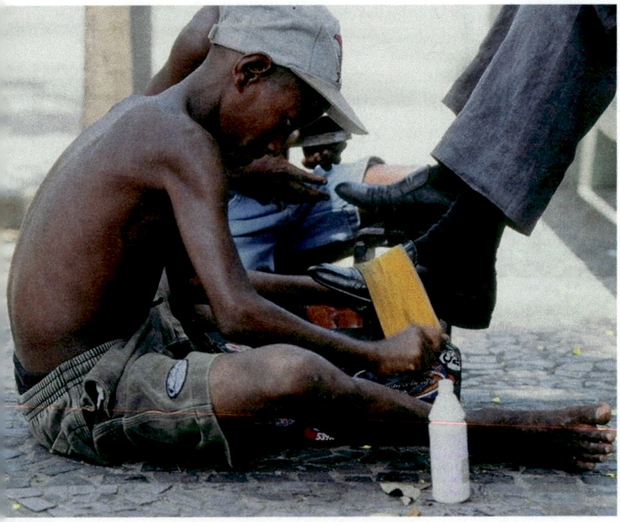

Kinderarbeit – Kindersklaverei

Ca. 190 Millionen Kinder müssen arbeiten. In der Teppichindustrie einiger Länder knüpfen Kinder vierzehn oder mehr Stunden am Tag in stickigen Räumen. Sie schuften auf Obstplantagen, deren Früchte auch in Deutschland billig verkauft werden. Sie kriechen stundenlang durch enge Tunnel in Bergwerken und schleppen dabei Körbe mit schweren Steinen. Sie

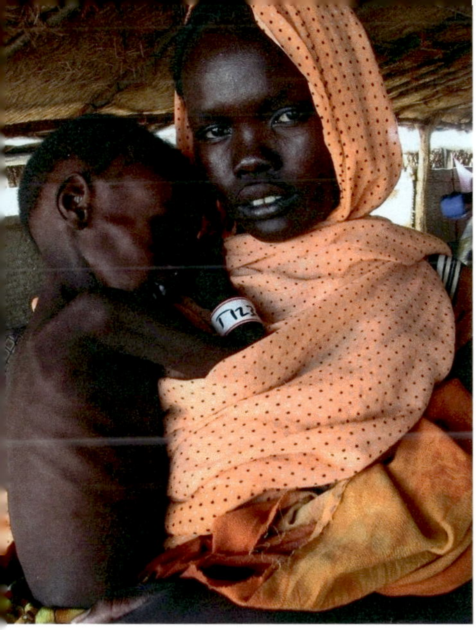

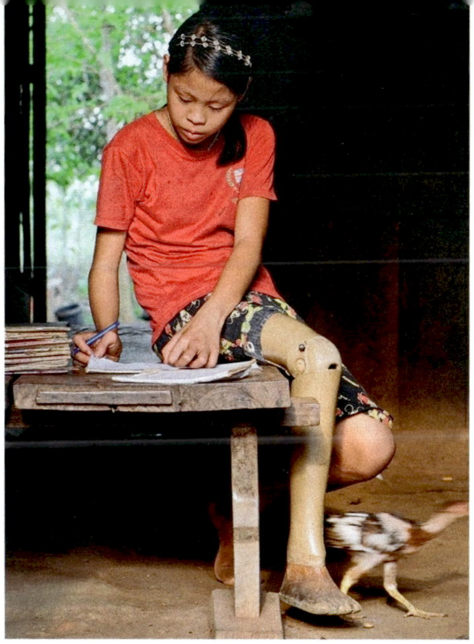

hocken bei über 40 °C in Zündholzfabriken und tauchen im Akkord stundenlang Hölzer in heißes Wachs und Schwefel. Sie wühlen im stinkenden Müll nach Speiseresten, Papier, Glas und Metall.

Mädchen – Menschen zweiter Klasse

In manchen asiatischen Ländern meinen Eltern oft, Mädchen nützten der Familie weniger als Jungen. Tatsächlich kosten sie bei der Eheschließung viel Geld. Um diese Last nicht tragen zu müssen, werden unzählige weibliche Föten abgetrieben oder Mädchen kurz nach der Geburt getötet. Die Überlebenden werden schlechter ernährt und weniger gesundheitlich versorgt als Jungen. Mädchen erhalten oft keine schulische und berufliche Ausbildung.

Leider ist das immer noch nicht alles

- Kinder werden getötet, damit man ihre gesunden **Organe** entnehmen und für reiche Kranke verwenden kann.
- Junge Mädchen werden zur **Kinderprostitution** gezwungen. Damit verdienen Zuhälter und Verbrecherringe Milliardenbeträge.
- Ca. 250 000 **Kindersoldaten** unter 18 Jahren werden in mehreren Ländern zu Kriegsdiensten gezwungen. Oft sind sie gute Kämpfer, weil sie angeben wollen.
- Etwa 20 Millionen Kinder sind durch Kriege zu **Flüchtlingen** geworden. In den letzten 10 Jahren sind an die 2 Millionen Kinder **in Kriegen** getötet worden. 6 Millionen wurden verletzt oder verstümmelt. Jährlich sterben allein 8000–10 000 Kinder durch Landminen und Streumunition.
- Hunderttausende Kinder werden zuhause so schwer **gezüchtigt und geschlagen**, dass sie schwere Verletzungen davontragen. Allein im Jahr 2012 wurden auf diese Weise 95 000 Kinder und Jugendlich (bis 20 Jahre) **getötet**.
- An die 3,3 Millionen Mädchen und Jungen sind mit dem lebensgefährlichen HI-Virus infiziert, das oft zu **AIDS** führt. Allein 2012 haben sich 260 000 Kinder neu angesteckt, die meisten davon durch die eigene Mutter. 210 000 Kinder sind im gleichen Jahr an AIDS gestorben. Mehr als 17 Millionen Kinder haben ein Elternteil oder beide Eltern durch AIDS verloren.

L Fast überall in der Welt leben **Kinder in menschenunwürdigen Verhältnissen**. Wie schlimm die Situation ist, mag man kaum glauben, vor allem, wenn man in einem Land lebt, in dem es Wohlstand für viele gibt. Viele Leute verschließen ihre Augen davor, weil sie sich durch das Elend der Kinder nicht die Stimmung verderben lassen wollen. Sie denken nicht daran, dass der Schöpfergott allen Kindern Grundrechte geschenkt hat.

! **AIDS:** Abbkürzung für die englische Krankheitsbezeichnung „**A**cquired **I**mmune **D**eficiency **S**yndrome". Die Krankheit wird durch das HI-Virus verursacht und kann zu lebensbedrohlichen Entzündungen und Tumoren führen.
Fötus: Kind im Mutterleib
Prostitution: sich für Geld sexuell anbieten und zur Verfügung stellen

A Beschreibt **Situationen,** in denen Mädchen und Jungen unterdrückt, geärgert, nachgeäfft, gemieden oder verlacht werden. Überlegt, wie ihr euch in solchen Situationen verhalten solltet. Oft hilft ein **Perspektivenwechsel:** → M1.

7. Helfen ist möglich

L Das **Unglück der Kinder** überall in der Welt war vor Jahren noch schlimmer als heute. Viele einzelne Menschen und zahlreiche Organisationen sind dabei, das Los der Kinder zu verbessern. Manches ist schon erreicht worden. Es gibt also **Zeichen der Hoffnung**. Anstrengungen sind nicht vergeblich. **Hilfe ist auch heute sinnvoll und nötig.**

Oskar Kokoschka (1886–1980), Jesus hilft den hungernden Kindern, 1945. Der Künstler ließ dieses Bild an Weihnachten auf eigene Kosten 5000 Mal als Plakat drucken und in London an U-Bahnhöfen und Litfaßsäulen anbringen. Er war vor den Nationalsozialisten nach England geflohen.

Projekt | Kinder helfen Kindern

Vielleicht bewegen euch die Informationen über das Unglück und Elend vieler Kinder so, dass ihr mehr über sie erfahren und ihnen helfen wollt. Dazu kann ein **Projekt** nützlich sein. Anregungen: → **M4**. – Prüft, ob ihr an ein bestehendes oder früheres Projekt an eurer Schule anknüpfen könnt.

(1) **Vorbereitung**: Zuerst solltet ihr euch **über die Situation der Kinder informieren**. Stichworte: Hunger, Krankheit, Schule, Arbeit, Ausbeutung, AIDS, Situation der Mädchen, Religion. Es wäre nicht schlecht, wenn diese Arbeit fächerverbindend zusammen wahlweise mit Erdkunde, Politik, evangelischer Religionslehre, Englisch und evtl. auch klassenübergreifend in Gang käme. Ihr könnt versuchen, Kontakt mit Kindern in anderen Ländern aufzunehmen, Briefe und Fotos auszutauschen, nach den Ursachen der Not zu fragen und euch über die konkrete Situation zu informieren. In einem kleinen Heft werden die Ergebnisse zusammengestellt. Überschrift: Kinder helfen Kindern o.Ä.

(2) **Durchführung**: In einem **zweiten Schritt** solltet ihr überlegen, wie ihr helfen könnt. Eine Möglichkeit wäre – vielleicht zur Weihnachtszeit –, auf einem Bazar in der Schule oder auf einem Flohmarkt eigene Dinge zum Verkauf anzubieten, z.B. Gebasteltes, Bilder, Spiele, Musik, Filme, Textilien, Bücher, Weihnachtskarten, Kalender, Krippenfiguren, Kerzen, Schmuck für den Christbaum, Marmelade, Honig, Plätzchen und Christstollen. Eure Eltern, Lehrer/innen, Freund/innen werden mit einer schönen Karte eingeladen. Eine Cafeteria bringt durch den Verkauf von Kuchen und Getränken zusätzliche Einnahmen.

(3) **Auswertung**: Ihr prüft, was gut und was weniger gut gelaufen ist. Allen guten Helfern, besonders den Müttern und Vätern, dankt ihr. Den Erlös lasst ihr bedürftigen Kindern in der Heimat oder in der Dritten Welt zukommen. Eines der folgenden Hilfswerke gibt euch sicher Anregungen und stellt auch den Kontakt zu den anderen Kindern her.

A

1 **Schreibt** an eines der **Hilfswerke**, erbittet euch Material über die Kinder in der Dritten Welt und fragt, wie ihr helfen könnt.

2 Welche **Erfahrungen** habt **ihr selbst** gemacht, wenn ihr anderen geholfen habt?

Gute Adressen

Misereor
www.misereor.de
(lateinisch: „Ich habe Mitleid“)
Das bischöfliche Hilfswerk verteilt die Fastenspenden der deutschen Katholiken

MISEREOR • IHR HILFSWERK

Kindermissionswerk ‚Die Sternsinger‘
www.sternsinger.de
Das Kinderhilfswerk der katholischen Kirche in Deutschland

DIE STERNSINGER KINDERMISSIONSWERK

Deutscher Caritasverband
www.caritas.de
(das lateinische Wort „Caritas“ heißt „Nächstenliebe“)
Katholisches Hilfswerk gegen Not in Deutschland und in aller Welt

caritas

Don Bosco Mondo
www.don-bosco-mondo.de
Don Bosco (→ S. 14) Mondo fördert weltweit benachteiligte Kinder und Jugendliche.

DON BOSCO MONDO JUGEND • HILFE • WELTWEIT

Was wir können

Wissen

1 Jesus und die Kinder

Wiederholt ein **Jesuswort** über die Kinder oder erzählt eine **Szene**, in der Jesus mit einem Kind zu tun hat.

2 Not der Kinder – Hilfe für Kinder

Ergänzt das Kinder-Alphabet, soweit ihr könnt.

A – Armut, Analphabeten
B – basteln, betteln
C – chancenlos
D – ...
Z – ...

Anwenden – Urteilen – Handeln

3 Puzzle

Fertigt aus einem Stück bemalter Pappe ein **Puzzle** an. Es soll so viele einzelne Teile haben wie es Schüler/innen in eurer Klasse gibt. Mischt die Teile, verteilt sie in der Klasse, damit jeder auf seinen Teil seinen Namen schreiben kann. Setzt die Teile nun wieder zusammen.

- Welches **Teil** ist für das Puzzle am wichtigsten?
- Diskutiert (→ V5) die Frage, ob das Puzzle ein **Bild für eure Gemeinschaft** ist.

4 Hamid

Hamid ist erst vor kurzem mit seinen Eltern aus Syrien nach Deutschland gekommen. Einige Mädchen und Jungen in der Klasse kichern manchmal über Hamid, wenn er ein deutsches Wort wie Kastanienbaum oder Fußballweltmeisterschaft falsch ausspricht oder komisch betont. Er bekommt dann immer ein ganz rotes Gesicht. In letzter Zeit spricht Hamid darum immer weniger im Unterricht. Auch meidet er fast jeden Kontakt zu anderen Schüler/innen.

- Versetzt euch selbst in **die Situation des Hamid** und versucht zu beschreiben, was er empfindet, wenn über ihn gelacht wird.
- Was passiert **mit euch**, wenn ihr euch in die Situation Hamids versetzt? Was kann der **Perspektivenwechsel** (→ M1) ändern?
- Überlegt, **was ihr tun könnt**, wenn Hamid wieder ein deutsches Wort falsch ausspricht oder betont.

5 Sätze zum Nachdenken

Arbeitet mit eurem Nachbarn/eurer Nachbarin heraus, was die folgenden Sätze bedeuten:

– Die Erde ist die Mutter und das Grab aller Menschen.
– Du bist Erde, du isst Erde, du wirst Erde.
– Die Erde gibt und nimmt alles.
– Naturschutz ist Menschenschutz. Die Natur schützt sich schon selber.
– Die jungen Leute von heute sind die Leidtragenden von morgen.

6 Einen Tag anders leben

Christine (11) hat in einem Brief geschrieben: „Wenn wir einmal für ein paar Tage **so leben würden wie die Kinder in der Dritten Welt**, würden wir erst richtig merken, wie das ist. Es wäre auch gerecht.“ Sprecht darüber, was dieser **Perspektivenwechsel** bewirkt und ob ihr ihre Ansicht teilt. Noch besser wäre es, wenn ihr es einen Tag lang versuchen würdet und danach von euren Erfahrungen der Klasse erzählt.

7 Ans Fernsehen schreiben

Fragt bei den Fernseh- und Rundfunkanstalten an, warum sie eine so wichtige Nachricht nicht täglich bringen: „Auch heute sind wieder ca. 17000 Kinder und Jugendliche auf der Erde an den Folgen von Hunger gestorben. Sie könnten noch leben, wenn sie etwas von unserem **Überfluss** abbekämen.“

8 Sternsinger

Seit vielen Jahren ziehen zu Jahresbeginn viele Mädchen und Jungen als **„Sternsinger“** („Drei Könige“) von Tür zu Tür, um Geld für Kinder in der Dritten Welt zu sammeln. Schließt euch dieser Aktion an und erzählt danach, wie es euch ergangen ist. Mit etwas Phantasie habt ihr rasch eine Königskrone und ein Königsgewand hergestellt. Ein paar Lieder müsstet ihr vorher einüben.

2 Bestseller für alle Zeiten –

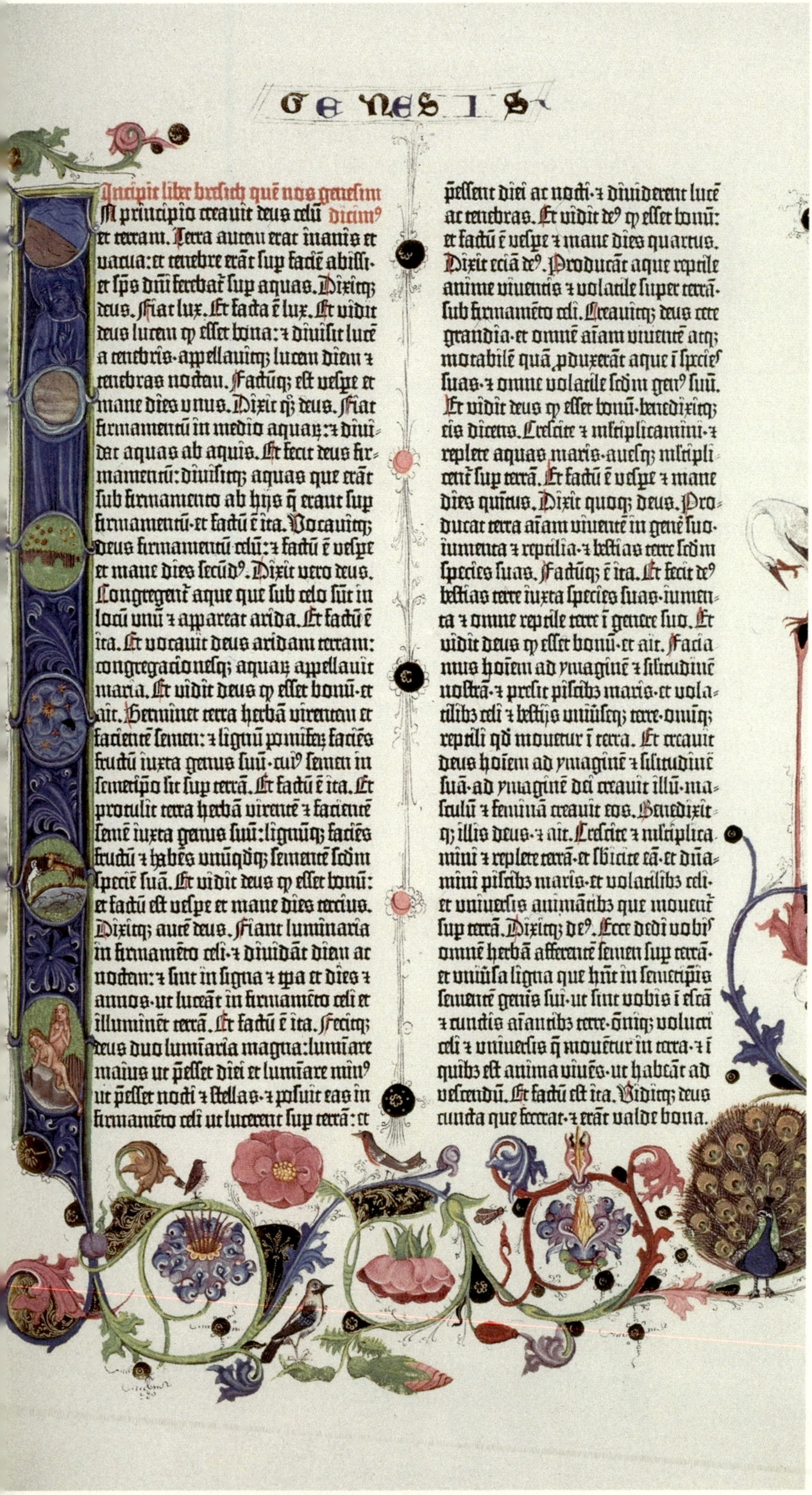
GENESIS

Incipit liber bresith quē nos genesim

1 Betrachtet die **einzelnen Bilder** ruhig für euch selbst. Sprecht dann gemeinsam über die Personen, über die Orte, die auf den Bildern vorkommen.

2 Die **erste gedruckte Bibel** (links) ist fast 600 Jahre alt. Die Seite mit feinen Illustrationen von Hand zeigt den Beginn des ersten Buches der Bibel (→ S. 26). Den Text findet ihr auch auf dem Smartphone. Welche Beobachtungen macht ihr? Notiert eure Fragen.

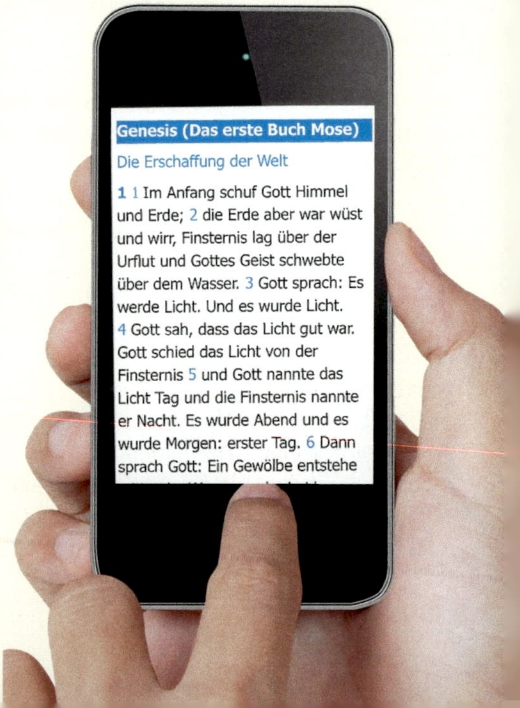

Die Bibel

Was wir lernen

Die **Bibel** ist im Religionsunterricht **das wichtigste Buch**. Für viele Menschen ist sie das auch im Leben. Warum die Bibel einmalig ist und wie man sich in diesem umfangreichen Buch zurechtfindet – dazu findet ihr in diesem Kapitel manche Informationen und Hilfen. Das alles wird euch auch in den meisten **anderen Kapiteln** des Buches nützlich sein.

Bestseller-Liste

1 Die Bibel →
2 .... ↑
3 .... ↓

Drei Jahrtausende unterwegs

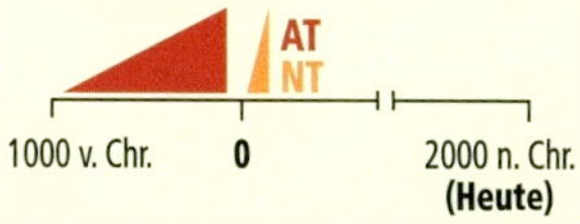

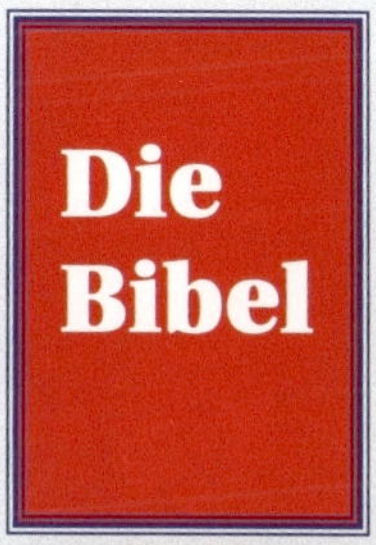

Eine ganze Bibliothek

Ein Geschenk des Himmels

1. Das Buch der Bücher

Nimm ein Buch

Nimm ein Buch, mach es auf:
Du kommst auf was drauf.
Lass es sein, mach es zu:
Es gibt keine Ruh.
So ist das eben:
Die Bücher leben.

Wolf Harranth (geb. 1941)

A **Das ist etwas für helle Köpfe**

1 Sammelt die Antworten auf die Frage**: Warum lesen wir überhaupt**? Vergleicht die Antworten miteinander und diskutiert (→ **V6**) darüber.

2 Bringe dein **Lieblingsbuch** mit und stelle es der Klasse vor. Sprich auch darüber, wessen Bücher du am liebsten hast.

3 Manche Mädchen und Jungen meinen: die Bibel ist ein Buch, und **lesen** tun wir sowieso **nicht gern**. Schreibe ihnen einen kurzen Brief und sage ihnen, was du von ihrer Meinung hältst. Lest diesen Brief der Klasse vor und überlegt gemeinsam, ob und wieweit ihr zustimmen könnt.

Rätsel

Es hat einen Deckel,
doch ist es kein Topf.
Es hat viele Blätter,
doch ist es kein Baum.
Du kannst drin versinken
wie in einem Traum.

Helmut Glatz (geb. 1939)

Wer hätte das gedacht?

- Die Bibel nimmt konkurrenzlos den ersten Platz auf der **Bestsellerliste** der weltweit am meisten verbreiteten Bücher ein. Eine vollständige Bibelübersetzung gibt es in ca. 470 Sprachen. Das Neue Testament allein ist in über 1230 Sprachen übersetzt. In einzelnen Teilen (Evangelien, Psalmen u.a.) kann die Bibel in mehr als 2100 Sprachen und Mundarten gelesen werden. Ca. 90 Prozent aller Menschen können die Bibel in ihrer Muttersprache lesen.
- Zur Zeit werden jährlich über **700 Millionen** Bibeln oder Bibelauszüge **verkauft** oder **verschenkt**.
- Kein Buch der Welt ist annähernd so oft **verfilmt** oder als **Fernsehfilm** gezeigt worden wie die Bibel. Es gibt sie in vielen Sprachen auf **DVD**. Es gibt sie als **Comic** und als **Hörbuch**. Ihre Texte können jederzeit vollständig im **Internet** abgerufen werden.
- Viele **Wissenschaftler** waren und sind ihr Leben lang damit beschäftigt, die Bibel zu erforschen.
- Unzählige **Menschen** lesen täglich in der Bibel und schöpfen daraus Trost, Hoffnung und Freude für ihren Glauben und für ihr Leben.

L

Der Name **„Bibel"** kommt von dem griechischen Wort „biblos", d.h. „**Buch**". Seit dem 4. Jahrhundert nennen die Christen ihre heilige Schrift ganz einfach „die Bibel", d.h. „das Buch".

!

Bestsellerliste (englisch: best, „am besten" und to sell, „verkaufen"): Verzeichnis der Bücher die überdurchschnittlich verkauft werden.
DVD: Disc zum Speichern großer digitaler Datenmengen.

Wovon handelt die Bibel?

Die Bibel erzählt, wie **Gott zu den Menschen gesprochen** hat und wie Menschen darauf reagiert haben. Wenn wir die Bibel heute lesen, erkennen wir, auf welch unterschiedliche Weise Menschen Gott erfahren und gesucht haben.

- Das **Alte Testament** (Abkürzung: **AT**) beginnt mit einer Erzählung von Gottes Schöpfung, d.h. der Erschaffung der Welt und der Menschen. Danach macht es ausführlich die Geschichte Gottes mit dem Volk Israel und die Geschichte Israels mit seinem Gott zum Thema.
- **Das Neue Testament** (Abkürzung: **NT**) erzählt vom Leben und Werk Jesu Christi und von den Anfängen der Kirche. Am Schluss handelt es vom Ende der Zeiten und vom ewigen Leben.

2. Eine ganze Bibliothek

A Besucht eure **Schulbibliothek** oder eine **andere Bibliothek**. Erkundigt euch
(1) wie viele Bücher es dort gibt,
(2) welche Bücher häufig, welche nie ausgeliehen werden,
(3) was das älteste Buch der Bibliothek ist,
(4) warum auf dem Buchrücken kleine Schildchen mit Abkürzungen angebracht sind.

Die Bibel

- **Altes Testament**
  - **Erzählende Glaubensbücher**
    - 1. Buch Mose – Genesis: Gen
    - 2. Buch Mose – Exodus: Ex
    - 3. Buch Mose – Levitikus: Lev
    - 4. Buch Mose – Numeri: Num
    - 5. Buch Mose – Deuteronomium: Dtn
    - Das Buch Josua: Jos
    - Das Buch der Richter: Ri
    - Das Buch Rut: Rut
    - 2 Das 1. und 2. Buch Samuel: 1 Sam, 2 Sam
    - 2 Das 1. und 2. Buch der Könige: 1 Kön, 2 Kön
    - 2 Das 1. und 2. Buch der Chronik: 1 Chr, 2 Chr
    - Das Buch Esra: Esra
    - Das Buch Nehemia: Neh
    - Das Buch Tobit: Tob
    - Das Buch Judit: Jdt
    - Das Buch Ester: Est
    - 2 Das 1. und 2. Buch der Makkabäer: 1 Makk, 2 Makk
  - **Lehrbücher**
    - Das Buch Ijob: Ijob
    - Das Buch der Psalmen: Ps
    - Das Buch der Sprichwörter: Spr
    - Das Buch Kohelet: Koh
    - Hoheslied: Hld
    - Das Buch der Weisheit: Weish
    - Das Buch Jesus Sirach: Sir
  - **Prophetische Bücher**
    - Das Buch Jesaja: Jes
    - Das Buch Jeremia: Jer
    - Die Klagelieder: Klgl
    - Das Buch Baruch: Bar
    - Das Buch Ezechiel: Ez
    - Das Buch Daniel: Dan
    - 12 **Das Zwölfprophetenbuch:** Hosea: Hos – Joel: Joel – Amos: Am – Obadja: Obd – Jona: Jona – Micha: Mi – Nahum: Nah – Habakuk: Hab – Zefanja: Zef – Haggai: Hag – Sacharja: Sach – Maleachi: Mal
- **Neues Testament**
  - **Erzählende Glaubensbücher**
    - Das Evangelium nach Matthäus: Mt
    - Das Evangelium nach Markus: Mk
    - Das Evangelium nach Lukas: Lk
    - Das Evangelium nach Johannes: Joh
    - Die Apostelgeschichte: Apg
  - **Lehrbücher**
    - Der Brief an die Römer: Röm
    - Der 1. Brief an die Korinther: 1 Kor
    - Der 2. Brief an die Korinther: 2 Kor
    - Der Brief an die Galater: Gal
    - Der Brief an die Epheser: Eph
    - Der Brief an die Philipper: Phil
    - Der Brief an die Kolosser: Kol
    - Der 1. Brief an die Thessalonicher: 1 Thess
    - Der 2. Brief an die Thessalonicher: 2 Thess
    - Der 1. Brief an Timotheus: 1 Tim
    - Der 2. Brief an Timotheus: 2 Tim
    - Der Brief an Titus: Tit
    - Der Brief an Philemon: Phlm
    - Der Brief an die Hebräer: Hebr
    - Der Brief des Jakobus: Jak
    - Der 1. Brief des Petrus: 1 Petr
    - Der 2. Brief des Petrus: 2 Petr
    - Der 1. Brief des Johannes: 1 Joh
    - Der 2. Brief des Johannes: 2 Joh
    - Der 3. Brief des Johannes: 3 Joh
    - Der Brief des Judas: Jud
  - **Prophetisches Buch**
    - Die Offenbarung des Johannes: Offb

So findet ihr euch in der Bibel zurecht

Das Problem

Alle eure Bücher haben Seitenzahlen, damit ihr euch in den Büchern leichter zurechtfindet. Wenn ihr z.B. rasch einen Text oder ein Bild in diesem Religionsbuch sucht, hilft euch die Seitenzahl. Ohne diese brauchtet ihr wahrscheinlich viel mehr Zeit. Als der Buchdruck erfunden war, zeigte es sich, dass es schwer war, in den unterschiedlichen Buchausgaben mit voneinander abweichenden Seitenzahlen Bibelstellen zu finden. Um das zu erleichtern, haben kluge Köpfe vor etwa 500 Jahren alle biblischen Bücher in Kapitel und die Kapitel in Verse eingeteilt. Sie versahen die Bücher mit kleinen Abkürzungen, die Kapitel und Verse mit Zahlen. Erst jetzt war es leicht möglich, eine Bibelstelle in allen Ausgaben und in allen Sprachen zu finden. Darum findet ihr heute oft Angaben wie diese: Lk 2,14 oder 1 Kor 15,3–7 oder Gen 1,1 f. Diese **Abkürzungen** von Bibelstellen, die ihr in diesem Buch und anderswo oft findet**,** sind auf Anhieb nicht zu verstehen. Ihr könnt euch diese Angaben in drei Schritten erschließen.

Drei Schritte

(1) Zuerst müsst ihr die **Abkürzungen, die vor den Zahlen stehen,** im Inhaltsverzeichnis einer Bibel suchen. Sie sind auch auf der nebenstehenden Seite verzeichnet. Dort wird z.B. erklärt: Lk = Lukasevangelium; 1 Kor = 1. Brief des Paulus an die Korinther; Gen = Genesis oder 1. Buch des Mose.

(2) Die **Zahlen vor dem Komma** geben das Kapitel, die Zahlen **nach dem Komma** den Vers bzw. die Verse an, z.B.: 2,14 = 2. Kapitel, 14 Vers. Oder: 15,3–7 = 15. Kapitel, die Verse 3 bis 7.

(3) Die weiteren **Abkürzungen** bedeuten:

f. = nur der folgende Vers, z.B.: 1,1 f. = 1. Kapitel, 1. und 2. Vers.

ff. = die folgenden Verse, z.B.: 2,14 ff. = 2. Kapitel, 14. Vers und die folgenden Verse.

Wenn ihr etwas übt, werdet ihr bald jeden Bibelvers rasch in eurer Bibelausgabe finden.

L

- Die Bibel ist kein einheitliches Buch. Man kann sie mit einer kleinen **Bibliothek** vergleichen. Katholische Christen zählen **in der einen Bibel 73 verschiedene Bücher.** Evangelische Christen haben **64 biblische Bücher,** weil sie – wie die Jüdische Bibel – 9 Schriften der katholischen Bibel nicht zum Alten Testament zählen.
- Das Wort „**Testament**“ bezeichnet eine Urkunde, in der jemand seinen letzten Willen festlegt, der nach dem Tod erfüllt werden soll („sein Testament machen“). Für die Bibel hat das Wort den Sinn „**Bund**“, den Gott mit den Menschen geschlossen hat.
- Die eine Bibel der Christen umfasst zwei große Teile: das „**Alte Testament**“ und das „**Neue Testament**“.
- Das „**Alte Testament**“ ist weitgehend für Juden und für Christen eine heilige Schrift. Das **„Neue Testament**“ ist nur für die Christen heilige Schrift.
- Im Alten und im Neuen Testament unterscheiden wir **drei Gruppen von Büchern**:

(1) **erzählende Glaubensbücher,**
(2) **lehrhafte Bücher**,
(3) **prophetische Bücher.**

Was haben diese Zahlen mit der Bibel zu tun?

1

2

73

46 **27**

21+7+18 **5+21+1**

A

1 Suche die **Abkürzungen für folgende Bücher des Alten Testaments**: das Buch Exodus, das Buch des Propheten Jeremia, die Bücher Ester und Tobit, das Buch der Sprichwörter.

2 Suche auch die Abkürzungen für folgende Bücher des **Neuen Testaments**: die vier Evangelien, die Briefe des Paulus an die Römer und Galater.

3 Was heißt Jud – Hld – Dan – Mk – Eph – Hebr – 1 Joh?

Einen Bibelkuchen backen

Da könnt ihr folgende Zutaten brauchen.
Man nehme

- 2 Tassen Ri 4,19
- 6 Stück Jes 10,14
- 2 Tassen Ri 14,8
- 4–5 Tassen 1 Kön 5,2
- 2 Tassen 1 Sam 30,12a (kernlos)
- 2 Tassen Nah 3,12 (klein geschnitten)
- 1 Tasse Num 17,23b (schälen und fein hacken)
- 1 Prise Lev 2,13
- 2–3 Teelöffel Jer 6,20
- ein Päckchen Backpulver.

Man befolge Spr 23,14 a.

Fragt eure Mutter, wie man aus diesen Zutaten den Teig herstellt und wie lange und bei welcher Temperatur der Teig im Backofen sein muss. Viel Spaß beim Backen und guten Appetit!

3. Drei Jahrtausende unterwegs

L Die ältesten Texte der Bibel sind mehr als 3000, ihre jüngsten Bücher knapp 2000 Jahre alt. So ist die **Bibel ein Buch, das über 1000 Jahre wuchs**. Sie brauchte, bis sie fertig vorlag, mehr Zeit als jedes andere Buch der Welt. Die meisten Schriften des Alten Testaments sind im Original in **hebräischer** Sprache, die anderen sind wie alle Schriften des Neuen Testaments in **griechischer** Sprache geschrieben.

Die Schriftrollen, die im jüdischen Gottesdienst verwendet werden, sind von einem Toraschreiber (→ S. 98) mit der Hand geschrieben. Hier vollenden der Toraschreiber und ein Mitglied der jüdischen Gemeinde von Frankfurt (Oder) gemeinsam die letzten Buchstaben einer Tora-Rolle.

Von der Originalhandschrift zur online-Bibel

Die **Originalhandschriften** zu den einzelnen biblischen Büchern, die etwa seit dem 11./10. Jahrhundert v. Chr. entstanden, sind nicht erhalten. Für Bücher gab es damals kein Material, das sich über Jahrtausende gehalten hätte.

- Zuerst wurden die einzelnen Originaltexte nur mit der Hand abgeschrieben. Wollte man Kopien haben, musste man sie mit der Hand abschreiben. Die **Abschriften** waren vor allem in religiösen Gruppen und Schulen verbreitet, wo sie als Lehrmittel gebraucht wurden.
- Später wuchsen die vielen einzelne Schriften zu **kleinen Sammlungen**, waren aber noch nicht Teil der Bibel, weil es „die Bibel" noch gar nicht gab.
- Seit dem 1. Jahrhundert n. Chr. sammelten jüdische Weisheitslehrer die einzelnen Bücher und fassten sie zu einem Buch zusammen, das später die **„Jüdische Bibel"** genannt wurde.
- Ähnlich machten es christliche Lehrer, die seit dem 2. Jahrhundert n. Chr. die Schriften von christlichen Autoren zum „**Neuen Testament**" zusammenfassten und diese dann zusammen mit dem Alten Testament als christliche **„Bibel"** verehrten.

Seitdem es die Bibel gibt, haben sich viele Leute mit ihr befasst, z. B.:

- jüdische **Schriftgelehrte** und **Rabbinen**, die den heiligen Text für den jüdischen Gottesdienst in der Synagoge oder zur Unterweisung der Schüler – Schülerinnen gab es damals noch nicht – im Lehrhaus brauchten
- **Schreiber** in den frühen **Christengemeinden**, die nicht vergessen wollten, was sie von Jesus gehört hatten
- **Mönche**, die ihre Achtung vor der Bibel dadurch bewiesen, dass sie jahrelang an einer einzigen Abschrift arbeiteten und den Text mit verzierten Buchstaben und kleinen Malereien („Miniaturen") schmückten
- **Buchdrucker**, die seit dem 15. Jahrhundert dafür sorgten, dass die Bibel nicht mehr mit der Hand abgeschrieben werden musste
- **Software-Hersteller**, die Bibelprogramme für Computer und Smartphone entwickelt haben und die Bibel als e-book zugänglich machen.

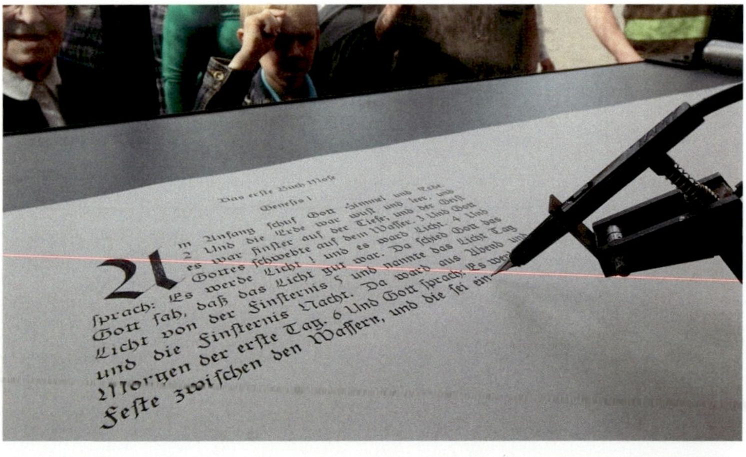

Passanten beobachten in Trier wie ein Roboter die Bibel in Schönschrift schreibt, 2012.

4. Ein kostbarer Fund

Die Felsenhöhlen von Qumran in der Wüste Juda

Eine geheimnisvolle Höhle

Am Ufer des Toten Meeres (→ S. 224) liegt der kleine Ort **Qumran**, der vor ca. 70 Jahren weltberühmt wurde. In dieser abgelegenen Gegend herrschte im August **1947** eine brütende Hitze. Kaum ein Mensch wagte sich aus den Zelten heraus. Das war dem Beduinen Muhammed edh-Dhib gerade recht, weil er sich so unbeobachtet auf die Suche nach einer **Höhle** machen konnte, in der er Schmuggelware verstecken wollte. Unterwegs entdeckte er das Loch zu einer Höhle, die ihm noch nie aufgefallen war. Neugierig warf er ein paar kleine Steine hinein. Da hörte er, wie die Steine beim Aufprall am Boden ein seltsames Klirren erzeugten. Erwartungsvoll kletterte Muhammed in die Höhle. Aber da standen nur ein paar alte **Tonkrüge**. In einigen Krügen steckten verschmutzte **Rollen**, die in stinkenden Hüllen verpackt waren. In ihnen fand er „bekritzeltes" **Leder** (→ S. 42), deren Schrift er nicht entziffern konnte. Er nahm einige Lederhüllen und Rollen mit. Später kam er mit Freunden wieder zurück in die Höhle. Gemeinsam plünderten sie die Höhle aus. Mit dem Leder verbesserten sie ihre Schuhe, die Krüge dienten als Wasserbehälter, einige Schriftrollen wurden in einem Sack verpackt. Monate vergingen.
Dann nahm Muhammed ein paar Rollen mit in das nahe gelegene **Betlehem**, wo er sie einem Schuster für **fünf Dollar** verkaufen konnte. Dieser witterte das Geschäft seines Lebens. Er fuhr mit den Rollen nach **Jerusalem** und zeigte sie dem Patriarchen Samuel, der ein syrischer Christ war. Samuel verbrannte ein Stück der Rolle, um zu testen, ob die Stücke alt waren. Als er sich davon überzeugt hatte, begann ein wildes Feilschen um den Preis. Schließlich überließ der Schuster dem Patriarchen die Rollen für knapp **100 Dollar**. Dieser schaltete Wissenschaftler ein, die ihm bestätigten, dass die Rollen alt und mit Texten der Bibel beschriftet seien. Da ahnte er, dass die Rollen sehr wertvoll sei mussten. Weil er in Jerusalem dafür nicht genug Geld bekam, machte er sich 1954 nach **Amerika** auf, wo er im Wall Street Journal eine Anzeige aufgab. Ein israelischer Archäologe wurde darauf aufmerksam, zahlte ihm aber „nur" **250 000 Dollar**. So kamen die Rollen in den Besitz des **Staates Israel**.
Die wichtigste Lederrolle (→ S. 42) enthält fast das ganze **Buch des Propheten Jesaja**. Diese Handschrift wurde vor mehr als 2000 Jahren geschrieben. Sie ist zusammen mit tausenden Schnipseln aus alten Bibeltexten, die bald danach auch in Qumran gefunden wurden, der **wertvollste Fund zur Bibel**, der je gemacht wurde. Die Schriften zeigen, dass der Bibeltext – bis auf wenige, kleine Ausnahmen – genau so, wie er in alten Zeiten geschrieben wurde, auf uns gekommen ist. Die Schnipsel wurden in mühevoller Kleinarbeit zusammengesetzt und so wieder lesbar. Der Staat Israel ließ für sie und die Schriftrollen ein atombombensicheres Museum in Jerusalem einrichten.

A **So könnt ihr zu Bibeldetektiven werden**

Schreibt auf ein Blatt Papier (DIN A4) einen Bibeltext eurer Wahl mit einigen Versen deutlich und in großen Schriftzeichen, so dass das ganze Blatt beschrieben ist und keine freien Ränder bleiben. Zerreißt das Blatt dann in 16 kleine Stücke, wirbelt alles durcheinander und füllt sie in eine Flasche oder einen Becher. Bezeichnet eure Flaschen und Becher mit euren Namen, Zahlen oder Buchstaben und stellt sie in der Klasse aus. Jeder soll nun eine andere Flasche oder einen anderen Becher als den eigenen nehmen und versuchen, die Schnipsel wie ein **Puzzle** zusammenzufügen und zu lesen. So bekommt ihr eine Ahnung von der Arbeit, die die Forscher mit den Schnipseln aus Qumran hatten.

5. Die Schrift – Eine geniale Erfindung

L Die Erfindung der Schrift zählt zu den wichtigsten Erfindungen der Menschheit. **Ohne Schrift gäbe es keine Bibel.**

Tontafel mit Keilschrift aus Mesopotamien

Die Jesaja-Rolle aus Qumran

Codex Sinaiticus, Handschrift der Bibel auf Pergament aus dem 4. Jahrhundert

Schreibmaterialien aus alten Zeiten

- Könige und Herrscher teilten in alten Zeiten ihren Untergebenen auf **Felswänden und Steinblöcken, Erztafeln oder Bronzesäulen** mit, was sie ihnen sagen und befehlen wollten. Handwerker schrieben in mühevoller Arbeit die Buchstaben. Diese Schriftdenkmäler sind sehr beständig. Nicht wenige haben sich bis heute erhalten. Die Bibel erzählt, dass auch die Zehn Gebote auf steinernen Tafeln geschrieben waren.
- In **Mesopotamien**(→ S. 51) schrieb man seit etwa 3500 v. Chr. auf kleine **Tontafeln**. Solange der Ton noch weich war, ließen sich die Schriftzeichen leicht mit einem Griffel einritzen, die man heute **„Keilschrift“** nennt. Diese Tafeln waren fast unbegrenzt haltbar. In den letzten zwei Jahrhunderten sind Hunderttausende solcher Täfelchen gefunden worden. Manche sind für das Verständnis der Bibel wichtig, wenn auf ihnen religiöse Erzählungen notiert sind, die ähnlich auch in der Bibel vorkommen (Paradiesesgarten, Sintflut).
- Weithin bekannt sind die **Hieroglyphen** der **Ägypter** (→ S. 58 f.), mit denen sie auf ihren Tempeln und Obelisken schrieben. Schon im 3. Jahrtausend v. Chr. gewannen sie den **„Papyrus“** (verwandt mit unserem Wort „Papier“), der als brauchbares Schreibmaterial aus dem Mark der am Nil wachsenden Papyrusstauden gewonnen wurde. Die Papyrusblätter waren zum Beschreiben hervorragend geeignet. Man konnte die einzelnen Blätter zu einer **„Schriftrolle“** zusammenkleben. Anfang und Ende einer Rolle, die 6 bis 10 Meter lang sein konnte, versah man mit Stäben, um die Rolle beim Lesen leicht abwickeln zu können. Ein Nachteil des Papyrus: er zog leicht Feuchtigkeit an und war daher in seiner Haltbarkeit begrenzt. Die Bibeltexte wurden oft auf Papyrusblätter und -rollen aufgeschrieben. Für das Neue Testament brauchte man etwa 70 Meter, also etwa 7 bis 12 Rollen.
- In **Pergamon** (in der heutigen Türkei) gelang es im 2. Jahrhundert v. Chr. Lederhäute als Schreibmaterial zu gewinnen, das man nach seiner Herkunft **„Pergament“** nennt. Dieses ließ sich – anders als der Papyrus, – auf beiden Seiten beschreiben. Ein Buch aus Pergament oder auch aus Papyrusblättern nennt man **„Codex“**. Die Juden verwendeten zum Schreiben oft Pergament. Es brauchte nicht aus anderen Ländern eingeführt zu werden und war gut haltbar. Viele alte Bibeltexte sind auf Pergament geschrieben, z. B. die Rollen, die in Qumran gefunden wurden (→ S. 41).

A Fertigt eine **Schriftrolle** nach alter Art an, indem ihr drei oder mehr Papierbögen vom Format DIN A 4 quer zusammenklebt und an ihren beiden Enden kleine Holzstäbe (lange dünne Bleistifte, Schaschlik- oder Mikadostäbchen o. Ä.) befestigt oder anklebt. Auf den beiden Holzstäben könnt ihr kleine Holzperlen, Plastikkugeln oder Korkscheiben anbringen. Welchen Bibeltext wollt ihr zuerst auf diese Rolle schreiben?

6. Ein Geschenk des Himmels

Die Bibel – Das Wort Gottes

Vielleicht fragt ihr euch manchmal, warum ihr die Bibel lesen sollt und warum sie für unsere Gegenwart wichtig ist – ist sie doch ein Buch, das vor langer Zeit entstanden ist und in vielen Texten schwer verständlich ist. Auf diese Frage sind mehrere Antworten möglich. Zwei Hinweise sollen hier genügen.

- Die Bibel ist ein **einmaliges** Buch. Sie ist das von gläubigen Menschen bezeugte **Wort Gottes.** Wir nennen die Bibel **heilig**, weil sie von Gott kommt, der allein heilig ist. Sie ist ein Geschenk des Himmels. In ihr wird Gott für die Menschen hörbar. Für Christen ist die Bibel nie nur ein vergangenes Buch, da sie es von **Jesus Christus** her, dem lebendigen Wort Gottes, lesen.
- Die Bibel ist ein **weises** Buch, da sie nicht nur den Glauben an Gott bezeugt, sondern uns auch sagt, wie unser Leben verlaufen kann, was wir tun sollen und wozu wir bestimmt sind. Sie gibt eine Antwort darauf, wie es möglich ist, trotz aller Unmenschlichkeiten in dieser Welt nicht selbst unmenschlich zu werden, indem sie auf Gott verweist, der die Liebe ist (1 Joh 4,8) und der uns an seiner Liebe teilnehmen lässt.

Rembrandt van Rijn (1606–1669),
Der Evangelist Matthäus und der Engel, 1661

Nachfragen

- Ein Mädchen in einem Buchgeschäft: „Die Bibel ist das spannendste Buch, das ich je gelesen habe. Haben Sie vom selben Verfasser noch ein anderes Buch?"
- Ein Junge in der Kirche: „Lieber Gott, die meisten Geschichten aus der Bibel kenne ich schon. Ich habe sie schon so oft gehört und gelesen. Kannst du nicht ein paar neue Geschichten schreiben?"

A **Mehr als ein alltägliches Buch**

1 Zeigt auf, woran man erkennen kann, dass die Bibel für Christen **das Wort Gottes** ist • im Gottesdienst, • im Gemeindeleben, • in der Familie, • im Religionsunterricht, • ...

2 **Entweder**: Alle Mädchen und Jungen schreiben ihr **Lieblingswort** aus der Bibel auf eine Pinnwand. Prüft, welcher Spruch in der Klasse die meiste Zustimmung findet. Wer noch kein Lieblingswort hat, kann solange in seiner Bibel blättern („schmökern"), bis er eins gefunden hat. Wenn er es später ändert, kann es auch auf der Pinnwand geändert werden.

3 **Oder**: Schreibe ein **Bibelwort**, das dir viel bedeutet, in **Schönschrift** auf eine Postkarte oder die selbst gebastelte Schriftrolle (→ S. 42). Du kannst den ersten Buchstaben („Initiale") farbig und größer malen und mit Verzierungen versehen, z. B. mit Blumen, Blättern oder Vögeln. **Alternativ**: In ähnlicher Weise könnt ihr ein Bibelwort mit eurem **Computer** schreiben und schön gestalten.

4 Schreibt ein **Elfergedicht** über die Bibel (→ V10).

L

- Die Bibel ist das **Wort Gottes**. In ihr spricht Gott durch das Zeugnis gläubiger Menschen in der Sprache der Menschen zu den Menschen.
- Die biblischen Verfasser waren beim Schreiben von **Gottes Heiligem Geist** erleuchtet, so dass sie „sicher, getreu und ohne Irrtum die Wahrheit lehren, die Gott um unseres Heils willen aufgezeichnet haben wollte" (Wort des 2. Vatikanischen Konzils 1962–1965). Darum ist sie die gültige „Ur-Kunde" unseres Glaubens.
- Wer sich in seinem **Glauben** und in seiner **Hoffnung**, im **Leben** und **Sterben** auf die Bibel stützt, lebt so, wie Gott es will.

7. Ein Leitfaden für das Leben

Sandro Botticelli (1445–1510), Augustinus und der Knabe am Meeresstrand, um 1487.
Das Kind erinnert an eine Legende (→ M2a). Danach fragte Augustinus ein Kind, das mit einem Löffel Wasser aus dem Meer in eine Grube schüttete: „Was tust du da?" Die Antwort: „Ich schöpfe das Meer in diese Grube." Als er darüber ungläubig lächelte, sagte das Kind: „Es wird mir eher gelingen als dir deine klugen Versuche, Gott zu erfassen."

L

- Für viele Christen ist die **Bibel** das Buch, das ihnen **Antwort auf die lebenswichtigen Fragen** gibt. In der Bibel lesen wir von Gottes Zuwendung zu den Menschen, von seinen Taten und Forderungen. Hier lesen wir auch von Menschen, die leiden und sich freuen, die Angst und Hoffnung haben, die Gott nicht verstehen und ihm vertrauen, die vor ihm schuldig werden und die von ihm Vergebung erfahren. Manche biblische Gestalt wird ihnen zum Vorbild. Wir finden in der Bibel einen **Leitfaden für das Leben**.
- **Nicht immer** trifft ein **Bibelwort** Menschen so **plötzlich und unerwartet** wie Augustinus und Franz von Assisi. Meistens wirkt die Bibel **stiller und unauffälliger**. Unzählige Menschen, die durch sie verändert wurden, sind nicht namentlich bekannt.

Augustinus – „Nimm und lies"

Vor etwa 1650 Jahren wurde Augustinus (354–430) im Römischen Reich in Thagaste, einer Stadt in Nordafrika, geboren. Sein Vater Patricius, ein kleiner Landeigentümer, war kein Christ. Er war darauf bedacht, seinem Sohn eine gute Ausbildung zukommen zu lassen. Seine Mutter Monika bemühte sich mit allen Kräften, ihren Sohn im christlichen Glauben zu erziehen. Aber Augustinus wollte lieber ein Leben führen, das ihm Abwechslung, Vergnügen und Reichtum brachte. Da er ungewöhnlich begabt war und klar denken konnte, standen ihm hohe Ämter offen. Er interessierte sich aber nicht nur für sein Studium. Oft besuchte er blutige Zirkusspiele und üble Theaterstücke. Er hatte schlechte Freunde und hatte mit einer jungen Frau ein Kind.

Monika betete ständig darum, dass er sein Leben ändern möge. Aber lange geschah nichts. Eines Tages hielt sich Augustinus im Garten eines Freundes auf. Schon seit einiger Zeit war er unsicher geworden, ob er so weiter leben sollte wie bisher. Da hörte er die Stimme eines spielenden Kindes: „Nimm und lies – nimm und lies!" Er wusste auf der Stelle, dass er zur Bibel greifen und die Verse auf sich beziehen sollte, die er zuerst aufschlug. Da stieß er auf das Wort:

„Lasst uns ehrenhaft leben wie am Tag, ohne maßloses Essen und Trinken, ohne Unzucht und Ausschweifung, ohne Streit und Eifersucht. Legt (als neues Gewand) den Herrn Jesus Christus an und sorgt nicht so für euren Leib, dass die Begierden erwachen" *(Röm 13,13 f.)*.

Dieses Wort traf ihn wie ein Blitz. Er glaubte, dass er glücklich werden könnte, wenn er es auf sich bezog. Sofort gab er seinem Leben eine andere Richtung. Er wandte sich der Frohen Botschaft Jesu zu. Seine Mutter Monika war dankbar, dass ihre Gebete erhört worden waren. Später wurde Augustinus Bischof von Hippo, einer Stadt im heutigen Algerien. Mit seinen Gedanken hat er viele Menschen stark beeindruckt. Seine klugen Schriften werden noch heute studiert.

Franz von Assisi – „Gib dein Geld den Armen"

Im Jahr 1182 wurde in eine reiche Tuchhändlerfamilie in Assisi, einer kleinen Handelsstadt im Umbrien (Italien), ein Kind geboren, das man auf den Namen Johannes taufte. Später gab man ihm den Namen Francesco („Franziskus", d.h. „Französlein"), weil es seiner lustigen Mutter, die aus Frankreich stammte, sehr ähnlich war. Der Junge führte zuerst ein verschwenderisches Leben. Leichtsinnig ging er mit dem Besitz um, den er von seinem Vater hatte. So sammelten sich allerlei fragwürdige Freunde um ihn. Aber eines Tages kamen ihm doch Zweifel, ob sein Leben so weitergehen sollte wie bisher.

Bald darauf zog er sich in eine kleine Kirche nahe Assisi zurück. Hier las er das Wort, das Jesus an einen reichen jungen Mann gerichtet hatte:

„Wenn du vollkommen sein willst, verkauf deinen Besitz und gib das Geld den Armen. So wirst du einen bleibenden Schatz im Himmel haben" *(Mt 19,21)*.

Dann fand er das Wort, das Jesus seinen Jüngern gesagt hatte, als er sie aussandte:

„Steckt nicht Gold, Silber und Kupfermünzen in euren Gürtel. Nehmt keine Vorratstasche mit auf den Weg, kein zweites Hemd, keine Schuhe und keinen Wanderstab" *(Mt 10,9f.)*.

Giotto di Bondone (1266–1337), Franziskus gibt einem Fremden seinen Mantel, 1296–1297

Von diesen Worten war Francesco bis in sein Herz getroffen. Er nahm sie ganz ernst und ganz wörtlich. Alles, was er hatte, auch seine teuren Kleider, schenkte er den Armen und zog selbst eine raue Kutte an. Sein Vater war über diesen Schritt entsetzt, weil er ihn gern als Nachfolger in seinem Geschäft gesehen hätte. Aber Francesco ließ sich von seinem Entschluss nicht abbringen und trennte sich von seinem Vater.

Mit nackten Füßen ging er in die Welt und begann zu predigen. Wie Jesus lebte er in völliger Armut und war dabei der fröhlichste Mensch. Mit nur 44 Jahren starb er 1226 in Assisi, wo er auch begraben ist. Sein Namensfest wird am 4. Oktober begangen.

Das wichtigste Buch

Vielen Jungen und vielen Alten ist die Bibel zum Leitfaden ihres Lebens geworden, weil sie ihnen so **wichtige Dinge** sagt, die die nüchterne Welt und den Menschen im Lichte Gottes verzaubern:

- Die Welt ist nicht zufällig, wie viele heute meinen, sondern Gottes gute Schöpfung.
- Alle Menschen sind wertvoll und haben eine Würde, die niemand verletzen darf.
- Es gibt gute Gebote Gottes, die zu Glück und Heil führen.
- Was immer einer angestellt hat, er darf bei Gott auf Vergebung hoffen.
- Das Evangelium Jesu Christi ist eine unvergleichlich gute Botschaft für unser Leben.
- Sein Kreuz und seine Auferweckung schenken uns Hoffnung über den Tod hinaus.
- Gott wird am Ende der Zeit alle Tränen abwischen.

A Tauscht euch darüber aus, welches **Bibelwort** euch besonders beeindruckt.

Was wir können

Wissen

1 Ein Bibel-Quartett
Fertigt auf festem Papier oder dünner Pappe ein **Bibelquartett** mit
- 32 Karten an.

Es enthält
- 4 in der Bibel genannte Orte,
- 4 biblische Länder,
- 4 Bücher des Alten Testaments,
- 4 Bücher des Neuen Testaments,
- 4 biblische Schreibmaterialien,
- 4 Orte, wo die Bibel heute gebraucht wird,
- 4 Gründe, sich mit der Bibel zu befassen und
- 4 kurze Bibelworte.

Schreibt auf die Karten die Bedeutung der einzelnen Angaben, z. B. Jerusalem, die Hauptstadt, oder Die Apostelgeschichte, ein Geschichtsbuch im NT. Viel Vergnügen bei den Entwürfen und beim Spielen. Ihr könnt euch auch andere biblische Vierergruppen für das Quartett aussuchen.

2 Das wisst ihr längst
Bestimmt in aller Kürze, was die folgenden Begriffe bedeuten oder mit der Bibel zu tun haben.
Papyrus – 73 – Bibel – ff. – Codex – Testament – 27 – Heiliger Geist – Qumran – Pergament

Anwenden – Urteilen – Handeln

3 Drei Auffassungen
Sprecht über die Unterschiede in den Aussagen der drei Kinder.

4 Sich in der Bibel zurechtfinden
Zeigt, dass ihr euch in der Bibel zurechtfindet, indem ihr folgende Stellen aus eurer Bibel in der Klasse verteilt und jeweils aufschreibt:
- **Gen 1,1**
- **Ex 20,2**
- **Mt 6,9–13**
- **Mk 12,28 ff.**
- **Lk 2,14**
- **Apg 2,32**
- **1 Kor 11,23–25.**

Stellt eure Aufzeichnungen zusammen. Sie ergeben eine Zusammenfassung der Bibel.

5 Bestseller? Alt und nicht mehr aktuell?
Mary (12) bestreitet, dass die Bibel ein **Bestseller** ist. Sie sagt, sie habe die Bibel noch nie auf einer Bestsellerliste gefunden.
Jan (11) behauptet mit aller Entschiedenheit, die Bibel sei **heute nicht mehr aktuell**. Das sehe man schon daran, dass sie Jahrtausende Jahre alt ist.
- Entwerft den Text einer Mail an Mary und Jan, in der ihr zu deren Behauptungen Stellung nehmt.

6 Wort oder Bild
Ergänze in deinem Arbeitsheft mehrere Male den Satz: **Die Bibel ist wie** … (z. B. ein Kompass, ein Freund). Die gefundenen Wörter kannst du auch farbig zeichnen oder malen und dann deinen Nachbarn oder deine Nachbarin fragen, ob er/sie die Bilder versteht. Wenn es nötig ist, kannst du ihm/ihr auch erklären, warum du den Vergleich gewählt hast.

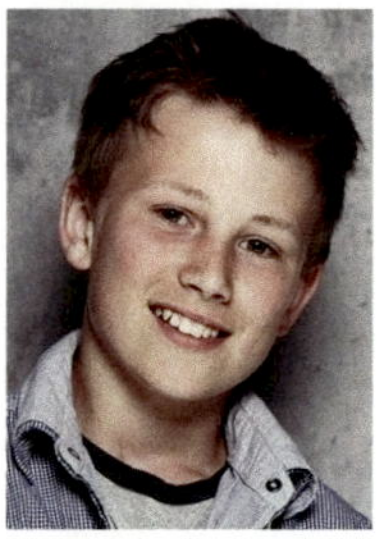

Ester: Die Jüdische Bibel ist nicht so umfangreich wie die christliche Bibel. Die Schriften über Jesus gehören nicht hinzu.

Mesut: Wir lesen Gottes Wort im Koran. Für uns ist jedes Wort des Korans entscheidend.

Lucas: Ich habe zur Erstkommunion von meiner Patentante eine Bibel bekommen, in der ich manchmal lese und deren Bilder ich mir gern anschaue. Ich bin froh, dass ich im Religionsunterricht entdecke, was die Bibel für mein Leben bedeutet.

7 Was gehört ins NT, was ins AT?

• Geburt Jesu • Psalmen • Schöpfung • Paulus • Zehn Gebote • Matthäus • Abraham • der Prophet Jesaja • Jakobus

8 Ein Lied zur Bibel

3 Herr, gib uns Mut zur Stille, zum Schweigen und zum Ruhn. Wir danken dir: Du willst uns Gutes tun.
4 Herr, gib uns Mut zum Glauben an dich, den einen Herrn. Wir danken dir; denn du bist uns nicht fern.
Text und Melodie: Kurt Rommel 1963

- Mut zum Hören, Mut zum Dienen – Was ist das? Sucht Beispiele dazu.

9 Kleine biblische Kostproben

Die Himmel rühmen die Herrlichkeit Gottes. *Ps 19,2*
Gott lasse über uns sein Angesicht leuchten, damit auf Erden sein Weg erkannt wird. *Ps 67,2f.*
Denn er befiehlt seinen Engeln, dich zu behüten auf all deinen Wegen. *Ps 91,11*
Du hast mein Inneres geschaffen, mich gewoben im Schoß meiner Mutter. *Ps 139,13*
Das Weinen hat seine Zeit, und das Lachen hat seine Zeit. *Koh 3,4*
Der Mensch lebt nicht nur von Brot, sondern von jedem Wort Gottes. *Mt 4,4*
Wo dein Schatz ist, ist auch dein Herz. *Mt 6,21*
Niemand kann zwei Herren dienen. *Mt 6,24*
Ein guter Baum bringt gute Früchte. *Mt 7,17*
Bei euch sind die Haare auf dem Kopf alle gezählt. *Mt 10,30*
Gott ist größer als unser Herz. *1 Joh 3,20*
Gott ist die Liebe. *1 Joh 4,8*

Wähle eine der Kostproben aus und erkläre, wie du sie verstehst oder gib ein Beispiel dazu an. Du kannst stattdessen auch ein passendes Bild anfertigen.

10 Mit Chagall von der Bibel träumen

Lasst eure **Phantasie** spielen und euch von ihr sagen, warum der Schüler gerade **eingeschlafen** ist und was der Engel dem Schlafenden wohl mitteilen möchte. Erklärt auch, was der Engel im Arm hält.

Marc Chagall (1887–1985),
Der Engel mit der Tora, 1931

3 Mit Geschichten leben –

Marc Chagall (1887–1985), Mose empfängt die Gesetzestafeln

Marc Chagall kam als Jude in einer kleinen weißrussischen Stadt zur Welt. Schon früh ging er nach Paris, wo er zu einem der bekanntesten und beliebtesten Maler des 20. Jahrhunderts wurde. Wie kein anderer Maler der neueren Zeit schuf er viele Bilder zu Themen der Bibel.

Gestalten aus dem Alten Testament

Was wir lernen

Mose steht im Mittelpunkt des Kapitels, mit dem ihr eine **Entdeckungsreise** unternehmt**, die** euch in fremde Länder führt. Zugleich macht ihr euch auf eine **Zeitreise** in die Vergangenheit. Da trefft ihr auf viele ungewöhnliche Männer und Frauen, die mit Gott zu tun bekamen. Unter ihnen ragen drei Gestalten heraus: Abraham, Mose und David. Sie bilden für Juden, Christen und Muslime den „**bleibenden Anfang**" ihres Glaubens, d.h. für immer sehen sie in den drei Gestalten und ihren Taten ihren Anfang und ihre erste Verbindung mit Gott. Der „bleibende Anfang" ist für jeden von uns mit unserem Geburtstag vergleichbar.

um 1800 v.Chr. (?)	**Abraham, der Stammvater des Volkes Israel** **Segen und Verheißung** **SCHAUPLATZ MESOPOTAMIEN UND KANAAN**
um 1200 v.Chr. (?)	**Mose, der Befreier, Gesetzgeber und Lehrer Israels** **Freiheit und Gebote** **SCHAUPLATZ ÄGYPTEN**
1000–960 v.Chr. (?)	**David, der wichtigste König des Volkes Israel** **Kanaan und Jerusalem** **SCHAUPLATZ ISRAEL**

Die Bibel nennt die **Jahreszahlen** nicht. Bibelwissenschaftler haben sie aufgrund der Erzählungen berechnet. Sie haben damit aber bei anderen Fachleuten keine Zustimmung gefunden. Darum stehen hinter den Jahreszahlen die Fragezeichen.

Das Kapitel könnt ihr zusammenhängend, aber auch in **drei zeitlich verschiedenen Abschnitten** bearbeiten. Es ist nützlich, wenn ihr das **2. Kapitel** zum Verständnis der Bibel schon behandelt habt.

1 Zur Betrachtung des Bildes: → M3; beschreibt den **Aufbau, die Personen** und die **Farben** des Bildes.
2 Geht vor allem auf die Gestalt des **Mose** ein. Bezieht dabei ein, was ihr bereits über Mose aus den Erzählungen der Bibel wisst.
3 Warum bildet er den Mittelpunkt des Bildes? Was befindet sich in seinem Blick? Wodurch entsteht die Verbindung mit Gott? Wie ist Gott selbst dargestellt? Warum? Was geschieht im Rücken des Mose?
4 Fertigt zu einigen Personen **Sprechblasen** an.

1. Abraham – Der Stammvater des Volkes Israel

L Die Bibel erzählt, dass **Abraham** in Mesopotamien einen **Ruf Gottes** hörte. Er erhielt den Auftrag, seine Heimat zu verlassen und in ein fremdes Land zu ziehen. Abraham tat dies im Vertrauen auf Gott und in der Hoffnung auf dessen Verheißungen. Er wurde zum **Vater des Volkes Israels und vieler Glaubenden in der ganzen Welt**.

A

1 Wer liest **den Bericht Nahors** in der Klasse vor und erklärt ihn? Zum Vorlesen: → **V3**.

2 **Mädchen und Junge**n eures Alters haben vor drei Jahrtausenden in Mesopotamien anders gelebt als ihr hier und heute. Vergleicht z. B.:
- Was haben sie (nie) gegessen?
- Wie haben sie sich (nie) gekleidet?
- Welche Ausbildung (Schule) hatten sie?
- Was kannten sie, was wir nicht kennen?
- Was kennen wir, was sie nicht kannten?

Schreibt eure Vermutungen auf einem Notizzettel auf. Vergleicht diese Notizen miteinander und prüft gemeinsam im Unterricht, was davon zutrifft und was zu ergänzen oder zu verbessern ist. Tragt am Ende euer Ergebnis in euer Religionsheft (→ **V1**) ein.

3 Beantwortet dann auch die Frage, ob ihr **lieber damals gelebt** hättet als heute.

SCHAUPLATZ MESOPOTAMIEN UND KANAAN

Nahor erzählt

Nach den Erzählungen der Bibel wohnten die Vorfahren Abrams in Ur. Von dort zogen sie nach Haran, wo auch Abram mit seiner Familie lebte. Der Ort des einstigen Haran liegt in Mesopotamien im heutigen nördlichen Irak. Die Stadt gibt es heute nicht mehr.

Haran, meine Heimatstadt, liegt zwischen den mächtigen Flüssen Euphrat und Tigris. Hier ist das Leben immer interessant. Oft machen hier Karawanen Rast. Sie kommen aus fernen Ländern und erzählen uns, was dort geschehen ist. An den Karawanen verdienen wir ganz gut Geld, weil sie bei uns Brot, Wasser und andere Dinge kaufen. Fast immer haben starke Könige über uns geherrscht. Sie regierten im fernen Ur, Assur oder Babylon und forderten von uns strengen Gehorsam und hohe Steuern.

Unsere Gelehrten können vieles, was die meisten Völker nicht können, z. B. den Lauf der Gestirne berechnen. Unsere Architekten haben große Städte und herrliche Paläste errichtet, unsere Künstler herrliche Figuren geschaffen und bunte Ziegel entwickelt, die in der Welt ihresgleichen suchen. Von unserem gewaltigen Turmbau in der Stadt Babel (Gen 11,1–9) erzählt man auch bei anderen Völkern. Wir haben auch etwas erfunden, was bislang nur wenige Völker haben: eine Schrift mit keilartigen Zeichen, die wir mit Griffeln auf feuchte Tontafeln ritzen („Keilschrift"; → S. 42).

Die Religion bestimmt unser ganzes Leben. Der Mondgott ist der Führer unserer Handelskarawanen, die Sternengötter weisen uns in der Nacht die Wege. Unsere Göttinnen und Götter schenken dem König und dem Volk Wohlergehen, den Äckern Fruchtbarkeit und den Sieg im Krieg. Ihnen zu Ehren feiern wir in unseren prachtvollen Tempeln rauschende Feste.

Bei uns ist mehr los als in allen umliegenden Ländern, Ägypten (→ S. 58) vielleicht ausgenommen. Wir leben hier sicher und zufrieden. Darum würde ich meine Heimat nie verlassen, auch wenn man mir noch so viel versprechen sollte.

Löwe vom Ischtar-Tor (→ S. 51, 56), Babylon, 6. Jahrhundert v. Chr.

Gottes Ruf an Abram

Die Bibel erzählt, dass Abram in Haran ein einzigartiges Erlebnis hatte.

1 Da sprach der Herr zu Abram: Zieh weg aus deinem Land, von deiner
Verwandtschaft und aus deinem Vaterhaus in das Land, das ich dir zei-
gen werde.
2 Ich werde dich zu einem großen Volk machen, dich segnen und dei-
nen Namen groß machen. Ein Segen sollst du sein.
3 Ich will segnen, die dich segnen; wer dich verwünscht, den werde ich
verfluchen. Durch dich sollen alle Geschlechter der Erde Segen erlan-
gen.
4 Da zog Abram weg, wie der Herr ihm gesagt hatte.

aus dem Buch Genesis 12,1–4a

L Oft heißt es in der Bibel: **„Gott sprach“**. Niemand muss sich dabei Gott mit Mund und Stimme vorstellen. Aber zu dem Gott sprach, der hatte keinen Zweifel, dass Gott ihm etwas sagte. Wie dies geschehen ist, wissen wir nicht. Vielleicht haben die Angesprochenen Gottes Wort in ihrem **Herzen** gehört, im **Traum** vernommen, im **Nachdenken** gefunden oder aus ihrer **Situation** erschlossen.

!

Haran: ehemalige Stadt in Mesopotamien
Mesopotamien: das Zweistromland zwischen Euphrat und Tigris im westlichen Asien
Segen: bedeutet ursprünglich Glück, Zufriedenheit, Reichtum, Macht, Gesundheit für die Familie und die Herde; dann aber auch Gottes Zuwendung und Treue

A

1 Arbeite heraus, welchen **Auftrag** Abram von Gott erhielt und welche **Verheißung** damit verbunden war.
2 Male ein **Bild**, das zeigt, wie Abram die Worte Gottes hört. Schreibe mit deinen Worten dazu, was Abram hört. Vergleicht eure Bilder und stellt sie einander auf einer Pinnwand (→ V7) vor.
3 Suche still für dich eine Antwort auf die Frage: Wie kann ich **Gott hören**? Wann kann ich ihn überhören?

Links: Illustration der Wallfahrtsstraße zum Ischtar-Tor, Babylon, 6. Jahrhundert v. Chr. Das Tor befindet sich heute im Vorderasiatischen Museum in Berlin.
Rechts: Die Gegend im Vorderen Orient und in Ägypten, die vielen Völkern Nahrung bot, nennt man fruchtbaren Halbmond. Hier entstanden im 1. und 2. Jahrtausend v. Chr. große Reiche.

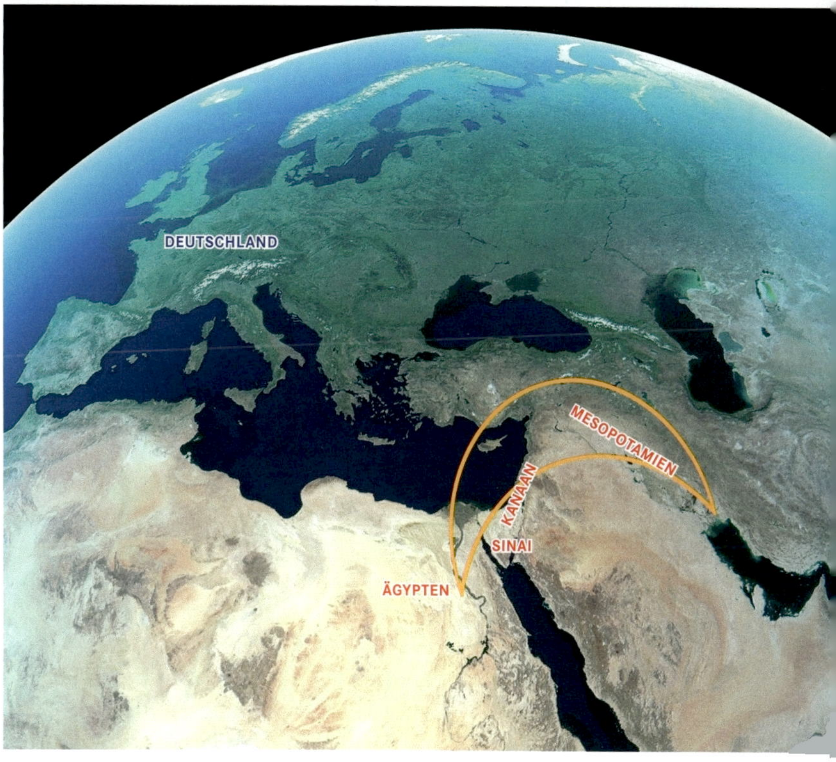

Hirten mit ihrer Herde, Detail eines Keramikbandes. Ur, um 2500 v. Chr.

A

1 **Versetze dich entweder in die Vergangenheit:** Notiere auf einem Merkzettel, mit welchen Gefahren und Überraschungen Abram unterwegs rechnen musste. Was durfte er nicht vergessen, was konnte zuhause bleiben? Was musste er für die mitziehenden Mägde und Knechte, was für das Vieh bedenken?

2 **Oder in die Gegenwart:** Beschreibe die folgende Situation: Du selbst solltest in ein anderes Land umziehen. Gib an, was ihr mitnehmt, was ihr zurücklasst, was du am meisten vermisst, wovor du Angst hast, aber auch welche Chancen du siehst.

3 Versetze dich in die **Situation Sarais** und schreibe einige ihrer Gedanken auf oder lasst beide in einem Rollenspiel zu Wort kommen (→ V9).

4 **Auf Gott vertrauen** – was heißt das? Sucht in einem Klassengespräch gemeinsam Antworten auf diese nicht ganz einfache Frage.

Ein ernstes Gespräch

Abrams (A) *Frau hieß Sarai (hebräisch: „Prinzessin, Herrin"), sein Neffe* ***Lot (L)****. Nachdem Abram von Gott gerufen worden war, sprach er in Haran mit seinem Neffen Lot über seine Pläne.*

A: Hallo, Lot! Ich will mit meiner Familie Haran verlassen und möchte dich auch mitnehmen.

L: Was? Bist du noch ganz bei Sinnen? Du weißt doch ganz genau, wie gefährlich es ist, als Fremder in einem Land zu leben, das man nicht kennt.

A: Doch, es muss sein.

L: Nein, mich bekommst du nicht von hier weg. Hier haben wir unsere Freunde. Was soll ich in einem fremden Land?

A: Da magst du ja recht haben. Doch habe ich einen wichtigen Grund für meinen Plan.

L: Und der wäre?

A: In letzter Zeit war mir einmal, als hörte ich die Stimme Gottes.

L: Die Stimme Gottes? Welcher Gott war es, den du gehört haben willst?

A: Es war nicht die Stimme eines der vielen Götter unseres Landes. Es war die Stimme Gottes, wie ich sie nie gehört habe.

L: Und was hat dieser Gott gesagt?

A: Er hat mir Wohlstand und Reichtum versprochen. Aber viel mehr noch. Er hat mir eine große Zukunft in Aussicht gestellt: ein neues Land und eine große Familie. Ich soll Stammvater eines großen Volkes werden und sogar ein Segen für die ganze Menschheit sein.

L: Das hört sich ja unerhört an. Aber warum musst du dafür auswandern?

A: Ein neuer Anfang ist nötig. Zu dem Neubeginn gehört auch eine neue Umgebung. Nur da lerne ich wohl, was Gott Neues mit mir anfangen will.

L: Und hast du schon mit Sarai gesprochen? Was meint sie?

Ein heutiger Nomade erzählt

Ich bin ein Wanderhirt und gehöre mit anderen Hirten, mit unseren Frauen und Kindern, mit unseren Knechten und Mägden, auch mit unserem Vieh zu einer Sippe, die ein bescheidenes, aber schönes Leben führt.
Man nennt uns **Nomaden** oder auch **Beduinen**. Manche von uns sind Christen, andere sind Muslime (→ S. 198 ff.). Wir achten auf unsere Ehre und haben großartige Vorfahren. Die hatten zwar noch kein Handy und Radio, aber sonst lebten sie so ähnlich wie wir heute. Stolz sind wir vor allem auf unseren Stammvater Abraham, seine Frau Sara und seine Sippe, die vor mehr als 3000 Jahren lebten.
Wir Nomaden leben von der **Viehzucht**. Die Ärmeren von uns haben Ziegen, Schafe und Esel, die Reicheren auch Kamele, Dromedare und seltener sogar Pferde. Wir gehen auch auf die Jagd und sammeln Früchte und Pflanzen.
Auf unseren Wanderungen machen wir gelegentlich an **Oasen** Station, wo es an kleinen Quellen oder tiefen Brunnen viel Wasser gibt. Mitten in der Steppe ist es grün. Da gedeihen Palmen und Obstbäume. Man trifft sich mit anderem Nomaden an den Brunnen, wo wir miteinander reden, frisches Wasser trinken und unsere köstlichen Fladenbrote teilen können. Übrigens hat da schon so mancher junge Mann eine schöne Braut gefunden, die er später heiratete, ähnlich wie Abrahams Sohn Isaak, der an einem Brunnen die schöne Rebekka kennenlernte. Unsere **Hochzeiten** sind ganz ausgelassene Feste, bei denen kräftig geschmaust, getanzt und gelacht wird. Allerdings müssen wir lange sparen, bis wir die Aussteuer für unsere Töchter zusammenhaben. Darum haben manche von uns lieber Söhne als Töchter – was ich gar nicht gut finde.
Den Besuchern der Wüste und den Bauern im Kulturland können wir die **Dinge** verkaufen, die wir selbst herstellen: bunte Tücher, Wolldecken, Ledergürtel, geschnitzte Figuren, Bilder und vor allem Milch und Käse.
Wir Nomaden sind frei und glücklich und danken **Gott** für unser Leben.

L Die Bibel erzählt, dass **Abram** dem **Ruf Gottes** folgte. Er machte sich mit seinem ganzen Clan, d. h. mit seiner Großfamilie und seinen Mägden und Knechten, auf den nicht ungefährlichen Weg in das Land **Kanaan** (→ S. 56). Unterwegs drohten Überfälle von Wegelagerern und Räubern. Seine Viehherden, sein Hab und Gut nahm er mit, soweit das in jenen Zeiten möglich war. Wahrscheinlich fiel er damals mit seiner Karawane nicht sonderlich auf, weil in dieser Gegend überall Beduinen unterwegs waren.

A

1 Stellt euch vor, ihr könntet eine Woche **mit einer Beduinenfamilie** mitziehen. Dann sollt ihr über ein oder zwei Erlebnisse einen kleinen Bericht schreiben oder zwei Bilder malen, z. B. über die Kinder, die Tiere, die Pflanzen. Was sind wichtige Merkmale des Nomadenlebens? Worin unterscheidet es sich von unserem Leben?
2 Versucht Folgendes in einem Lexikon oder im Internet herauszufinden (→ V2): Wo leben die heutigen Beduinen? Was essen und trinken sie? Wie kleiden sie sich? Wo schlafen sie? Wo können sie das kaufen, was sie brauchen? Welche Religion haben sie? Welche Aufgaben müssen die Kinder schon früh übernehmen? Was lernen sie?

!
Beduinen: Wüstenbewohner vor allem in arabischen Ländern, die wie Nomaden leben
Clan: Familienverband, der seine eigene Lebensweise hat und sich auf einen gemeinsamen Vorfahren bezieht.
Nomaden: Menschen, die keinen festen Wohnsitz haben und mit ihren Tieren von Ort zu Ort wandern, um ihren Lebensunterhalt zu sichern.

Beduinenzelt

Pieter Lastman (1583–1633), Der Auszug Abrahams nach Kanaan, 1614

Gottes Bund mit Abraham

[1] Als Abram neunundneunzig Jahre alt war, erschien ihm der Herr und sprach zu ihm: Ich bin Gott, der Allmächtige. Geh deinen Weg vor mir und sei rechtschaffen!
[2] Ich will einen Bund stiften zwischen mir und dir und dich sehr zahlreich machen.
[3] Abram fiel auf sein Gesicht nieder; Gott redete mit ihm und sprach:
[4] Das ist mein Bund mit dir: Du wirst Stammvater vieler Völker.
[5] Man wird dich nicht mehr Abram nennen. Abraham (Vater vieler Menschen) wirst du heißen; denn zum Stammvater einer Menge von Völkern habe ich dich bestimmt.
[6] Ich mache dich sehr fruchtbar und lasse Völker aus dir entstehen; Könige werden von dir abstammen.
[7] Ich schließe meinen Bund zwischen mir und dir samt deinen Nachkommen, Generation um Generation, einen ewigen Bund: Dir und deinen Nachkommen werde ich Gott sein.
[8] Dir und deinen Nachkommen gebe ich Kanaan, das Land, in dem du als Fremder weilst, für immer zu eigen und ich will ihnen Gott sein.
[9] Und Gott sprach zu Abraham: Du aber halte meinen Bund, du und deine Nachkommen, Generation um Generation.

aus dem Buch Genesis 17,1–9

L Der **Bund** Gottes mit Abraham gleicht einem Vertrag, den zwei Herrscher in der damaligen Zeit miteinander schlossen. Beide Seiten verpflichteten sich darin zur Beachtung der Verabredungen.

- In dem Bund Gottes mit Abraham verspricht Gott dem Abraham **große Nachkommenschaft**, das **Land Kanaan** und seine **Treue**. Er wird ein **Segen** für alle Völker sein.
- Abraham erhält zum Zeichen dafür, dass etwas Neues beginnt, einen neuen Namen. Er heißt nun nicht mehr „**Abram**“ (hebräisch: „Der Vater, d.h. die Gottheit ist erhaben“), sondern **Abraham** (hebräisch: „Vater vieler Menschen“) – Seine Frau „Sarai“ wird nun „Sara“ genannt (hebräisch: beides „Herrin“).

A

1 **Schritte zum Verständnis** des biblischen Textes: → M2.

2 Erkläre, warum Abram und Sarai **neue Namen** erhalten. Zur Bedeutung des Namens in der Bibel: → S. 62.

3 An Stelle des Wortes „**Bund**“ könnte im Text auch das Wort „**Vertrag**“ stehen. „Bund“ erinnert uns vielleicht zuerst an die „Bundesliga“ und „Bundesrepublik“, dann aber auch an die Wörter binden, Band, verbunden sein, Bündnis usw. Untersucht, was Gott in diesem Vertrag/Bund **verspricht** und was er von den Vertragspartnern **erwartet.**

Ein heutiger Rabbi erklärt:

Wie Abraham in die Bibel kam

Liebe Schülerinnen und Schüler,
Vielleicht habt ihr euch schon einmal gefragt: Woher kennt die Bibel die Erzählungen von Abraham? Die Antwort auf diese Frage ist nicht ganz leicht. Aber ich hoffe doch, dass ihr sie schon versteht.
Vor mehr als 3000 Jahren erzählten sich schon Nomaden in ihren Zelten manche Geschichten von Abraham. Das war für sie eine gute Unterhaltung und sprach auch ihre Herzen an. Aber mehr noch: Wenn sie die Geschichten hörten, verstanden sie sich selbst besser. Sie wussten: sie sind die Sippe, die von Abraham abstammt. Sein Gott ist auch ihr Gott. Im Lauf der Zeit erzählten die Mütter und Väter diese Geschichten immer wieder ihren Kindern neu. Dabei veränderten sie manchmal diese Geschichten so, dass die Kinder und alle Anwesenden sie leichter verstehen konnten. Manchmal erfanden sie auch eine kleine Einzelheit hinzu. Es dauerte Jahrhunderte, bis gelehrte Israeliten alle diese Geschichten aufschrieben, sammelten und noch einmal später in die Bibel aufnahmen.
In diesen Geschichten suchten die Israeliten Antworten auf Fragen wie diese:

- Woher kommt das Volk?
- Wer steht an seinem Anfang?
- Wem verdankt es das Land?
- Was erwartet Gott von seinem Volk?
- Wie lenkt Gott die Menschen?

Dabei entwarfen sie in Abraham eine Gestalt, die Stammvater unseres Volkes ist, manche großen Fehler hat und trotzdem ein großes Vorbild sein konnte. Darin liegt der Sinn dieser Geschichten, nicht in einer genauen Beschreibung von Abrahams Leben, die uns heute nicht mehr möglich ist.

A

1 In Abraham fühlt sich das **Volk Israel** selbst angesprochen. Erkläre, was die Worte Gottes an Abraham **für das Volk** bedeuten. Tauscht euch auch darüber aus, was sie **für uns** bedeuten.

2 Übt das Lied **„Geh mit uns auf unserem Weg"** ein und singt es manchmal in den nächsten Stunden. Zeigt auf, ob und wie es zu Abraham und Sara passt.

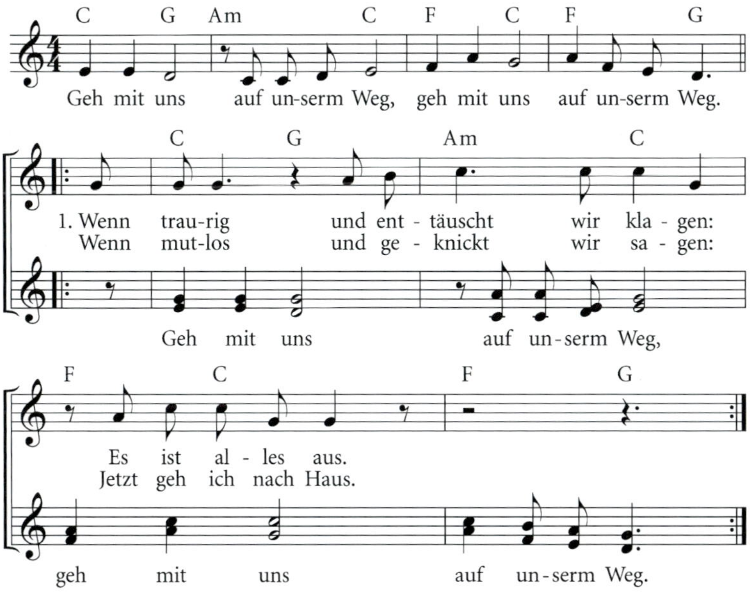

2. Wenn allen uns die Sicht genommen: Musste das gescheh'n?
Wenn Hoffnung, Mut und Kraft zerronnen: Wie soll's weitergeh'n?
3. Wenn Nacht auf uns hereingebrochen: Brich mit uns das Brot.
Bis das letzte Wort gesprochen: bis zum Abendrot.
4. Reiß uns mit, Schritt für Schritt.
Wer dich erkennt, ganz neu entbrennt.

Text: Norbert Weidinger/Jutta Richter,
Melodie: Ludger Edelkötter

L **Kanaan** wird in der Bibel das Land zwischen Mesopotamien und Ägypten an der Ostküste des Mittelmeers genannt. Hier wohnten seit dem 4. Jahrtausend v. Chr. verschiedene Völker, die man unter dem Sammelnamen „Kanaanäer“ zusammenfasst. Manche waren Nomaden, andere betrieben Ackerbau oder Handel mit den umliegenden Völkern. Vieles war in Kanaan anders als in Mesopotamien. Hier gab es noch kein großes Reich mit einem starken Herrscher. Hier gab es auch noch keine Mathematik und Astronomie, keine großräumigen Tempel, Paläste und hohe Türme. Aber die Leute dort konnten Zelttücher weben, aus Ton Wasserkrüge anfertigen, aus Brunnen Wasser fördern, Tiere züchten und schöne alte Lieder singen.

Drei Statuetten der Göttin Astarte aus Israel, 1000–700 v. Chr.

Das verheißene Land

Die Religion der Kanaanäer

- Der oberste Gott hieß **„El“** (hebräisch: „Macht“). Er galt als Vater aller Geschöpfe und wurde als Ewiger und Allmächtiger angerufen.
- In rauschenden Festen wurden der Gott **Baal** und die Göttin **Astarte** (mit anderem Namen **„Ischtar“** oder „**Aschera**“) verehrt.
- Jede Sippe verehrte darüber hinaus **kleinere Familien- und Hausgötter**, die vor Blitz und Donner, Krankheit und Tod schützen sollten.
- Der **Gott**, den Abraham verehrte, war zunächst auch nur der Gott seiner Sippe. Er hatte noch keinen eigenen Namen, sondern wurde nach der Sippe **„der Gott Abrahams“**, später von seinen Nachfahren auch **„der Gott Abrahams, Isaaks und Jakobs“** genannt. Später nannte Gott dem Mose seinen Namen (→ S. 62).

Kanaanäische Gottheit, möglicherweise El, 14.–13. Jahrhundert v. Chr.

Von Abraham zu den zwölf Stämmen Israels

Die Bibel erzählt, dass Sara nach Jahren der Unfruchtbarkeit Mutter wurde und einen Sohn gebar, der den Namen **Isaak** erhielt. Isaak heiratete **Rebekka** und hatte mit ihr die Söhne **Esau** und **Jakob**, der später den Namen „**Israel**“ („Gottesstreiter“) erhielt. Jakob hatte mit mehreren Frauen zwölf Söhne. Seine Lieblingsfrau war **Rahel**, die ihm die Söhne **Josef** und **Benjamin** schenkte, bei dessen Geburt sie starb. Die zwölf Söhne Jakobs werden als die Ahnen der **zwölf Stämme Israels** angesehen, die zusammen bis heute das **jüdische Volk** bilden.

Marc Chagall (1887–1985), Wandteppich im Museum „Biblische Botschaft“ in Nizza, 1971. Viele Einzelheiten sind Symbole des Friedens und Glücks im verheißenen Land.

A Von **Isaak** und **Rebekka**, von **Esau, Jakob** und **Rahel**, von **Josef** und **Benjamin** gibt es viele spannende Geschichten in der Bibel. Wer aus der Klasse traut sich zu, jeweils eine dieser Erzählungen vorzulesen oder frei vorzutragen und zu deuten? (→ **V3**)

Abrahams feindliche Brüder?

__Hebron__, eine alte Stadt im Süden des jüdischen Gebirges, liegt im heutigen Israel. Hier wohnen viele Palästinenser, die meist Muslime (→ S. 200) sind. Kurz vor der Stadt trifft ein muslimischer __Beduine (B)__ auf einen reisenden __Juden (J)__, der gerade aus Jerusalem kommt.

B: He, Jude, was willst du denn hier? Hast du keine Angst vor den vielen Muslimen?

J: Doch! Wir haben schon Angst vor euch. Aber auch ihr habt Angst vor uns.

B: Ich persönlich habe keine Angst. Denn ich werde keinem Juden etwas zu Leide tun. Ich weiß doch, dass Araber und Juden miteinander verwandt sind.

J: Ja, das weiß ich auch, gerade hier in Hebron, wo unser gemeinsamer Stammvater Abraham begraben ist, den ihr „Ibrahim" nennt.

B: Richtig. Er war der erste Muslim. Als erster Mensch erkannte er, dass nicht der Mond, die Sterne und die Sonne Götter sind, sondern dass diese Himmelsleuchten nur Geschöpfe sind. Ihr Schöpfer ist der unsichtbare Gott und Gott ist Einer (→ S. 204 f.).

J: Dasselbe glauben wir auch. Und wir wissen auch, dass Abraham in Hebron eine Höhle gekauft hat, wo er und Sara begraben sein wollten.

B: Ja, das ist etwa da, wo jetzt die Moschee steht, in der die Gräber verehrt werden.

J: Früher haben Juden, Muslime und auch die Christen dieses Heiligtum gemeinsam genutzt, ohne sich ernstlich zu streiten.

B: Das hat sich geändert, seitdem ihr hier im Jahr 1948 einen jüdischen Staat errichtet habt. Da sollte auf einmal für uns nicht mehr genug Platz da sein. Wie kommt ihr eigentlich dazu, uns so etwas anzutun?

J: Nun, wir glauben, dass Gott selbst unserem Stammvater und seinen Nachkommen dieses Land versprochen und geschenkt hat. Deshalb dürfen wir Juden hier wohnen.

B: Ja, das dürft ihr. Aber wir dürfen auch hier wohnen, denn Ibrahim ist auch unser Stammvater.

J: Vielleicht ist es gar nicht gut, wenn jeder von uns nur auf die eigenen Rechte pocht. Beide Religionen finden für ihre Einstellung gute Gründe, wir in der Tora (→ S. 98) und ihr im Koran (→ S. 204). Trotzdem sollten unsere beiden Religionen friedlich miteinander leben. Dafür gibt es noch bessere Gründe in der Bibel. Abraham selbst hat uns das vorgelebt.

B: Ja, ich weiß. Wir sind doch alle Abrahams Söhne.

J: Was du sagst, ist völlig richtig. Der Gedanke an Abraham darf uns nicht trennen. Er müsste uns verbinden.

B: Eigentlich könnten wir aller Welt ein Beispiel dafür geben, was es heißt, als Kinder Ibrahims zu den abrahamischen Religionen zu gehören.

J: Wenn ich zu dir jetzt „Schalom" sage, meine ich dasselbe wie du, wenn du „Salam aleikum" sagst. Beide Worte bedeuten „Frieden".

> **L** Das Judentum, das Christentum und der Islam (→ S. 198 ff.) werden manchmal gemeinsam als **„abrahamische Religionen"** bezeichnet, weil sie alle in Abraham ihren Anfang sehen. Juden verehren in Abraham ihren leiblichen Stammvater, Christen den Vater des Glaubens, Muslime den ersten Muslim. Diese drei Religionen stimmen in dem Glauben an Einen Gott überein und heißen deshalb **„monotheistische"** (griechisch: „an einen Gott glaubend") **Religionen**. In wichtigen anderen Fragen stimmen diese Religionen aber nicht überein.

שלום

Schalom

السلام عليكم

Salam aleikum

Das Innere der Moschee von Hebron mit den Gedenkstätten („Gräbern") für Abraham, Sara, Isaak und Rebekka

A

1 **Zwei Sprecher können das Gespräch** in der Klasse **laut vorlesen**: → **V3**.

2 Überlegt gemeinsam, welche Erfahrungen der Beduine und der Jude gemacht haben könnten, bevor das Gespräch stattfand. Informiert euch über den **Konflikt zwischen Israelis und Palästinensern** heute. Findet heraus, was er mit Abraham zu tun hat.

3 Entwerft mit eurem Nachbarn/eurer Nachbarin einen **Brief** an den Beduinen und den Juden. Oder sollte es besser der **gleiche Brief für beide** sein?

2. Mose – Befreier • Lehrer • Gesetzgeber

1

SCHAUPLATZ ÄGYPTEN

Das Reich der Pharaonen

Der **Nil** ist die Lebensader Ägyptens. Nur da, wo er die Felder bewässert, sind gute Ernten zu erwarten. An den Ufern des Nil liegen viele Dörfer und Städte. Hier entstanden schon vor Jahrtausenden einzigartige Kunstwerke und Bauten.
Lange herrschten hier Könige und Feldherren, die man „**Pharaonen**" (ägyptisch: „Großes Haus") nennt. Viele von ihnen hielten sich für Söhne der Götter, ließen sich wie Götter verehren und forderten unbedingten Gehorsam von den Untertanen. Manche Pharaonen wussten sich aber auch **Maat**, der Göttin der Gerechtigkeit, verpflichtet. Der Pharao, so glaubte man, wurde mit seinem Tod unsterblich.
Hier wurden die mächtigen **Pyramiden** errichtet, in denen sich Pharaonen begraben ließen.
Die Pharaonen und die anderen vornehmen Toten wurden **einbalsamiert**, um ihren Leib für die Überfahrt in das **Jenseits** zu schützen.
Die Ägypter kannten viele **Götter** und **Göttinnen**. Die wichtigsten waren **Amun Re und Aton, Isis und Osiris**. Andere Gottheiten waren Horus, der Falke, und Apis, der Stier, sowie das Krokodil und der Geier. Selbst Käfer („Skarabäus") waren den Ägyptern als Symbol des Lebens heilig, weil er sich so stark vermehrt.
Im Land kann man noch heute elegante **Obelisken** (Himmelsnadeln) und unvergleichliche **Tempelanlagen** bewundern, in denen die Gottheiten verehrt wurden.
In Ägypten wurde die **Hieroglyphenschrift** (griechisch: „heilige Schriftzeichen") erfunden, die aus kleinen Bildzeichen besteht.
Wir wissen nicht, wann Mose gelebt hat. Einige Forscher nehmen an, dass er in der Zeit lebte, als **Ramses II.** (1290–1224) der Pharao war. Dieser regierte 67 Jahre lang das Land. Seine reiche Bautätigkeit übertrifft die aller anderen ägyptischen Könige. Die Bibel nennt den Pharao der Mosezeit nur „Pharao der Unterdrückung".

2

1 Überlebensgroße Statue des Pharao Ramses II.

2 Die Pyramiden von Gizeh

3 Edward Poynter (1836–1919), Das Volk Israel in Ägypten. Zur Arbeit mit dem Bild: → M3.

4 Osiris, der Gott des Totenreiches

5 Die Göttin Isis empfängt die verstorbene Königin Nefertari im Totenreich. Nefertari war die Gattin des Pharao Ramses II.

A

1 Informiere dich, welche Bedeutung der **Nil** heute für Ägypten hat (→ V2). Suche ein paar Bilder aus dem heutigen Ägypten und klebe sie in dein Religionsheft (→ V1) ein.

2 Auch die Fächer **Geschichte** und **Kunst** befassen sich mit Ägypten. Arbeitet nach Möglichkeit mit ihnen zusammen.

3 Wenn ihr die Bilder von Osiris und Isis ganz genau anseht, findet ihr ein kleines **Anchkreuz**. Es ist eine Hieroglyphe und zugleich ein religiöses Symbol, das den Ägyptern Leben und ewiges Leben verheißt („**Lebenszeichen**"). Male ein Anchkreuz in dein Religionsheft. Du kannst ihm kräftige Farben geben. In späteren Jahrhunderten übernahmen die **Christen** das alte ägyptische Anchkreuz auch als religiöses Zeichen für sich, weil sie darin ein Kreuz und die Sonne als Symbol der Auferstehung sahen. Für Mädchen ist das Anchkreuz ein schönes Schmuckstück. Stellt ein paar Exemplare her und verschenkt sie an Freunde und Freundinnen.

4 **Zusatzaufgabe:** Wer informiert sich – freiwillig (→ V2) – über die spannende Geschichte, wie der französische Forscher **Champollion** (1790–1832) die Hieroglyphen erstmals entziffert hat und erzählt davon der Klasse?
Sucht auch selbst zwei oder drei **Hieroglyphen** im Internet heraus und schreibt sie mit ihrer Bedeutung in euer Heft und an die Tafel.

M2 Einen (biblischen) Text erschließen

Wenn ihr das Schwimmen lernen wollt, müsst ihr ganz bestimmte Bewegungen einüben. Ähnlich ist es, wenn ihr einen **Text** richtig verstehen wollt. Auch dazu solltet ihr einige Lernwege einüben und gehen. Man nennt **Lernwege** mit einem aus dem Griechischen kommenden Wort „**Methoden**".

Bei allen Texten, also auch bei Bibeltexten, geht es vor allem um zwei Bereiche:
(1) Den **Text** verstehen: Situation, Personen, Orte, Aufbau, Zusammenhang, Textsorte usw.
(2) Die **Bedeutung des Textes** für uns und unsere Zeit entdecken.

Ein Beispiel: Mose im Binsenkästchen

Weil die Israeliten in Ägypten sich stark vermehrten, fürchteten die Ägypter sich vor ihnen. Der Pharao machte sie zuerst zu Sklavenarbeitern und befahl schließlich, alle ihre neugeborenen Knaben in den Nil zu werfen.

1 Ein Mann aus einer levitischen Familie ging hin und
nahm eine Frau aus dem gleichen Stamm. 2 Sie wurde
schwanger und gebar einen Sohn. Weil sie sah, dass es
ein schönes Kind war, verbarg sie es drei Monate lang.
3 Als sie es nicht mehr verborgen halten konnte, nahm
sie ein Binsenkästchen, dichtete es mit Pech und Teer
ab, legte den Knaben hinein und setzte ihn am Nilufer
im Schilf aus. 4 Seine Schwester blieb in der Nähe ste-
hen, um zu sehen, was mit ihm geschehen würde. 5 Die
Tochter des Pharao kam herab, um im Nil zu baden.
Ihre Dienerinnen gingen unterdessen am Nilufer auf
und ab. Auf einmal sah sie im Schilf das Kästchen und
ließ es durch ihre Magd holen. 6 Als sie es öffnete und
hineinsah, lag ein weinendes Kind darin. Sie bekam
Mitleid mit ihm und sie sagte: Das ist ein Hebräerkind.
7 Da sagte seine Schwester zur Tochter des Pharao: Soll
ich zu den Hebräerinnen gehen und dir eine Amme
rufen, damit sie dir das Kind stillt? 8 Die Tochter des
Pharao antwortete ihr: Ja, geh! Das Mädchen ging und
rief die Mutter des Knaben herbei. 9 Die Tochter des
Pharao sagte zu ihr: Nimm das Kind mit und still es
mir! Ich werde dich dafür entlohnen. Die Frau nahm
das Kind zu sich und stillte es. 10 Als der Knabe größer
geworden war, brachte sie ihn der Tochter des Pharao.
Diese nahm ihn als Sohn an, nannte ihn Mose und
sagte: Ich habe ihn aus dem Wasser gezogen.

aus dem Buch Exodus 2,1–10

Nicolas Poussin (1594–1665), Mose wird aus dem Nil gerettet, 1651: → M3.

Sechs Schritte zum Textverständnis

1. Schritt: Welche Begriffe des Textes sind in unserer Lebenswelt unbekannt?

Levitische Familie: eine Familie aus dem Stamm Levi, dessen männliche Mitglieder die Aufgabe hatten, den Priestern beim Gottesdienst zu helfen.
Pharao: Ägyptischer Herrscher, der in alten Zeiten große Macht hatte.
Hebräer: Name der Kinder Israels, der Vorfahren des jüdischen Volkes.
Der Name des Mose wird so gedeutet: „Der aus dem Wasser Gezogene“ (Ex 2,10).

2. Schritt: Welche Personen kommen im Text vor?

- **die Mutter des Mose**,
- **Mose,**
- **die Schwester des Mose**,
- **die Tochter des Pharao und ihre Dienerinnen**.

3. Schritt: Wo und wann spielt der Text?

Der Text spielt in **Ägypten** in einer Landschaft am Nil zur Zeit der **Pharaonenherrschaft** etwa im 2. Jahrtausend v.Chr.

4. Schritt: Wie ist der Text gegliedert?

Eine **Gliederung** des Textes in der **biblischen Sprache**:
1. (Vers 1–4) Eine hebräische Mutter setzt ihr neu geborenes Kind in einem Binsenkörbchen am Nil aus. Sie hofft, so sein Leben zu retten.
2. (Vers 5–6) Der kleine Knabe wird von der Tochter des Pharao entdeckt.
3. (Vers 7–8) Sie beauftragt die Mutter, das Kind zu stillen und zunächst aufzuziehen.
4. (Vers 9–10) Die Tochter des Pharao nimmt den Knaben zu sich an den Hof und gibt ihm den Name „Mose“.

Man kann den Text auch **mit anderen Worten** gliedern:
1. (Vers 1–4) Eine gefährliche Situation
2. (Vers 5–8) Eine unerwartete Wende
3. (Vers 9–10) Die Rettung

5. Schritt: Was für ein Text liegt uns vor?

Der Text ist wohl eine **Legende**: → M2a.

6. Schritt: Was bedeutet der Text für uns heute?

Die Botschaft des Textes für uns: Wir dürfen hoffen, dass uns **Gott** – ähnlich wie dem Mosekind – in schwierigen Situationen **hilft** und uns aus Gefahren rettet. In anderen Bibeltexten lesen wir aber auch, dass Gott nicht in jeder Situation hilft. Warum er so unterschiedlich handelt, wissen wir nicht.
Wie die Mutter und Schwester des Kindes sollen auch **wir alles tun, um mit guten Ideen die Gefahr, die einem anderen droht, abzuwenden.** Auch die Pharaonentochter gibt mit ihrer Hilfsbereitschaft ein gutes Beispiel.

Drei praktische Hinweise

- Ihr braucht **nicht zu erschrecken**, wenn ihr so viele Schritte zur Texterschließung kennenlernt. Es ist gewiss unmöglich, bei allen Texten immer alle diese Fragen klar zu beantworten und die Reihenfolge der Fragen zu beachten. Bei manchen Texten gibt es keine Person, manche sagen nichts über Zeit und Ort, andere sind so kurz, dass man sie nicht gliedern kann. Darum sollt ihr bei den Texten **nur die Schritte gehen**, die für das Textverständnis wichtig sind.
- Manche Antworten auf die Fragen zum Textverständnis könnt **ihr selber** finden, wenn ihr nur den Text sorgfältig lest oder euch an das erinnert, was ihr schon gelernt habt. Andere Antworten werdet ihr auch durch langes Nachdenken nicht finden. Wenn es z.B. über den Schriftsteller, seine Zeit oder unbekannte Wörter geht, müsst ihr eure **Lehrerin**/euren **Lehrer** fragen oder in einem **Lexikon** nachschlagen. Viele Hinweise findet ihr auch im **Internet:** → V2.
- Wichtiger als den Bibeltext in Worte zu fassen ist es, dass ihr ihn in euch selbst aufnehmt. Er ist da am besten verstanden, wo ihr ihn mit dem **„Ohr des Herzens“** hört und seine Weisungen beachtet.

M2a | Zur Textsorte: Legenden

Die Legende ist eine eigene Textsorte. Darum braucht ihr auch zu ihrem Verständnis die **Methode der Texterschließung:** → M2. Für eine Legende ist typisch:

- Was die Legenden erzählen, hat sich **meist nicht so ereignet, wie es erzählt wird**. Sie sind **keine Reportagen,** die von einem Ereignis sachlich berichten, sondern **Sinngeschichten**, die uns auf etwas Ungewöhnliches aufmerksam machen.
- Meist handeln Legenden von einer berühmten **Person** in einer Religion. Diese steht im Mittelpunkt einer oft ungewöhnlichen Bildgeschichte, die anschaulich erzählt, warum die Person außerordentlich ist oder für andere ein Vorbild sein kann. Die Legende erzählt von der Kindheit des Mose so ähnlich, wie andere antike Legenden von der Kindheit anderer berühmter Männer und Frauen handeln (z.B. Alexander der Große). Schon in der Kindheit soll sich zeigen, dass ihr Leben ungewöhnlich ist.
- Darum ist ihr „Kern“ **wahr**, auch wenn die Geschichte nicht so geschehen ist, wie sie erzählt wird. Eine Legende, die von Mose erzählte, er habe dem Pharao untertänig gehorcht, wäre **nicht wahr**.

Marc Chagall (1887–1985), Mose vor dem brennenden Dornbusch, 1966. Die hebräischen Buchstaben geben den jüdischen Gottesnamen JHWH wieder.

Die Berufung des Mose

Als Mose einmal in der Wüste Schafe weidete, sah er plötzlich einen ***Dornbusch, der brannte, aber nicht verbrannte****. Aus dem Dornbusch vernahm er eine Stimme.*

5 Komm nicht näher heran! Leg deine Schuhe ab; denn
der Ort, wo du stehst, ist heiliger Boden.
6 Ich bin der Gott deines Vaters, der Gott Abrahams,
der Gott Isaaks und der Gott Jakobs. Da verhüllte
Mose sein Gesicht; denn er fürchtete sich, Gott anzu-
schauen.
7 Der Herr sprach: Ich habe das Elend meines Volkes
in Ägypten gesehen und ihre laute Klage über ihre An-
treiber habe ich gehört. Ich kenne ihr Leid.
8 Ich bin herabgestiegen, um sie der Hand der Ägypter
zu entreißen und aus jenem Land hinauszuführen in
ein schönes weites Land, in ein Land, in dem Milch
und Honig fließen.
10 Und jetzt geh! Ich sende dich zum Pharao. Führe
mein Volk, die Israeliten, aus Ägypten heraus.
11 Mose antwortete Gott: Wer bin ich, dass ich zum
Pharao gehen und die Israeliten aus Ägypten heraus-
führen könnte?
12 Gott aber sagte: Ich bin mit dir; ich habe dich ge-
sandt und als Zeichen dafür soll dir dienen: Wenn du
das Volk aus Ägypten herausgeführt hast, werdet ihr
Gott an diesem Berg verehren.
13 Da sagte Mose zu Gott: Gut, ich werde also zu den Israeliten kommen
und ihnen sagen: Der Gott eurer Väter hat mich zu euch gesandt. Da
werden sie mich fragen: Wie heißt er? Was soll ich ihnen sagen?
14 Da antwortete Gott dem Mose: Ich bin der „Ich bin da" (hebräisch:
JHWH). So sollst du zu den Israeliten sagen: Der „Ich bin da" hat mich
zu euch gesandt.

aus dem Buch Exodus 3,5–8.10–14

L

• Die Bibel erzählt, dass **Mose** mit 40 Jahren das Unglück seines Volks erkannte. Als er sah, wie einer seiner Landsleute von einem Ägypter misshandelt wurde, erschlug er im Zorn den Täter. Nun musste er rasch fliehen, um nicht vor ägyptischen Gerichten wegen Mordes angeklagt zu werden. Er kam nach **Midian** in die Wüste, wo er Schafhirt wurde. Hier hatte er bei einem **Dornbusch**, einem nicht seltenen Gewächs in der Wüste, ein außerordentliches Erlebnis, das sein Leben völlig veränderte. Gott gab ihm den **Auftrag, sein Volk zu befreien**.

• In dieser Situation nannte Gott dem Mose auch seinen **Namen**: **JHWH** („Jahweh"). Dieser Name bedeutet: **Ich bin der „Ich bin da".** Damit gibt Gott dem Volk Israel die Zusage: „Ich bin für euch da." Der Name **JHWH** ist den Juden so heilig geworden, dass sie ihn aus Ehrfurcht nicht aussprechen, sondern ein anderes Wort brauchen, wenn sie beim Lesen in der Bibel auf den Namen stoßen. Das sollte auch für uns gelten. Wenn das Wort „JHWH" in einem Text auftaucht, sollten wir „**Gott**" oder „**Herr**" lesen.

A

1 Zum Umgang mit dem **biblischen Text**: → M2. **Beantwortet die Fragen gemeinsam:**
- Wo spielt die Szene?
- Warum befindet sich Mose an diesem Ort?
- Was setzt ihn plötzlich in großes Erstaunen?
- Was sieht er, was hört er?
- Was soll er tun?
- Was macht er mit seinen Schuhen und seinem Gesicht?
- Welche Bedeutung haben diese beiden Gesten, die uns eher fremd sind?
- Wie stellt sich Gott selbst vor?
- Welchen Auftrag erhält Mose?
- Welche Fragen stellt er und welche Antworten erhält er von Gott?

2 Eine **„Ich bin da-Erzählung"**: Ein kleines Mädchen fühlt sich plötzlich in der Wohnung allein und hat große Angst. Überlegt, was mit diesem Mädchen passiert, wenn die Mutter nun zu ihm kommt sagt: „Ich bin da."

3 Welche **„Ich-bin-Worte"** hast du schon selbst erlebt?

Ein heutiger Rabbi erzählt:

Der hartnäckige Pharao

In der Bibel lesen wir, dass Mose mit Wunderkraft ausgestattet wurde. Sie sollte ihm vor dem Pharao helfen, seinen Auftrag zu erfüllen. Doch zuerst hatte er keinen Erfolg. Der mächtige Pharao nahm diesen zwar gebildeten, aber ohnmächtigen Hirten der Hebräer nicht ernst. Er weigerte sich hartnäckig das Volk wegziehen zu lassen, weil er auf die billigen Arbeitskräfte nicht verzichten wollte. Selbst durch mehrere auffällige „Plagen“ konnte er nicht zum Einlenken gebracht werden. Erst als in einer Nacht alle Erstgeborenen der Ägypter getötet wurden, gab der Pharao die Zustimmung zum Auszug.
Die Israeliten durften nun endlich ziehen. Sie durchquerten ein Schilfmeer (auch: „Rotes Meer“), das zwischen Ägypten und der Sinaihalbinsel liegt. Hier erfuhr die kleine Schar eine erneute Bedrohung, aber auch eine unerwartete Rettung.

Marc Chagall (1887–1985), Durchzug durch das Rote Meer, 1966

Das Wunder der Befreiung

Der Text bezeichnet das Ende eines großen Kampfes. Auf der einen Seite steht der Pharao, der sich für göttlich hält. Auf der anderen Seite steht der Gott Israels, der seine Stärke auf der Seite der Schwachen und Unterdrückten zeigt.

21 Mose streckte seine Hand über das Meer aus und der Herr trieb die
ganze Nacht das Meer durch einen starken Ostwind fort. Er ließ das
Meer austrocknen und das Wasser spaltete sich. 22 Die Israeliten zogen
auf trockenem Boden ins Meer hinein, während rechts und links von
ihnen das Wasser wie eine Mauer stand. 23 Die Ägypter setzten ihnen
nach; alle Pferde des Pharao, seine Streitwagen und Reiter zogen hinter
ihnen ins Meer hinein. 24 Um die Zeit der Morgenwache blickte der
Herr aus der Feuer- und Wolkensäule auf das Lager der Ägypter und
brachte es in Verwirrung. 25 Er hemmte die Räder an ihren Wagen und
ließ sie nur schwer vorankommen. … 26 Darauf sprach der Herr zu
Mose: Streck deine Hand über das Meer, damit das Wasser zurückflutet
und den Ägypter, seine Wagen und Reiter zudeckt. 27 Mose streckte
seine Hand über das Meer und gegen Morgen flutete das Wasser an
seinen alten Platz zurück, während die Ägypter auf der Flucht ihm entgegenliefen. So trieb der Herr die Ägypter mitten ins Meer.

aus dem Buch Exodus 14,21–27

L Die Israeliten wurden am **Schilfmeer** von den ägyptischen Streitwagen, die ihren Auszug (griechisch: „**Exodus**“) im letzten Moment verhindern sollten, zuerst in Angst und Schrecken versetzt. Dann aber wurden sie zu ihrer größten Überraschung auf ihrem **Weg in die Freiheit** nicht mehr gehindert. Sie wussten, dass sie diese **Rettung** Gott verdankten, dessen Name bedeutet: „Ich bin für euch da.“

A

1 Zum **Umgang mit dem Bibeltext:** → M2. **Ihr könnt den Text** Ex 14,21–27 ähnlich erschließen wie Ex 3,5–14 (→ S. 62).

2 Sucht alle Naturerscheinungen des Textes heraus. Versucht zu erklären, warum Wolkensäule und Feuersäule **Symbole** (→ S. 78) Gottes sind. Zum **Verständnis der biblischen Wunder** zieht auch → S. 126 f. heran.

3 Ihr könnt auch alle Beteiligten nach dem Durchzug durch das Schilfmeer **mit verteilten Rollen zu Wort kommen lassen**: einen ägyptischen Wagenlenker – den Pharao – ein Mädchen oder einen Jungen der Hebräer – Mose. Denkt dabei an Perspektivenwechsel: → M1.

4 Überlegt, (1) warum sich die Juden in ihrem **Pessachfest** in jedem Jahr an die Befreiung aus Ägypten erinnern und (2) warum die Christen den Exodus als **ein Zeichen für die Taufe** sehen.

5 Der Text ist ein Beispiel für den **Kampf um Freiheit**, den rechtlose Völker gegen einen herrschsüchtigen Unterdrücker führen. Diskutiert (→ V5) die Frage, warum dieses Thema auch heute aktuell ist.

Mose-Berg auf dem Sinai

Die Zehn Gebote

Ich bin der Herr, dein Gott, der dich aus Ägypten geführt hat, aus dem Sklavenhaus.

(1) Du sollst neben mir keine anderen Götter haben. Du sollst dir kein Gottesbild machen.
(2) Du sollst den Namen des Herrn, deines Gottes, nicht missbrauchen.
(3) Gedenke des Sabbats: Halte ihn heilig! Sechs Tage darfst du schaffen und jede Arbeit tun. Der siebte Tag ist ein Ruhetag, dem Herrn, deinem Gott, geweiht. An ihm darfst du keine Arbeit tun.

(4) Ehre deinen Vater und deine Mutter, damit du lange lebst in dem Land, das der Herr, dein Gott, dir gibt.
(5) Du sollst nicht morden.
(6) Du sollst nicht die Ehe brechen.
(7) Du sollst nicht stehlen.
(8) Du sollst nicht falsch gegen deinen Nächsten aussagen.
(9) Du sollst nicht nach der Frau deines Nächsten verlangen.
(10) Du sollst nicht nach dem Haus deines Nächsten verlangen. Du sollst nicht nach seinem Sklaven oder seiner Sklavin, seinem Rind oder seinem Esel verlangen oder nach irgendetwas, das deinem Nächsten gehört.

Kurzfassung nach Ex 20,2–17 und Dtn 5,6–21

A

1 **Entweder:** Das **Vorwort zu den Zehn Geboten,** in dem Gott sich selbst vorstellt, wird oft übersehen. Sprecht darüber, warum es zum Verständnis aller Gebote wichtig ist.
2 **Oder:** Überlegt, warum sich auf der **ersten Tafel** drei, auf der **zweiten Tafel** sieben Gebote finden. Was haben die Gebote jeder Tafel jeweils gemeinsam?
3 **Oder – für nachdenkliche Schülerinnen und Schüler:** Die Zehn Gebote verstehen sich nicht als Sammlung vieler schwerer Gesetze. Sie alle schützen die **Würde und Freiheit des Menschen** und wollen erreichen, dass sich in der Welt **Gerechtigkeit** durchsetzt. Versucht, das an dem einen oder anderen Gebot aufzuzeigen.
4 **Nicht erschrecken: Eine Pflichtaufgabe:** Lernt die Zehn Gebote **auswendig**, um sie immer im Kopf und im Herzen zu haben. In der nächsten Stunde könnt ihr euch gegenseitig nach den einzelnen Geboten abfragen, z. B. so: Mirjam fragt Bernd (4. Gebot), Bernd fragt Ursula (7), Ursula fragt Tom (2) usw. Wiederholt die Aufgabe, bis jeder einmal ein Gebot zitiert hat. Und auf keinen Fall vergessen: Den Dekalog in schöner Schrift auf die **Schriftrolle** (→ S. 42) schreiben.

L

Auf ihrem Weg durch die Wüste kamen die Israeliten bis sie zum Berg **„Sinai“**. An diesem **Gottesberg** empfing Mose von Gott das **Grundgesetz** Israels. Es umfasst **zwei Bereiche:**

- Gott **erwählt** sich das kleine **Israel** aus allen Völkern zu seinem besonderen Eigentum.
- Gott verkündet dem Volk Israel die **„Zehn Gebote“** (griechisch: „Dekalog“).

Der Tod des Mose

Die Bibel erzählt, dass Mose nach dem Sinai-Ereignis das Volk 40 Jahre lang durch die Wüste führte. Da er einmal an Gottes Hilfe zweifelte, durfte er nicht mehr in das Verheißungsland einziehen. Wohl durfte er es vom Berg Nebo aus sehen, bevor er mit 120 Jahren starb. Niemand weiß, wo er begraben ist.

Marc Chagall (1887–1985), Mose erblickt vom Berg Sinai die Anbetung des Goldenen Kalbes (Ex 32), 1976.
Nachdem Mose den Israeliten die Zehn Gebote verkündet hatte, stieg er erneut auf den Berg Sinai. Von dort kehrte er mit den auf zwei Tafeln geschriebenen Zehn Geboten zurück. Da sah er, was die Israeliten am Fuß des Berges in der Zeit seiner Abwesenheit getan hatten. Sie hatten ein goldenes Kalb errichtet, vor dem sie wie im Rausch feierten und tanzten und das sie wie einen Gott verehrten. Als Mose diesen Götzendienst sah, zerstörte er voller Zorn die beiden Tafeln und bestrafte das Volk hart.

Ein Religionslehrer einige Zeit später im verheißenen Land:

Israel – besser als die anderen Völker?

„Ich war lange in anderen Ländern. Ich kenne die Sitten der Ägypter und Babylonier, der Menschen aus der Wüste und in den Städten. Unter ihnen gibt es viele gute Leute. Aber manches, was ich dort sah, hat mir nicht gefallen.
Die meisten von ihnen verehren viele Götter und machen sich Bilder von ihren Göttern.
Ihre Namen führen sie ständig im Mund.
Einen Tag, an dem sie selbst und ihre Sklaven ruhen dürfen, kennen sie nicht. Sie arbeiten dauernd und haben keine Zeit zur Besinnung.
Junge Leute verstoßen ihre alten Eltern, wenn diese nicht mehr arbeiten können. Der Rat der Alten ist bei den Jungen nicht gefragt.
Nicht einmal das menschliche Leben ist überall heilig. Ich habe gesehen, wie Männer ihre Sklaven und sogar ihre eigenen Kinder töteten. Und dazu kommen die vielen Kriege, in denen ständig getötet wird.
Die Männer betrügen ihre Ehefrauen und die Familien haben keinen Bestand. Die Kinder müssen darunter leiden.
Tag und Nacht muss man fürchten, dass einem das Eigentum gestohlen oder dass man unterwegs ausgeplündert wird.
Weder zu Hause noch vor Gericht kann man sich auf das Wort der anderen verlassen. Überall schwört man falsche Eide, ohne rot zu werden. Männer sind gierig auf andere Frauen – Frauen und Männer sind gierig auf das, was anderen gehört.
Als ich jetzt nach Jerusalem zurückkam, dachte ich, in unserem Land sei alles besser. Aber ich habe mich getäuscht. Manchmal kann ich das Volk Gottes nicht von den anderen Völkern unterscheiden.
Das Leben in unserem Land soll nach Gottes Willen anders aussehen. Denn schließlich will er uns als freie Leute sehen.

A

1 Zum Bild: → M3.
2 Überlegt, ob und wie das Bild von **Chagall** zum Bibeltext passt.
3 Wie erklärt ihr euch, dass die Israeliten schon kurz nach den Weisungen vom Sinai gegen das erste Gebot **verstießen**?
4 **Götzenbilder** und **Götzendienst** – kennt ihr so etwas aus eurem Leben?

3. David – Der große König

L

- Es dauerte lange, bis die Israeliten nach dem Auszug aus Ägypten im Land Kanaan (→ S. 56) in Frieden leben konnten. Oft wurden sie von starken Feinden bedrängt. In ihrer Not baten sie **Samuel**, einen der großen Richter und Politiker Israels, einen König für das Volk Israel einzusetzen, wie es Könige auch bei den Nachbarvölkern gab. Sie glaubten, dass nur ein König die zwölf Stämme zu einem starken Volk vereinen und gegen die Feinde wirkungsvoll verteidigen könne. Samuel warnte das Volk und erinnerte die Israeliten daran, dass **nur Gott allein König über Israel** sein sollte. Er lenkte ihren Blick auch auf die Tatsache, dass die Könige wie der Pharao meist ihre Macht gegenüber den Schwachen ausnutzen. Doch die Israeliten beharrten auf ihrem gefährlichen Wunsch.
- Samuel wählte einen starken jungen Mann namens **Saul**, der von 1021–1000 als König regiert haben soll. Nach anfänglichen Erfolgen erfüllte Saul aber nicht die in ihn gesetzten Erwartungen. Er verletzte Gottes Gebote und unterlag den Feinden. Am Ende stürzte er sich selbst in sein Schwert. Sein Nachfolger wurde **David**, der von 1000–961 König gewesen sein soll. Ob sein Name „Heerführer" oder „**Gottes Liebling**" bedeutet, ist ungewiss. In seinem Leben gab es Licht und Schatten.
- Die meisten späteren Könige bestätigten die Sorge Samuels. Sie hielten sich nicht an die Gebote Gottes. Als die Babylonier dem König von Juda **586 v. Chr.** eine vernichtende Niederlage beibrachten, **verschwand Davids Königtum** endgültig aus der Geschichte.

SCHAUPLATZ ISRAEL

Der Jüngste ist der Richtige

Als klar war, dass Saul nicht mehr lange König sein konnte, schickte Gott den Samuel nach Betlehem zu einem Mann mit Namen Isai. Er bat darum, ihm seine Söhne vorzustellen, um aus ihnen den zweiten König Israels zu finden.

6 Als die Söhne Isais kamen und Samuel den ältesten Sohn Eliab sah, dachte er: Gewiss steht nun vor dem Herrn sein Gesalbter.
7 Der Herr aber sagte zu Samuel: Sieh nicht auf sein Aussehen und seine stattliche Gestalt, denn ich habe ihn verworfen; Gott sieht nämlich nicht auf das, worauf der Mensch sieht. Der Mensch sieht, was vor den Augen ist, der Herr aber sieht das Herz.
8 Nun rief Isai den Abinadab und ließ ihn vor Samuel treten. Dieser sagte: Auch ihn hat der Herr nicht erwählt.
9 Isai ließ Schima kommen. Samuel sagte: Auch ihn hat der Herr nicht erwählt.
10 So ließ Isai sieben seiner Söhne vor Samuel treten, aber Samuel sagte zu Isai: Diese hat der Herr nicht erwählt.
11 Und er fragte Isai: Sind das alle deine Söhne? Er antwortete: Der jüngste fehlt noch, aber der hütet gerade die Schafe. Samuel sagte zu Isai: Schick jemand hin und lass ihn holen; wir wollen uns nicht zum Mahl hinsetzen, bevor er hergekommen ist.
12 Isai schickte also jemand hin und ließ ihn kommen. David war blond, hatte schöne Augen und eine schöne Gestalt. Da sagte der Herr: Auf, salbe ihn! Denn er ist es.
13 Samuel nahm das Horn mit dem Öl und salbte David mitten unter seinen Brüdern. Und der Geist des Herrn war über David von diesem Tag an.

aus dem 1. Buch Samuel 16,6–13

A

1 Zum Bibeltext: → M2. **Beschreibt die einzelnen Schritte Samuels**, bis er den „Richtigen" findet. Wie wird dieser beschrieben? Erklärt, was mit „Horn mit dem Öl" und „Geist des Herrn" (Vers 13) gemeint ist.
2 Im Text findet sich ein wichtiges Wort Gottes, das sich nicht nur auf einen Sohn Isais bezieht. Findet es heraus, sprecht darüber und schreibt den Satz auf eure Schriftrolle (→ S. 42).
3 **Entweder – für Erzähler/innen: Erzählt** die Geschichte, wie **Isai** sie erlebt hat: → M1.
4 **Oder – für Theaterfreund/innen: Spielt** (→ V9) die Erwählung Davids in der Klasse. Personen: Samuel, Isai, Männer und Frauen aus Betlehem, Eliab, Abinadab, Schima und vier weitere Söhne, David. Erfindet zwei Schwestern hinzu, die ihre Bemerkungen zu den Brüdern und zu David machen.

Große Taten

Der mutige Feldherr – Ein großes Reich

Weil der König David klug und tapfer, manchmal auch listig und immer voll Gottvertrauen war, konnte er alle zwölf Stämme Israels einigen und ein starkes Reich schaffen. In mehreren Schlachten besiegte er alle Feinde im Inneren und an den Grenzen. Nie war Israel größer und mächtiger als zu seiner Zeit.

Der kluge Staatsmann – Jerusalem wird Hauptstadt

David wählte die alte Stadt Jerusalem für seinen Herrschaftssitz. Dort errichtete er seinen großartigen Palast. Den Zion, eine Bergkuppe der Stadt, machte er zum religiösen Mittelpunkt Israels.

Der fromme Dichter – Die Psalmen

David hatte viele Begabungen. Weithin beliebt sind die heiligen Lieder, die ihm zugeschrieben werden. Wir nennen sie Psalmen.

Marc Chagall (1887–1985), David mit der Harfe, 1956

Vertrauen zu Gott

1 Der Herr ist mein Hirte,
nichts wird mir fehlen.
2 Er lässt mich lagern auf grünen Auen
und führt mich zum Ruheplatz am Wasser.
3 Er stillt mein Verlangen;
er leitet mich auf rechten Pfaden, treu seinem Namen.
4 Muss ich auch wandern in finsterer Schlucht,
ich fürchte kein Unheil; denn du bist bei mir,
dein Stock und dein Stab geben mir Zuversicht.
5 Du deckst mir den Tisch
vor den Augen meiner Feinde.
Du salbst mein Haupt mit Öl,
du füllst mir reichlich den Becher.
6 Lauter Güte und Huld werden mir folgen mein Leben lang
und im Haus des Herrn darf ich wohnen für lange Zeit.

Psalm 23

!

Stab: mit ihm hält der Hirt seine Schafe zusammen.
Stock: mit diesem schützt er die Herde vor Wölfen und anderen Raubtieren.

A

1 Sucht alle **Bildworte** des Psalms heraus, z.B. Hirt, grüne Auen. Zur Bedeutung und Deutung der **Symbole** erfahrt ihr mehr: → S. 78 f.
2 Geht den **Weg** nach, auf den der Psalm 23 führt. Fertigt zu allen Stationen ein kleines **Bild** an, z.B. grüne Auen, Ruheplatz am Wasser usw. Schreibt unter die Bilder die dazugehörigen Psalmverse und heftet eure Bilder auf ein großes **Psalmplakat** (V7). Ihr könnt den Psalm gelegentlich am Anfang des Religionsunterrichts sprechen.
3 Zieht **andere Psalmworte** zum Vergleich hinzu: → S. 80.
4 Die alte Legende (→ M2a) von **David und Goliat** habt ihr wahrscheinlich schon in der Grundschule besprochen. Wer kann diese Geschichte noch einmal erzählen? Arbeitet dann heraus, warum es sich hier um eine **Erzählung** handelt, die Davids Mut und Gottvertrauen betont. Deutet auch das wichtigste Wort des Textes: 1 Sam 17,45.

Ein ewiges Reich

Gottes Verheißung

Einmal kam Natan in den Palast des Königs. Er war ein Prophet Gottes. Damals eröffnete David dem Natan einen wichtigen Plan: „Ich wohne in einem Haus aus kostbarem Holz, Gott selbst findet hier aber keinen würdigen Platz. Darum will ich Gott einen Tempel errichten, der ähnlich prächtig ist wie die Tempel Ägyptens (→ S. 59) oder Mesopotamiens."
Natan schien diesen Plan zunächst gutzuheißen. Doch in der Nacht sagte ihm Gott, dass David ihm kein Haus bauen solle. Er dreht den Plan Davids geradezu um und eröffnete ihm einen weiten Blick in die Zukunft:

11 Nun verkündet dir der Herr, dass der Herr dir ein Haus bauen wird.
12 Wenn deine Tage erfüllt sind und du dich zu deinen Vätern legst, werde ich deinen leiblichen Sohn (Salomo) als deinen Nachfolger einsetzen und seinem Königtum Bestand verleihen.
13 Er wird für meinen Namen ein Haus bauen und ich werde seinem Königsthron ewigen Bestand verleihen.
David antwortete:
28 Ja, mein Herr und Gott, du bist der einzige Gott und deine Worte sind wahr. Du hast deinem Knecht ein solches Glück zugesagt.
29 So segne jetzt gnädig das Haus deines Knechtes, damit es ewig vor deinen Augen Bestand hat. Denn du, mein Herr und Gott, hast es versprochen und mit deinem Segen wird das Haus deines Knechtes für immer gesegnet sein.

aus dem 2. Buch Samuel 7,11–13.28f.

A

1. Zum biblischen Text: → M2. Sucht unbekannte Worte heraus und klärt sie im Unterricht.
2. Beantwortet auch folgende Fragen: Warum wollte David Gott einen prachtvollen Tempel bauen? Fasst zusammen, was Gott dem **David**, was seinem **Sohn Salomo,** was dem **Königtum Davids** verspricht.
3. Überlegt, warum dieses Wort Gottes **der Höhepunkt in Davids** Leben ist.
4. Zusatzaufgabe: Wer informiert sich über den Bau des Tempels in Jerusalem, der dann doch durch Salomo geschieht? (→ V2)

Marc Chagall (1887–1985), König David sieht von seinem Palast die schöne Batseba im Bad, 1956

Schuld und Buße

Was ein Kammerdiener Davids einer Freundin heimlich zuflüsterte:

„Wenn du schweigen kannst, erzähle ich dir ganz im Vertrauen eine aufregende Geschichte."

„Aber natürlich werde ich dicht halten."

„Also. Stell dir vor, was sich unser König David geleistet hat. Eines Tages blickte er von seinem Flachdach auf das gegenüberliegende Haus. Dort badete gerade die schöne Batseba. Sofort hat sich der König, der es immer mit den Frauen hat, in sie verguckt. Er schickte mich hin, um sie zu sich zu holen. Sie fühlte sich geschmeichelt und kam tatsächlich mit. Die beiden verstanden sich auf Anhieb und schliefen miteinander. Dann ging Batseba wieder nach Hause. Aber sie war schwanger geworden. Als der König das hörte, fasste er einen bösen Plan. Er wusste, dass ihr Ehemann Urija als Offizier außerhalb von Jerusalem gegen die Feinde Israels kämpfte. Er war also da, wo der König eigentlich hätte sein müssen. David schrieb nun dem Kommandanten des Urija einen Brief, in dem er ihn aufforderte, Urija in der Schlacht so aufzustellen, dass er von den Feinden leicht getötet werden konnte. Dieser elende Feldherr befolgte den Befehl des Königs ohne Bedenken. Tatsächlich starb Urija bald darauf im Kampf. Zwar trauerte Batseba noch ein paar Tage um ihren toten Mann, um keinen schlechten Eindruck auf ihre Bekannten zu machen, aber dann zog sie in den Königspalast. Sie wurde Davids Frau und gebar ihm einen Sohn."

„Das kann doch nicht gut gehen. Das kann doch Gott nicht gefallen."

„Das meine ich aber auch."

L

- **David** verstieß offen gegen die Gebote Gottes. Er beging einen Ehebruch und ließ zur Vertuschung seiner Tat einen Offizier töten. Bei anderen Völkern des Altertums wäre dies kaum beachtet worden, weil die meisten Herrscher meinten, sie stünden über dem Gesetz. Darum taten sie, was sie wollten. Das war in Israel anders. Dort galten **Gottes Gebote für alle Menschen**, also auch für den König. Obwohl die Israeliten David sehr verehrten, haben sie seine Schuld nicht verschwiegen.
- Weil **David** seine Vergehen **bereute, vergab ihm Gott seine Schuld**. Aber das Kind, das aus einem Ehebruch stammte, starb. David hat darin eine Strafe Gottes gesehen.
- Auf **die letzten Jahre Davids** fallen tiefe Schatten. Seine Kinder gingen schlechte Wege, weil er ihnen gegenüber als Vater zu nachgiebig war. Sein Sohn Abschalom zettelte einen Aufstand gegen ihn an und fand dabei den Tod. David bestimmte seinen Sohn **Salomo** zu seinem Nachfolger.

Natan kritisiert den König

Als der Prophet Natan von diesen Taten Davids erfuhr, eilte er wieder zum König. Diesmal erzählte er ihm ein Gleichnis (→ M2b):

1 In einer Stadt lebten einst zwei Männer; der eine war reich, der andere arm.
2 Der Reiche besaß sehr viele Schafe und Rinder,
3 der Arme aber besaß nichts außer einem einzigen kleinen Lamm, das er gekauft hatte. Er zog es auf und es wurde bei ihm zusammen mit seinen Kindern groß. Es aß von seinem Stück Brot und es trank aus seinem Becher, in seinem Schoß lag es und war für ihn wie eine Tochter.
4 Da kam ein Besucher zu dem reichen Mann und er brachte es nicht über sich, eines von seinen Schafen oder Rindern zu nehmen, um es für den zuzubereiten, der zu ihm gekommen war. Darum nahm er dem Armen das Lamm weg und bereitete es für den Mann zu, der zu ihm gekommen war.
5 Da geriet David in heftigen Zorn über den Mann und sagte zu Natan: So wahr der Herr lebt: Der Mann, der das getan hat, verdient den Tod.
7 Da sagte Natan zu David: Du selbst bist der Mann.

aus dem 2. Buch Samuel 12,1–5.7

A

1. Was ein **Gleichnis** ist und wie es gedeutet werden kann: → M2b (→ S. 125). Stellt auch hier die drei dort genannten Fragen. Überlegt, wer mit dem Armen, dem Reichen und dem Lamm des Reichen gemeint ist. An wen richtet sich das Gleichnis? Was will das Gleichnis bewirken?
2. Erklärt, warum der **Prophet Natan** David nach dessen Verfehlungen zuerst ein **Gleichnis** erzählt und ihn nicht direkt kritisiert. Beschreibt, wie David anfänglich darauf reagiert und wann er das Gleichnis erst in seiner wahren Bedeutung versteht.
3. Für die Mal-Freunde: Die Begegnung von Natan und David sowie das Gleichnis lassen sich gut in einem **Comic** umsetzen. Habt ihr andere Ideen zur Umsetzung?

L • Das **Königtum Davids** ging nach mehr als 400 Jahren im Jahr 586 v.Chr. unter. Doch die Juden glaubten weiter, dass Gott zu seiner Verheißung stehe, das Königtum Davids werde ewig sein. Sie vergaßen die dunklen Seiten dieses großen Königs bald und machten sich von ihm ein Bild, in dem das Licht die Schatten überstrahlt. Wenn es dem Volk schlecht ging, erwachte immer wieder die Hoffnung, Gott werde einen König wie **David** senden. Diesen König nannten sie auch „**Messias**", d. h „Gesalbter" (griechisch: „Christos", → S. 116), weil auch die Könige gesalbt wurden. Der Messias wird auch „**Sohn Davids**" genannt.

• Auch **heute** erwarten manche Juden, dass Gott ihnen einmal den Messias senden werde. Christen glauben, dass **Jesus von Nazaret** der verheißene König in der Nachfolge Davids, d.h. der **Messias**, ist.

A Erläutere, wie sich das Königtum Davids von dem Königtum Jesu unterscheidet.

Vorbild eines größeren Königs

Giotto di Bondone (1266–1337), Einzug Jesu in Jerusalem, 1304–1305.
Als Jesus in Jerusalem einzieht, der Stadt, die David zur Hauptstadt Israels gemacht hat, wird er von den Bewohnern als König und Sohn Davids begrüßt (Mt 21,5.9).

Der Sohn Davids

Im Neuen Testament wird Jesus oft „Sohn Davids" und auch nur „König" genannt. Damit ist meistens gesagt, dass er der Messias ist. Er hat verkündet, dass mit ihm die Königsherrschaft Gottes (→ S. 125) kommt, die auf Erden beginnt und in die Ewigkeit reicht.

Der erste Satz (!) des Neuen Testaments lautet:

Stammbaum Jesu Christi, des Sohnes Davids

aus dem Evangelium nach Matthäus 1,1

Der Engel bei der Ankündigung seiner Geburt bei Maria (→ S. 116 f.):

Er wird groß sein und Sohn des Höchsten genannt werden. Gott, der Herr, wird ihm den Thron seines Vaters David geben.

aus dem Evangelium nach Lukas 1,32

Die Engel bei der Geburt Jesu in Betlehem, wo auch David geboren war (→ S. 118):

Heute ist euch in der Stadt Davids der Retter geboren; er ist der Messias, der Herr.

aus dem Evangelium nach Lukas 2,11

Beim Einzug Jesu in Jerusalem kurz vor seinem Tod:

Die Leute aber, die vor ihm hergingen und die ihm folgten, riefen: Hosanna dem Sohn Davids!

aus dem Evangelium nach Matthäus 21,9

Beim Verhör vor Pilatus:

36 Jesus sagte zu Pilatus: Mein Königtum ist nicht von dieser Welt. Wenn es von dieser Welt wäre, würden meine Leute kämpfen, damit ich den Juden nicht ausgeliefert würde. Aber mein Königtum ist nicht von hier. 37 Pilatus sagte zu ihm: Also bist du doch ein König? Jesus antwortete: Du sagst es, ich bin ein König.

aus dem Evangelium nach Johannes 18,36 f.

Abraham

Wissen

1 Ein Rätsel

Wenn du die angegebenen Buchstaben der Lösungswörter in deinem Heft richtig zusammensetzt, ergibt sich der ursprüngliche Name von Abrahams Frau.

1. Zweiter Sohn Abrahams (2)
2. Heimatstadt Abrahams (2)
3. Ort, wo Abraham begraben ist (4)
4. Heiliges Buch der Muslime, in dem Abraham vorkommt (4)
5. Ältester Sohn Abrahams (1)

2 Ergänze die fehlenden Begriffe in deinem Religionsheft

Abraham verließ seine Heimatstadt [?], als er von Gott gerufen wurde. Sie liegt in der Landschaft [?]. In dem Verheißungsland schloss Gott mit ihm einen [?]. Auf seinem Weg wurde er von seiner Frau [?] und von seinem Neffen [?] begleitet. Er hatte zwei Söhne. [?] wurde der Stammvater der [?], sein Stiefbruder [?] der Stammvater der [?]. Heute wird Abraham nicht nur von den Juden sondern auch von den [?] und von den [?] hoch verehrt.

Anwenden – Urteilen – Handeln

3 Abraham als Vorbild

Als es in Kanaan zwischen Abrahams und Lots Hirten zum Streit um Land kam, sagte Abraham zu Lot:

8 Zwischen mir und dir, zwischen meinen und deinen Hirten soll es keinen Streit geben; wir sind doch Brüder.
9 Liegt nicht das ganze Land vor dir? Trenn dich also von mir! Wenn du nach links willst, gehe ich nach rechts; wenn du nach rechts willst, gehe ich nach links.

aus dem Buch Genesis 13,8f.

Erkläre in wenigen Sätzen,

- was dieses Wort Abrahams meint und wie es zu uns spricht.
- was es heute für die streitenden Völker der **Juden und Palästinenser** bedeuten kann.
- was es den drei **abrahamischen** Religionen zu sagen hat.

4 Etwas von Gott entdecken

Zuletzt eine nicht ganz einfache Anregung: Schreibe in dein Religionsheft zwei bis drei kurze Sätze, wie **Gott** sich dem Abraham zeigt. Halte fest, welche Seiten an Gott du dabei entdeckt hast. Überlege, ob du auch einen neuen Blick auf Gott gewonnen hast.

5 Deutet ein altes Bild von Abraham

Dieses Bild zählt zu den ältesten erhaltenen Darstellungen Abrahams. Es ist im 6. Jahrhundert n. Chr. in Syrien entstanden und befindet sich in einem reich bebilderten Codex (→ S. 42).

- Zum **Bild**: → M3. Beschreibt, was ihr seht: die Person und ihre Haltung, was sich hinter ihr befindet und worauf sie sich ausrichtet. Geht auch auf die **Wirkung** des Bildes ein.
- Das Bild stellt eine **Szene** dar, die im Kapitel vorkommt. Findet heraus, welche es ist, lest den dazugehörigen Bibeltext und fragt euch, ob Bild und Bibeltext zueinander passen.
- Versucht, auch selbst ein **Bild** dieser Szene zu **malen,** und vergleicht eure Bilder miteinander.

Mose

Wissen

1 Das Rätsel löst ihr rasch

Wenn ihr die richtigen Lösungen habt, ergeben die ersten Buchstaben den Namen der ägyptischen Herrscher. Alle gesuchten Wörter kommen in dem Mose-Abschnitt vor.

aa – ae – be – e – gen – gly – gyp – hi – lisk – o – phen – pla– ram – ro – ron – ses – ten

1. Welche Strafen kam über die Ägypter?
2. Wie heißen die ägyptischen Schriftzeichen?
3. Bruder des Mose
4. Oft genannter Pharao der Unterdrückung
5. Land, aus dem die Israeliten fliehen mussten
6. Ägyptische Himmelsnadel

2 Aus der Welt der Ägypter

Erklärt, was Pyramiden, Obelisken und Pharaonen sind.

Anwenden – Urteilen – Handeln

3 Eine kleine Szene aus dem Alltag der Hebräer in Ägypten spielen (→ V9)

Einige versklavte Hebräer treffen sich abends erschöpft in einer kleinen Hütte. Überlegt, was sie ihren Frauen und Kindern von den Lasten des Tages berichten. Wie reagieren ihre Angehörigen und Freunde? Plötzlich kommt ein Hebräer in die Hütte, der von der Berufung des Mose erzählt. Die Hebräer fragen sich, ob man ihm glauben soll. Dann unterhalten sich die Anwesenden, wie sie über ihre Befreiung denken. Zuletzt nennt jeder Gründe, die gegen und für eine Flucht aus Ägypten sprechen. Zusammen treffen sie eine lebenswichtige Entscheidung.

4 Entweder

„When Israel was in Egyptland – Let my people go“

Das Lied der Schwarzen (Spiritual) „When Israel was in Egyptland – Let my people go“ nimmt wichtige Themen der Mosezeit auf. Es entstand im 19. Jahrhundert und wurde durch den berühmten Jazzmusiker Louis Armstrong (1901–1971) in aller Welt bekannt. Schwarze Sklaven in den USA haben es oft gesungen.

- Besorgt den **Text** (wenn möglich mit Übersetzung) und die **Melodie**.
- Stellt Kopien für alle zusammen und teilt jedem ein Exemplar aus.
- Übt das Lied ein und singt es gelegentlich.

Oder

- Verfahrt ähnlich mit dem Song „We shall overcome“.
- Findet heraus, warum er auch zum Mose-Abschnitt passt und singt ihn mit kräftiger Stimme.

5 Sich mit den Zehn Geboten befassen

Entweder

- Sucht in Partner- oder Gruppenarbeit (→ V4) Antworten auf die Frage: Wie sähe es in unserer Welt aus, wenn sich alle Leute an die Zehn Gebote **hielten**?

Oder

- Und in anderen Gruppen: Wie sähe es aus, wenn sich **keiner daran hielte**? Sammelt die Antworten und diskutiert (→ V5) sie in der Klasse.

Oder

- Malt zu einem Gebot **ein Bild**, z.B. einen Dieb, der gerade etwas stiehlt. Sprechblasen für alle Personen sind erwünscht. Mit euren Bildern könnt ihr eine kleine Ausstellung (→ V8) in der Klasse oder in der Schule zum Thema machen: „Die Zehn Gebote Gottes in unseren Bildern“.

6 Etwas von Gott entdecken

Beschreibt an biblischen Szenen, wie sich **Gott** zur Mosezeit zu erkennen gibt. Welche Antwort habt ihr auf die Frage, was dieser Gott für den heutigen Glauben und für das heutige Leben bedeutet. Erläutert kurz euer Urteil.

Sklavenarbeiter bei der Herstellung von Ziegelsteinen aus Ton, Ägypten, 14. Jahrhundert v. Chr.

David

Wissen

1 Das schafft ihr leicht

David war der größte König, den das Volk Israel je hatte. In seinem Leben gab es viele Gegensätze. Bedenke diese beiden Seiten seines Lebens, wenn du folgende Sätze in deinem Religionsheft ergänzt:

- Er wurde in einem glücklichen Aufstieg König von Israel. Aber am Ende
- Er war gegenüber Goliat und den Feinden Israels tapfer, aber gegenüber seinen eigenen Kindern
- Er tat, was Gott gefiel, aber
- Der Prophet Natan hat ihm einmal ein wunderbares Wort Gottes sagen dürfen, aber ein andermal
- Er wollte Gott einen Tempel bauen, aber
- Seinem Reich war ewiger Bestand verheißen, aber ...
- Er starb, aber sein Name
- Er wird „Liebling Gottes" genannt, weil ...

2 Ein hoher Titel

Wenn ihr das Silbenrätsel richtig löst, ergeben die ersten Buchstaben der gefundenen Wörter einen Titel, der auf David zurückgeht. Er erfüllt Juden und Christen bis heute mit großer Hoffnung. Alle Wörter kommen in diesem Kapitel vor. Tragt die Lösung nicht in das Schulbuch, sondern in euer Religionsheft ein. Vergleicht am Ende eure Lösungen.

ab – ab – ab – e – el – i – i – li – lo – lom – mo – mu – mu – sa – sa – sai – scha – saul – tig

1. Wie zeigte sich David oft, besonders in Kämpfen?
2. Wie heißt der älteste Bruder des David?
3. Wer hat David zum König gesalbt?
4. Welcher Sohn Davids wird sein Nachfolger?
5. Wie heißt der Vater Davids?
6. Welcher Sohn Davids zettelte einen Aufstand gegen den Vater an?
7. Wie heißt der erste König Israels?

Anwenden – Urteilen – Handeln

3 Elf Wörter

Fertigt in der Klasse **Elfergedichte** über David an (→ **V 10**).

4 David und die Zehn Gebote

- Prüft an den Tafeln der **Zehn Gebote** (S. 64), gegen welche Gebote David verstoßen hat.
- **Wie** hat der Prophet Natan ihm seine Schuld vor Augen geführt? Warum kann man sein Vorgehen als raffiniert bezeichnen?

5 Rollentausch

Wenn du für eine kurze Zeit die **Rolle einer Gestalt** aus dem David-Abschnitt übernehmen könntest – welche Person wäre es? Gib Gründe für deine Wahl an. Stelle eine Szene – möglicherweise mit einer Mitschülerin/einem Mitschüler – in einem **Standbild** (→ **V 9**) so vor der Klasse dar, dass erkennbar wird, um welche Szene es sich handelt.

Am Ende einer Zeitreise

Die große Reise

Am Anfang des Kapitels haben wir die Beschäftigung mit dem Alten Testament mit einer **Reise in ein fernes Land** verglichen. Hoffentlich habt ihr eine gute Reise gehabt.

- Teilt einem Freund/einer Freundin mit, an welchen **Stationen** ihr auf dieser Reise länger Halt gemacht habt. Notiert, welche Personen, euch besonders gut gefallen haben.
- Nennt je ein **Wort**, das **Gott** im Zusammenhang mit Abraham, Mose und David gesprochen hat.

Silbenrätsel zum ganzen Kapitel

Wenn ihr die Anfangsbuchstaben der Lösungswörter zusammensetzt, ergibt sich ein Element, das die drei abrahamischen Religionen verbindet. Viel Glück!

as – dus – el – ex – ha – i – is – ja – lo – mes – mo – mo – na – na – o – o – ost – ran – ra – ri – ris – sa – se – si – si – si – u – tan – ter – toch – wind

1. Die bedeutendste Gestalt des AT
2. Ägyptischer Gott
3. Prophet zur Zeit Davids
4. Wettererscheinung beim Zug der Israeliten durch das Rote Meer
5. Die ägyptische Frau, die das Mosekind im Nil fand, war des Pharaos ...
6. Heimatstadt Abrahams
7. Griechisches Wort für „Auszug" (aus Ägypten)
8. Name des alttestamentlichen Gottesvolkes
9. Berg der Zehn Gebote
10. Verheißener Heilsbringer für Israel
11. Offizier, den David umbringen ließ
12. Dritter König Israels

4 Himmel und Erde bewegen –

Lucas (10): Ich bete gern. Ich freue mich, wenn ich mit Gott sprechen kann. Er versteht mich, wenn ich mich freue und wenn es mir schlecht geht. Ich kann ihn um alles bitten, was mir gut tut, auch wenn ich weiß, dass er nicht alle meine Bitten erfüllt.

Elias (12): Ich weiß gar nicht, was Beten ist. Ich habe nie versucht zu beten. Ich glaube, dass ich gar nicht an Gott glaube. Niemand hat mit mir über das Beten gesprochen.

Hannah (11): Ich möchte ja wohl beten, aber ich weiß nicht, wie ich beten soll.

Emilia (10): Mir fällt das Beten schwer. Darum bete ich selten. Wenn ich einmal zuhause oder in einer Kirche bete, lasse ich mich beim Beten leicht ablenken, weil ich dabei eher an etwas anderes denke. Manchmal plappere ich mein Gebet einfach nur so daher.

Leon (12): Ich bete regelmäßig. Manchmal bete ich für mich allein, aber wir beten auch in unserer Familie, z. B. morgens und abends oder in der Kirche. Ich möchte es nicht missen, weil ich auf Gott vertrauen kann.

Lara (13): Ich frage mich, wo ich Gott eigentlich finden kann. Könnte er mir nicht mal antworten, wenn ich ihm eine Frage stelle? Oder muss ich einfach nach ihm suchen? Aber wo dann? Ist er eigentlich ein Mann oder eine Frau und wie alt ist er? Ich werde auf die Antwort warten!

Vom Beten

Was wir lernen

Für Christen, Juden, Muslime und auch für Menschen in anderen Religionen ist das Beten eine überaus wichtige Sache. Da können sie **mit Gott in Kontakt** kommen.
Heute fällt das Beten vielen schwer. Es wirft viele Fragen auf, z. B.: Was ist das Beten? Was bringt das Beten? Kann man beten lernen? Gibt es gute Beispiele? Mit dem Kapitel geht ihr auf diese Fragen ein und erschließt euch vielfältige Zugänge zum Beten, so zu Gebeten im Alltag, zu den Psalmen und zum Vaterunser, dem Gebet Jesu, und weiteren Gebeten.

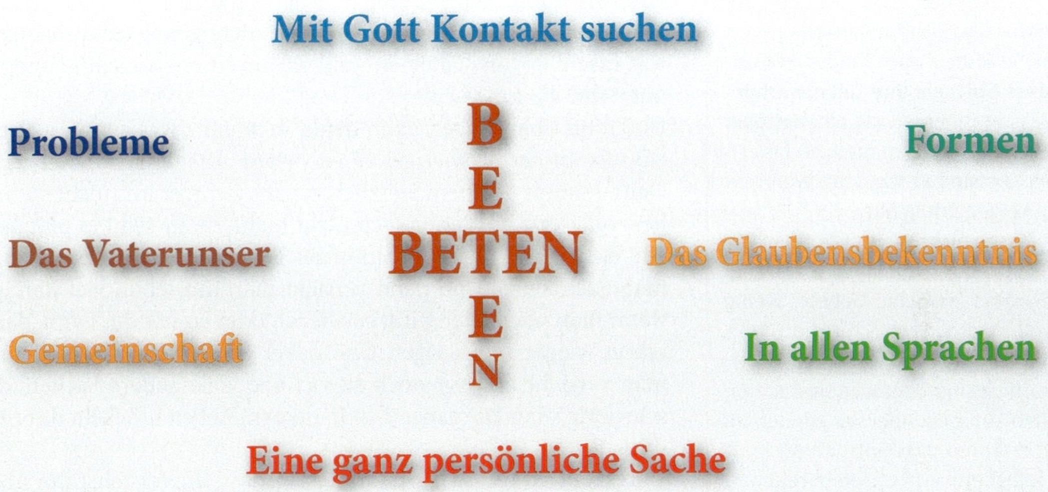

Jeder von euch sollte entweder Lucas oder Lara, Elias, Emilia, Leon oder Hannah **einen kurzen Brief** schreiben, in dem ihr auf ihre Worte eingeht und Stellung dazu bezieht. Besprecht eure Stellungnahme in der Klasse. Prüft am Ende der Arbeit mit diesem Kapitel, ob ihr nun anders schreiben würdet.

1. Mit Gott Kontakt suchen

Mit Gott sprechen

„Gott ist ganz ganz ganz groß“

***Fynn**, ein irischer Mathematiker, ist erstaunt darüber, wie das Mädchen Anna von Gott spricht. Sie nennt ihn meist „Mister Gott“. Einmal redet **Anna** mit Fynn darüber, wie kleine Kinder Gott verstehen und wie es mit ihrem Gottesverständnis weitergeht, wenn sie größer werden.*

Wenn du ein Kind bist, dann verstehst du alles. Mister Gott sitzt auf einem goldenen Thron; er hat einen langen weißen Bart und einen Schnurrbart, und eine Krone hat er auf dem Kopf. Und alle um ihn rum singen die ganze Zeit wie die Verrückten. Immerzu Hymnen und so Zeug. Kein Mensch kann das aushalten.
Und Mister Gott macht einfach alles, wenn man bloß nett genug darum bittet. Er kann Willy nebenan eine Warze auf die Nase machen zur Strafe, weil er Millie verhaut, wenn sie nicht genug Geld abliefert. All so was macht er ganz fabelhaft, und darum ist er so wichtig, und man benützt ihn die ganze Zeit.
Und'n bisschen später, dann denkt man ganz was anderes, und Mister Gott ist immer schwieriger zu verstehen. Aber es geht noch gerade.
Dann kommt es einem plötzlich vor, als wenn er uns nicht mehr verstehen will. Jetzt hört er einfach nicht mehr zu. Er sieht es plötzlich nicht ein, dass man unbedingt ein neues Fahrrad braucht. Und dann kriegt man auch keins. Und dann versteht man ihn schon viel weniger. Und wenn man noch älter wird, so wie ich oder so wie du, Fynn, dann ist es schon wieder schwieriger. Und dabei wird er irgendwie kleiner. Und man versteht ihn nur noch so viel wie viele andere Sachen, die auch schwierig sind. Die ganze Zeit in deinem Leben bröckeln da Stücke von ihm ab.
Und dann kommt der Punkt, da sagst du, du verstehst ihn überhaupt nicht mehr. Siehst du, und dann ist er wieder ganz ganz ganz groß. So groß wie er in Wirklichkeit ist. Und wumm, da lacht er dich aus, weil du so blöd warst.

Fynn

L

- Für viele Menschen ist es ein großes **Glück**, mit Gott zu sprechen. Im Gebet wissen sie sich ihm nahe. Sie glauben, dass Gott sie **hört**, und dafür sind sie ihm dankbar.
- Manche Leute – auch Kinder – **erwarten, dass Gott alle ihre Gebete erhört**, z.B. dass er ihnen etwas schenkt oder dass er in ihrem Leben rasch etwas verändert. Sie sind enttäuscht, wenn ihr Gebet keinen Erfolg hat.
- **Wir wissen nicht**, warum Gott ein Gebet nicht erhört. Oft merken wir aber später, dass **manche Gebete wenig sinnvoll** sind, weil wir für die Sache, um die wir gebetet haben, selbst verantwortlich sind, oder weil sie anderen Schaden zufügen. Aber wir können im Gebet erfahren, dass Gott uns die Kraft gibt, selbst etwas in unserem Leben zu verändern und dass er uns durch das Gebet Mut, Ausdauer, Trost und Zuversicht schenkt. Christen glauben, dass nichts sie trennen kann von der Gemeinschaft mit ihm.

A

1. Beschreibt, wie sich der Kinderglaube an Gott nach den Worten **Annas** allmählich entwickelt. Fertigt eine **Skizze mit den einzelnen Stufen** an. Diskutiert (→ **V5**) darüber, ob die Entwicklung so ist, wie Anna meint.
2. Überlegt, warum die **Fische** nicht an das Wasser und manche **Menschen** nicht an Gott glauben. Entwirf dann eine Antwort an die Fische und diese Menschen.

Die Fische im Wasser

Die Fische des Meeres sprachen zueinander: „Man behauptet, dass unser Leben vom Wasser abhängt. Aber wir haben noch niemals Wasser gesehen. Wir wissen nicht, was Wasser ist.“ Nach langem Überlegen machten sich einige Fische auf den Weg zu einem weisen Fisch, der im Meer wohnte, und stellten ihm die Frage, was Wasser sei.
Als der Fisch sie angehört hatte, sagte er: „O, ihr dummen Fische! Im Wasser lebt und bewegt ihr euch. Aus dem Wasser seid ihr gekommen, zum Wasser kehrt ihr zurück. Ihr lebt im Wasser und wisst es nicht.“
So lebt der Mensch in Gott. Gott ist in allen Dingen, und alle Dinge sind in Gott. Und doch fragt der Mensch: Kann es Gott geben? Was ist Gott?

Aus einer alten Klosterschrift

Probleme mit dem Beten

Das Wetter – So oder So?

Lieber Gott!
Die Felder sind ganz trocken. Wenn es nicht bald wieder regnet, wird die ganze Ernte darunter leiden. Darum bitte ich ganz von Herzen: Lass es bald wieder regnen.
Deine Aurelia (26)

Lieber Gott!
Zum Wochenende wollen wir einen Ausflug in die Umgebung machen. Die ganze Familie freut sich darauf. Sorge dafür, dass es nicht regnet. Die ganze Familie wird dir dankbar sein.
Dein Julian (12)

A

1 Beschreibt die Probleme, die ihr selbst mit dem Beten habt.

2 Überlegt, welchen Rat ihr **Angela und Gabriel** zu ihren Gebeten geben könntet. Sprecht miteinander darüber, ob sie so beten sollten, wie sie beten, und wie Gott ihnen antworten könnte.

3 Um die **Erzählung des Levi Jizchak von Berditschew** besser zu verstehen, sind folgende Fragen nützlich:
- Wie bereiten sich die **jungen Juden** auf das Morgengebet vor? Wie beten sie?
- Auf welche Weise macht **Rabbi Levi** ihnen klar, was sie getan haben?
- Wie reagieren die schnellen **Beter**?
- Warum freut sich der **Rabbi** am Ende?

4 Denke für dich darüber nach, ob du aus der Geschichte etwas **für dein Beten** lernen kannst.

Lallen

Die folgende Erzählung spielt im polnischen Judentum des 18. Jahrhunderts. In ihr geht es um das für die ***Juden*** *verpflichtende* ***Morgengebet*** *(hebräisch: Schacharit). Dabei tragen sie am linken Arm (Seite der Herzens) und an der Stirn (Sitz der Gedanken) lederne Gebetsriemen („****Tefillin****“) mit schwarzen Lederkapseln, in denen sich wichtige jüdische Gebete befinden.* ***Rabbi Levi Jizchak von Berditschew*** *war ein damals hochgeschätzter Rabbiner, von dem viele gute Geschichten erzählt wurden. Berditschew liegt in der heutigen Ukraine.*

Rabbi Levi Jizchak kam einst in eine Herberge, wo viele Kaufleute eingekehrt waren, die zu einem Markt fuhren. Der Ort war fern von seiner Heimat, so kannte ihn niemand. Am frühen Morgen wollten die Gäste beten; da sich aber im ganzen Haus nur ein einziges Paar Gebetsriemen befand, zog einer nach dem anderen sie an, sprach in Eile das Gebet und reichte sie dem nächsten. Als alle fertig waren, rief der Rabbi zwei junge Leute zu sich heran; er wollte sie etwas fragen. Sie traten näher heran, er sah ihnen ernsthaft ins Angesicht und sagte: „Ma – ma – ma, wa – wa – wa.“ „Was wollt ihr?“, riefen die jungen Männer, erhielten aber nichts zur Antwort als die gleichen wirren Laute. Da hielten sie ihn für einen Narren. Nun aber redete er sie an: „Wie, ihr versteht meine Sprache nicht und ihr habt doch soeben zu Gott dem Herrn in dieser Sprache gesprochen?“
Einen Augenblick schwiegen die jungen Leute bestürzt, dann aber sagte der eine: „Habt ihr nie ein Kind in der Wiege liegen sehen, das noch nicht sprechen kann? Habt ihr nicht gehört, wie es allerlei Laute mit seinem Mund macht: Ma – ma – ma, wa – wa – wa? Alle Weisen und Gelehrten können es nicht verstehen. Wenn aber seine Mutter hinzukommt, weiß sie sogleich, was die Laute meinen.“
Als der Rabbi diese Antwort vernahm, begann er vor Freude zu tanzen. Und wenn er in Zukunft mit Gott im Gebet redete, pflegte er ihm diese Antwort zu erzählen.

Rabbi Levi Jizchak von Berditschew (um 1740–1809)

Jude beim Gebet. Er trägt um seine linke Hand und den Arm einen Lederriemen und auf seinem Kopf eine kleine Kapsel, die biblische Texte enthält („Tefillin“), sowie einen weißen Gebetsschal („Tallit“).

2. Gott ist wie ...

1

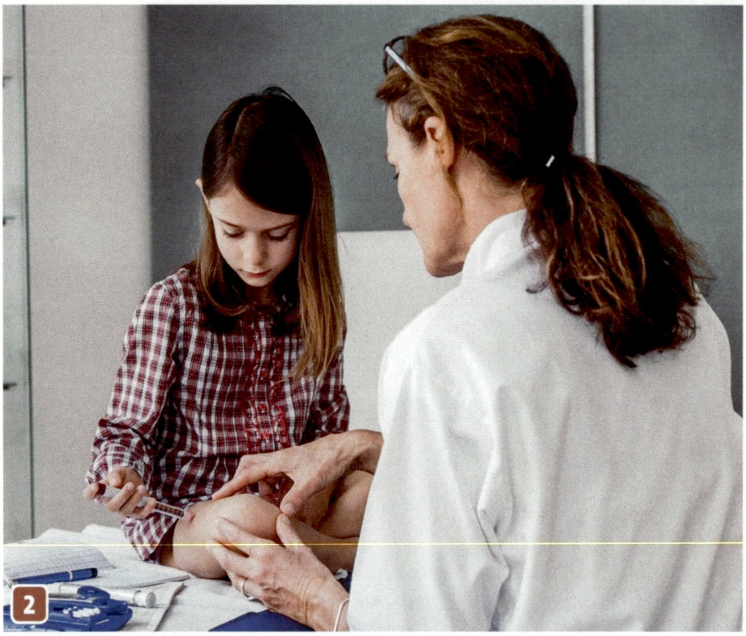

2

8

3

9

L

• **Das erste der Zehn Gebote lautet: „Du sollst dir kein Bild machen"** (Ex 20,4; → S. 64). Wir sollen uns **von Gott kein Bild** machen, weil kein Bild ihn so zeigen kann, wie er ist. Gott ist anders als alles, von dem wir uns ein Bild machen können.

• Wohl gibt es **Symbole**, die auf Gott hinweisen. Sie haben nur wenig Ähnlichkeit mit ihm, sind aber „**Erkennungszeichen**" für Gott. „Vater" ist ein christliches Symbol für Gott. Wenn wir sagen: „Gott ist Vater", sollten wir meinen: „Gott ist **wie** ein Vater", d. h. Gott hat zwar Ähnlichkeit mit einem menschlichen Vater, ist aber auch ganz anders als dieser. Und wenn wir sagen „Gott ist gut", meinen wir „Gott ist wie ein guter Mensch", aber er ist auch ganz anders gut, als wir uns das vorstellen können.

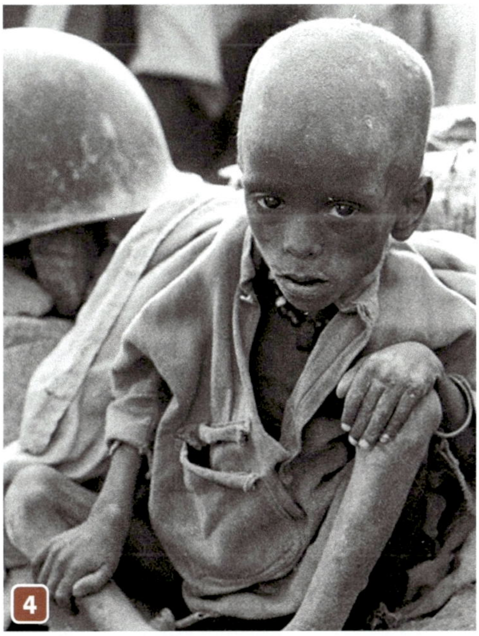

4

5

6

7

A **Für nachdenkliche Bilderfreunde**

1 Versuche die einzelnen Bilder zu deuten, z. B. Gott ist wie ... eine **Ärztin**, die für ihre Patienten gut sorgt und sie heilt.

2 Das **leere Blatt** mit dem Bilderrahmen stammt von einem Schüler in eurem Alter. Klärt in der Klasse, was er sich bei seinem Versuch vermutlich gedacht hat.

3 Was haltet ihr von **modernen Bildern/Symbolen** für Gott: Freund, Signal, Wegweiser, Navigator, Akku, Fallschirm ...?

4 Ein kleines Kreuz tragen, das Logo eines Fußballclubs auf dem T-Shirt zeigen: Was bedeuten diese **Symbole**? Welche anderen Symbole benutzt ihr? Sprecht über ihre Bedeutung.

3. Die beste Gebetsschule

L

- Die **Bibel ist die beste Gebetsschule**. Ein biblisches Buch, das Buch der **Psalmen** im Alten Testament, enthält die Gebete und Lieder Israels. Im Neuen Testament sind es die **Gebete Jesu**, die uns zeigen können, wie wir beten sollen. Diese Gebete, die Menschen schon vor zwei Jahrtausenden und früher gesprochen haben, werden auch heute von Juden und Christen gesprochen.
- In den **Psalmen** (hebräisch: „Lobgesänge") gibt es ganz unterschiedliche Gebete:
  - **Lob** für Gottes Herrlichkeit
  - **Dank** für seine guten Taten
  - **Bitte** um Hilfe und Trost
  - **Nachdenken** über das eigene Leben
  - **Klage** vor Gott in Schmerz und Not
  - **Anklage** gegen Gott, weil seine Hilfe fern ist.
- Die meisten Psalmen werden König **David** (1004–965 v.Chr.; → S. 66 ff.) zugeschrieben, haben aber spätere Verfasser. Damit will man sagen, dass die Psalmen königlich, kraftvoll und kostbar sind.

Mit meinem Gott überspringe ich Mauern – Psalmen

Mein Gott macht meine Finsternis hell.
Mit dir erstürme ich Wälle,
mit meinem Gott überspringe ich Mauern. *Ps 18,29f.*

Die Himmel rühmen die Herrlichkeit Gottes,
vom Werk seiner Hände kündet das Firmament. *Ps 19,1*

Mein Gott, mein Gott, warum hast du mich verlassen,
bist fern meinem Schreien,
den Worten meiner Klage?
Mein Gott, ich rufe bei Tag,
doch du gibst keine Antwort;
ich rufe bei Nacht und finde doch keine Ruhe. *Ps 22,2f.*

Der Herr ist mein Licht und mein Heil:
Vor wem sollte ich mich fürchten?
Der Herr ist die Kraft meines Lebens. *Ps 27,1*

Wie der Hirsch verlangt nach frischem Wasser,
so verlangt meine Seele, Gott, nach dir. *Ps 42,2*

Herr, ich suche Zuflucht bei dir.
Lass mich doch niemals scheitern. *Ps 71,1*

Herr, stelle eine Wache vor meinen Mund,
eine Wehr vor das Tor meiner Lippen. *Ps 141,3*

Lobt den Herrn vom Himmel her,
lobt ihn, ihr jungen Männer und auch ihr Mädchen,
ihr Alten mit den Jungen! *Ps 148,1.10*

A

1. Wähle dir **zwei Psalmverse** aus, die dich ansprechen. Prüfe, (1) was diese Psalmverse von Gott, (2) was sie vom Beter und (3) was sie uns heute sagen. Stelle dein Ergebnis der Klasse vor. – Den **23. Psalm** findet ihr: → S. 67; den Anfang des 8. Psalms: → S. 26. Du kannst sie ergänzend, alternativ oder zusätzlich heranziehen.
2. Erfindet zu den Psalmversen eine **Situation**, in der der Beter war, als er den Vers sprach. Nennt auch Situationen, in denen die Worte **heute** zum Gebet werden können.
3. Geht auf die **Bildworte/Symbole** in den Psalmversen ein und versucht sie zu deuten. Warum finden sich in den Psalmen so viele Bildworte?
4. Für Kunstfreunde: Versucht die Umsetzung eines Psalmverses als (Stand-)Bild (→ V9).

So sollt ihr beten – Das Vaterunser

In der ***Rede auf dem Berg****, in der Jesus den Jüngern sein Programm verkündete, sagte er ihnen, sie dürften beim Beten nicht plappern und sie brauchten auch nicht viele Worte zu machen. Vor allem hat er sie gelehrt, wie sie beten sollen:*

Anrede	Vater[1] unser im Himmel[2],
7 Bitten	geheiligt werde dein Name.
	Dein Reich komme.
	Dein Wille geschehe, wie im Himmel so auf Erden.
	Unser tägliches Brot gib uns heute.
	Und vergib uns unsere Schuld, wie auch wir vergeben unsern Schuldigern.
	Und führe uns nicht in Versuchung, sondern erlöse uns von dem Bösen.
	aus dem Evangelium nach Matthäus 6,9–13
Lobpreis *(Ergänzung seit dem 2. Jahrhundert n.Chr.)*	Denn dein ist das Reich und die Kraft und die Herrlichkeit in Ewigkeit.
Schluss	Amen.

1 Jesus hat zu Gott „**Vater**" gesagt. Er hat liebevoll und zärtlich mit ihm gesprochen. Kein irdischer Vater kann allerdings so gut sein wie Gott. Aber die Liebe eines Vaters ist ein Hinweis auf Gottes Liebe. Jeder kann bei dem Gedanken an Gottes Vaterliebe auch an eine **Mutter** denken.

2 Jesus meint mit „**Himmel**" nicht einen fernen Ort über den Wolken irgendwo im Weltall. Gott ist nicht an einem fernen Ort im Universum anzutreffen. Der Himmel ist ein Symbol dafür, wo Gott ist. Das kann über uns, mit uns, neben uns, fern von uns, überall sein.

L Das wichtigste **Gebet des Neuen Testaments** stammt von **Jesus**. Im **Vaterunser** hat er seinen Jüngern gesagt, wie sie mit Gott sprechen sollen. Dieses Gebet ist bis heute das wichtigste Gebet der Christenheit. Es wird es auch immer bleiben.

A

1 **Gliedere** die 7 Vaterunser-Bitten **in zwei Teile**. Im ersten Teil kommt das Wort „dein" in jeder Zeile vor, im zweiten Teil gibt es ein „uns", „unser". Lege dar, was das bedeutet.

2 Schreibe die Anrede und die 7 Bitten auf 8 **kleine Karten**. Male auf der Rückseite jeder Karte ein kleines Bild oder klebe ein Foto dahin. **Oder** schreibe dazu ein Wort, das zum Text passt. Zeige diese Karten deinem Nachbarn/deiner Nachbarin nur von der Rückseite und prüfe, ob er/sie versteht, auf welche Bitte sich deine Karte bezieht. – Die besten Karten könnt ihr in der Klasse ausstellen.

3 Man kann einzelne Bitten des Vaterunsers mit seinen **Händen** oder seinem **Körper** ausdrücken. So kann man z.B. zu „Vater unser im Himmel" die Arme nach oben bewegen und die Hände oben öffnen. Zu „Dein Reich komme" kann man mit den Händen in einem Kreis eine Krone bilden. Setzt eure weiteren Ideen in die Tat um.

4 Wählt ein Wort oder einen Satz für eine Meditation: → **V11**.

5 Zum **„Gegrüßet seist du, Maria":** → S. 117. Finde heraus, warum das Ave Maria auch zu den Grundgebeten zählt.

Egon Wilden (1894–1931),
Die Bergpredigt, 1919 (→ M3).

4. Wie Christen beten

Zum Beginn

Im Namen des Vaters und des Sohnes und des Heiligen Geistes.
Amen.
Lasset uns beten.

Am Morgen

Danke für diesen Morgen,
danke für den neuen Tag,
danke für jeden neuen Anfang,
danke, dass ich leben darf.

Am Tag

Halte mich fest, wenn ich falle,
halte zu mir, wenn ich allein bin,
halte mich ab, wenn ich zuschlagen möchte,
halte mich aus, wenn ich unausstehlich bin,
halte mir jederzeit deine Schönheit vor Augen. Amen.

Wo ich gehe, wo ich stehe,
bist du, lieber Gott, bei mir.
Wenn ich dich auch niemals sehe,
weiß ich doch: Du bist bei mir.

Augustinus (354–430, → S. 44)

A **Formen des Betens**

1 Erklärt, was die unterschiedlichen **Gebetshaltungen**, die ihr auf den Bildern seht, zum Ausdruck bringen. Vielleicht könnt ihr die eine oder andere Haltung nachempfinden.

2 Beschreibt die verschiedenen **Gebetsorte**. Was meint ihr – wo kann man beten?

3 Überlegt: **Allein** für sich beten: Was spricht dafür?– In **Gemeinschaft** beten: Was spricht dafür?

Tischgebet

Alle guten Gaben,
alles, was wir haben,
kommt o Gott von dir.
Dank sei dir dafür.

O, Gott, von dem
wir alles haben,
wir preisen dich
für deine Gaben.
Du speisest uns,
weil du uns liebst,
o segne auch,
was du uns gibst.
Amen.

Am Abend

Unter deinen Flügeln, Herr,
fühl ich mich geborgen.
Bleib bei mir in dieser Nacht.
Bleib bei mir bis morgen.

Herr, bleibe bei uns.
Denn es will Abend werden.
Und der Tag hat sich geneiget.
Lk 24,29

Zum Abschluss

Amen (hebräisch: „So sei es“, „So ist es“, „So soll es sein“) – Halleluja (hebräisch: „Lobt Gott“)

Ein persönliches Gebet

Lieber Gott,
du weißt, ich könnte wunderbar sein:
immer ehrlich und freundlich
und brav und gehorsam,
ordentlich gekämmt und sauber
hinter den Ohren,
fleißig in der Schule,
Bücher und Hefte ohne Eselsohren
Und im Spielzeugschrank alles in
Reih und Glied.

Aber du weißt auch, lieber Gott,
wie mühsam das ist.
Ich schaff' das so gut wie nie.
Es ist so viel einfacher und leichter,
seine miese Laune an anderen
auszulassen
und faul und unordentlich zu sein
und zu schwindeln.
Und es macht Spaß,
den großen Leuten Streiche zu spielen
und das zu tun, was sie verbieten.

Und alles weißt du und verstehst du.
Also, bitte vergiss nie,
wie wunderbar ich wäre,
wenn ich so wäre, wie ich sein könnte.
Ich versprech' dir: Ich geb'
mir auch Mühe.
Oft.
Manchmal.

Gudrun Pausewang (geb. 1928)

A **Beten ist nicht immer gleich**

1 Verfasse selber ein **freies Gebet,** z. B. für den Morgen oder Abend, wenn du glücklich oder unglücklich bist, wenn ein naher Verwandter im Sterben liegt.

2 Es gibt auch das **Stoßgebet**. Es ist ein kurzes Wort oder ein plötzlicher Ruf, z. B.: „Herr hilf!“, „O Gott, was soll ich tun?“, „Gott sei Dank!“, „Lieber Gott! Hier bin ich. Ich weiß jetzt nicht viel zu sagen.“ Nennt andere Beispiele.

5. Eine ganz persönliche Sache

So sollt ihr beten – Eine kleine Gebetsschule

1. Es ist gut, wenn man sich für das Beten regelmäßig eine bestimmte **Zeit** nimmt: z.B. morgens oder abends.
2. Es ist gut, wenn man als Vorbereitung für das Beten **Ruhe** sucht und alle Aufregung des Tages hinter sich lässt.
3. Es ist gut, wenn man zu Beginn des Betens das **Kreuzzeichen** macht und beim Beten eine bestimmte **Haltung** einnimmt, z.B. die Hände faltet, die rechte Hand auf das Herz legt, steht, kniet oder das Gesicht bedeckt.
4. Es ist gut, wenn man im Beten ganz **persönliche Worte** sucht, die aus dem Herzen kommen und nicht lange überlegt sind.
5. Es ist gut, im Gebet **von sich selbst zu reden** und alles, was einem wichtig ist, auszusprechen.
6. Es ist gut, im Gebet seine **Bitten** und **Wünsche** vor Gott auszusprechen.
7. Es ist gut, im Gebet **auf Gottes Hilfe zu vertrauen**.

Aber... – Auch eine kleine Gebetsschule

Aber: Wir müssen auch **selber alles tun**, was in unserer eigenen Macht steht, um das zu erreichen, um was wir beten.

Aber: Wir sollten im Gebet nicht nur an uns, sondern auch **an die anderen denken**: an die Familie, die Freunde, die Kirche, an die Politiker, an die leidenden Menschen überall in der Welt.

Aber: Wir sollten auch ein paar gute Gebete **auswendig** kennen, sie aber so sprechen, als kämen sie uns aus dem Herzen, z.B. das Vaterunser, das Gegrüßet seist du, Maria, den 23. Psalm.

Aber: Wir dürfen das **Loben und Danken** nicht vergessen.

Aber: Wir können auch dann beten, wenn wir gerade **in Hektik** sind.

Aber: Wir können auch ganz **unregelmäßig** zu jeder Zeit beten.

Aber: Wir können auch **ohne jedes Zeichen** und **in jeder Haltung** beten, also auch beim Sitzen oder wenn wir im Bett liegen.

A

1 Warum ist es so wichtig, in **Ruhe** zu beten, die Gedanken zu sammeln, mit den Augen nicht umherzuschweifen, Ablenkungen zu meiden?

2 Wann – denkst du – ist Gott dir nahe:
- wenn du glücklich bist
- wenn du Angst hast
- wenn es ganz still um dich ist
- wenn du nicht mehr Ein noch Aus weißt
- wenn du die Sterne, das Meer oder den Himmel betrachtest
- wenn ...?

3 Fügt die **„Aber-Sätze“** sinnvoll an die sieben Gebetsregeln an, z.B. 1 und 6.

Beten Christen so?

Johanna (11) hatte vor Englischarbeiten immer Angst. Zugegeben – sie tat nicht viel dafür. Statt sich vorzubereiten, spielte sie lieber mit ihren Freundinnen. Als die Hefte vor der letzten Arbeit ausgeteilt wurden, betete sie leise: „Lieber Gott, lass mich die Arbeit wenigstens 4 schreiben. Ich will auch beim nächsten Mal mehr arbeiten.“ Trotzdem bekam sie mangelhaft.

Vor dem Start in die Ferien betet **Florian** (19): „Herr Gott, behüte mich, damit ich heil zum Urlaubsort gelange.“ Dann fährt er los: temperamentvoll, wild, rasant. Auf der Autobahn überholt er die meisten Wagen. Verkehrsschilder mit Tempobeschränkung übersieht er. So kommt es zu einem Unfall, bei dem er schwer verletzt wird. Dabei hatte er doch gebetet.

In der Stadt K. bringen mehrere Erdstöße einige Häuser zum Einsturz. Voll Verzweiflung betet **Frau Kropp** (38): „Herr Gott, lass mich überleben. Ich werde den zehnten Teil meines gesparten Geldes für die Armen opfern, wenn mein Haus stehen bleibt.“ Das Haus von Frau Kropp blieb stehen. An ihr Gebet wollte sie sich später nicht mehr erinnern.

Herr Miller (54) ist Mitglied des Pfarrgemeinderates. Jeden Sonntag sieht man ihn im Gottesdienst. Wenn die Gemeinde betet, stimmt er kräftig ein. Übrigens ist er ganz schön reich. Vor allem aus seinen beiden großen Mietshäusern zieht er einen hohen Gewinn, obwohl die Zimmer in einem schlechten Zustand sind. Er vermietet sie an ausländische Flüchtlinge und Lehrlinge. Er sagt immer: „Von denen kann man einen ordentlichen Preis verlangen. Die kommen sonst doch nirgends unter.“

Max (13) und **Marie** (11) beten jeden Tag zusammen mit den Eltern: „Vater unser im Himmel ... Vergib uns unsere Schuld, wie auch wir vergeben unseren Schuldigern ... Amen.“ Neulich kam es zwischen den beiden Geschwistern zum Streit. Marie hatte Max bei den Eltern verpetzt, als dieser in der Schule wegen einer dummen Sache aufgefallen war. Das nahm ihr Max übel. Er weigerte sich, mit ihr zu reden. Als die Familie wieder das Vaterunser betete, wurde Marie nachdenklich. Sie ging zu Max und sagte: „Wir haben beide etwas falsch gemacht. Aber deshalb müssen wir uns ja nicht ewig streiten.“

A

1 Nehmt euch **Johanna, Florian, Herrn Miller und die anderen** vor und sagt ihnen, was ihr von ihrem Beten haltet.

2 Überlegt, ob und wie **Beten und Handeln zusammenhängen**.

L

Das **Gebet** ist eine ganz **persönliche Sache**. Beim richtigen Beten kann jeder unbesorgt aussprechen, was ihn bewegt und selbst das, was er sonst nicht zu sagen wagt. Da braucht er kein Blatt vor den Mund zu nehmen. **Im Beten** kann jeder sich so geben, wie ihn sonst keiner kennt.

Mit etwas Phantasie das Beten beschreiben

sich nach Gott ausstrecken

einen Ballon zum Himmel aufsteigen lassen

um Gott herumfliegen

etwas an Gott adressieren

um die eigene Mitte kreisen

mit der Seele atmen

ein anderes Gesicht bekommen

eine Pause machen

im Dunkeln ein Licht suchen

mit einem Freund/einer Freundin reden

auf ein Fundament bauen

...

6. Betende Gemeinschaft

L

- Das christliche Beten ist auch eine **Sache der Gemeinschaft**. Christen beten nicht nur für sich allein, sondern auch zusammen in der Kirche, Familie und manchmal in der Schule. Da eröffnen sie das Gebet mit dem Ruf: „Lasset **uns** beten". In der Eucharistiefeier beten sie mit allen Christen der Welt. Die betende Gemeinschaft ist die **Kirche** (→ S. 168 ff.). Sie geht auf das Wirken Jesu Christi zurück, der gesagt hat: „Wo zwei oder drei in meinem Namen versammelt sind, da bin ich mitten unter ihnen." (Mt 18,20).
- Betend bekennt diese Gemeinschaft auch ihren Glauben. Ein wichtiges Dokument der Gemeinsamkeit ist das **Apostolische Glaubensbekenntnis.** Christen sprechen es bei der Taufe, während der Eucharistiefeier und bei anderen Anlässen.
- Das Credo ist nach dem **Glauben an den dreifaltigen Gott** – den Vater, den Sohn, den Heiligen Geist – geordnet. Damit verweist es auf das zentrale Geheimnis des christlichen Glaubens, dass der Eine Gott in drei Personen existiert, also dreifaltig ist:
  – der Vater, der Himmel und Erde erschaffen hat (→ S. 26 f.),
  – der Sohn, der Mensch geworden ist (→ S. 116 ff.)
  – der Heilige Geist, der uns geheiligt hat (→ S. 111).

Edwin Scharff (1887–1955), Das Glaubensbekenntnis. Kirchentür in Marienthal, 1950

Credo – Das Apostolische Glaubensbekenntnis

Der christliche Glaube ist kurz zusammengefasst im **„Apostolischen Glaubensbekenntnis"**, das man nach seinem Anfangswort auch das „**Credo**" (lateinisch: „Ich glaube ...") nennt. Nach einer alten Legende (→ **M2a**) wurde der Text von den zwölf Aposteln Jesu (→ S. 109) zusammengestellt. Jeder Apostel habe einen Artikel beigesteuert, wobei Petrus den Anfang gemacht habe mit dem Satz „Ich glaube an Gott, den Vater, den Allmächtigen, den Schöpfer des Himmels und der Erde." Tatsächlich ist der Text in Rom entstanden. Alle christlichen Kirchen halten sich – mit geringfügigen Abweichungen – an dieses Glaubensbekenntnis.

1 Ich glaube an **Gott,**
den Vater, den Allmächtigen,
den Schöpfer des Himmels und der Erde,

2 und an **Jesus Christus**,
seinen eingeborenen Sohn, unsern Herrn,
3 empfangen durch den Heiligen Geist,
geboren von der Jungfrau Maria,
4 gelitten unter Pontius Pilatus,
gekreuzigt, gestorben und begraben,
5 hinabgestiegen in das Reich des Todes,
am dritten Tage auferstanden von den Toten,
6 aufgefahren in den Himmel;
er sitzt zur Rechten Gottes, des allmächtigen Vaters;
7 von dort wird er kommen zu richten
die Lebenden und die Toten.

8 Ich glaube an den **Heiligen Geist**,
9 die heilige, katholische Kirche, Gemeinschaft der Heiligen,
10 Vergebung der Sünden,
11 Auferstehung der Toten
12 und das ewige Leben.

Amen.

A

1. Das Glaubensbekenntnis auf der **Kirchentür von Marienthal** beginnt oben links mit einem Bild zu den Worten: „Wir glauben". Sucht die Texte zu den anderen Schleifen. Fertigt eine Kopie an, auf der nur die Schleifen zu sehen sind. Tragt in die Schleifen entweder eigene Bilder oder den Text des Glaubensbekenntnisses ein.
2. Macht eine **Kopie** vom Text des Glaubensbekenntnisses. Unterstreicht die Sätze grün, die ihr versteht, rot, mit denen ihr Schwierigkeiten habt, blau, die ihr nicht versteht. Versucht, die schwierigen Sätze im gemeinsamen Gespräch zu klären.
3. Welche **Gliederung** könnt ihr in dem Glaubensbekenntnis erkennen?
4. Im Credo kommen **Begriffe** vor, die in unserer Sprache oft einen anderen Sinn haben. Das Wort „Himmel" (Vers 6) meint nicht den Raum über den Wolken, sondern die Nähe Gottes (→ S. 81). Der „eingeborene" Sohn (Vers. 2) ist der besonders geliebte („einziggeborene") Sohn Gottes. Stellt andere Begriffe zusammen, die euch fremd klingen und klärt ihren Sinn im Unterricht.

AMEN

7. In allen Sprachen

L

• Überall in der Welt beten Menschen. Die Worte, die sie brauchen und die Haltungen, in denen sie beten, sind oft ähnlich wie die Gebete der Christen, oft aber auch anders. Auch nennen sie Gott mit anderen Namen. Bei den Juden heißt er JHWH (→ S. 62), ohne dass die Juden diesen Namen aussprechen. Muslime nennen ihn Allah. Juden, Christen und Muslime stimmen darin überein, dass es einen und nur einen Gott (griechisch: „**Monotheismus**") gibt.

• Manche Religionen verehren viele Götter und Göttinnen (griechisch: „**Polytheismus**") und beten zu ihnen. In ihnen verehren die Menschen Kräfte, über die sie selbst nicht verfügen können, z. B. das Leuchten der Sonne und der Sterne, die Fruchtbarkeit der Erde, den Schrecken des Krieges, den Tod und die Schönheit der Liebe. Die vielen Gottheiten haben unterschiedliche Namen und Aufgaben. Sie sind teils liebevoll, teils furchtbar, teils wunderbar. Manche Menschen halten die vielen Götter nur für die unterschiedlichen Seiten eines unendlichen Geheimnisses, das wir nicht verstehen und erfassen können.

1

1 Familie, römisches Relief, 2./3. Jahrhundert n. Chr.
2 Jude an der Westmauer in Jerusalem (→ S. 212)
3 Muslime in Afghanistan
4 Indianer beim Tanz
5 Buddhistischer Mönch in Indien
6 Hindu-Frau auf Bali

2

A

Auch so können Menschen beten

1 Beschreibt die unterschiedlichen **Gebetshaltungen** auf den Bildern. Achtet dabei auf Kopf, Hände, Leib, Beine, Kleidung, Richtung usw. Was drücken sie aus? Was geht wohl in den Betern vor sich? Stellt die gezeigten Haltungen selbst einmal nach: → V9.

2 Vergleicht die Bilder mit den **Gebetshaltungen der Christen** (→ S. 82 ff.). Findet heraus, ob ihr auf den Bildern Haltungen erkennt, die für das Gebet der Christen nicht in Frage kommen.

3 Zum Gebet der **Juden**: → S. 77; der **Muslime** → S. 206. Stelle zusammen, was bei ihnen im Vergleich zum christlichen Beten besonders ist.

3

Bitte eines Afrikaners – Mach die Leichtsinnigen vernünftig

O Herr, ich bitte dich für alle Leute, die eine Maschine fahren: eine Lokomotive, ein Flugzeug, ein Auto, ein Motorrad, ein Moped. Du weißt, dass diese Leute oft leichtsinnig und müde sind. Und da waren ganz üble Unfälle, die Betrunkene verursacht haben. Diese Toten, diese Verletzten, diese Umgeworfenen, wie viel Elend haben sie ihren Familien gebracht. Mach diese Fahrer verantwortlicher. Nimm du sie dir einmal vor. Dein Wort ist die einzige Sache, die diese Burschen noch ändern kann.

4

5

6

Was wir können

Wissen

1 Eine kleine Gebetskunde
Schreibt an die Tafel/auf eine Pinnwand,
a) Gebetsarten
b) Gebetshaltungen
c) Gebetsorte

2 Wichtige Gebete
Nenne mindestens drei Gebete, die für Christen wichtig sind.

3 Ergänze
Ergänze den Satz: **Beten ist wie** ...

4 Beides: Beten und Handeln
Leo N. Tolstoi (1828–1910), ein russischer Dichter, hat sich viele Gedanken über das Christentum gemacht. Die folgende Erzählung ist hier verkürzt wiedergegeben.
Fischer waren draußen bei ihrem Fang mit dem Boot. Da kam ein Sturm auf. Sie fürchteten sich so sehr, dass sie ihre Ruder wegwarfen und den Himmel anflehten, sie zu retten. Aber das Boot wurde immer weiter weggetrieben vom Ufer. Da sagte ein alter Fischer: „Was haben wir auch die Ruder weggeworfen! Zu Gott beten und zum Ufer rudern – nur dies beides zusammen kann da helfen."
- Zeigt den Zusammenhang von Beten und Handeln am Text von Tolstoi und an einem anderen Beispiel auf.

5 Vom Hauptwort zum Tätigkeitswort

GEBET
GEBEt
GEBet
GEbet
Gebet
gebet

Vergleicht das **Hauptwort** und das **Tätigkeitswort**, das eine Aufforderung ist, miteinander. Was haben sie miteinander zu tun?

Anwenden – Urteilen – Handeln

6 Fragen zum Beten
Sucht gemeinsam mit eurem Nachbarn/eurer Nachbarin (→ **V4**) Antworten auf folgende Fragen. Ihr könnt die Fragen auch abwandeln und ergänzen.
- Warum beten manche Menschen regelmäßig?
- Warum beten manche Menschen nie?
- Wie denkt ihr selbst über das Beten?
- Notiert eine Frage zum Beten, auf die ihr euch im Unterricht noch eine Antwort erhofft.

7 Spuren
Der alte Mann aus Afrika hieß Daniel. Er glaubte an Gott. Jemand wollte sich über ihn lustig machen.
Er fragte: „Woher weißt du, Daniel, dass es einen Gott gibt?"
Daniel antwortete: „Woher weiß ich, ob ein Mensch, oder ein Hund, oder ein Esel nachts um meine Hütte gegangen ist? An den Spuren im Sand sehe ich es. Auch in meinem Leben sind Spuren eingedrückt. Spuren Gottes."
- Charakterisiert die **beiden Gestalten** der Erzählung. Stellt gegenüber, was sie unterscheidet.
- Spuren? Kannst du **Spuren** in deinem Leben erkennen, die auf Gott hinweisen?

8 Symbole Gottes?

Sprecht miteinander darüber, ob diese Gegenstände Symbole Gottes sein können, und begründet eure Auffassung.

9 Psalmworte

Sucht in eurer Bibel im Buch der Psalmen jeweils einen Vers, der euch etwas Wichtiges von Gott sagt. Sammelt dann eure Psalmverse und bestimmt den Vers, der euch am meisten anspricht.

10 Zum Schluss: ein Segensgebet

Ein Segensgebet sprechen heißt, jemandem etwas Gutes von Gott her zuzusagen. Das folgende Beispiel ist ein alter irischer Reisesegen:

Möge dein Weg
dir freundlich entgegenkommen,
möge der Wind dir den Rücken stärken.
Möge die Sonne dein Gesicht erhellen
und der Regen um dich her die Felder tränken.
Und bis wir beide, du und ich, uns wiedersehen,
möge Gott dich schützend in seiner Hand halten.
Gott möge bei dir auf deinem Kissen ruhen.
Deine Wege mögen dich aufwärts führen,
freundliches Wetter begleite deinen Schritt.
Und mögest du längst im Himmel sein,
wenn der Teufel bemerkt,
dass du nicht mehr da bist.

- Versuche selbst – vielleicht zusammen mit deinem Nachbarn/deiner Nachbarin – ein Segensgebet zu schreiben.

5 Die Heimat Jesu – Land und Leute

Galiläa, See Gennesaret

Cäsarea, Wasserleitung aus römischer Zeit

Jerusalem, Blick auf den Tempelberg (vorn), links die Al-Aksa-Moschee, rechts mit vergoldetem Dach der Felsendom, in der Mitte des Bildes mit großer blauer Kuppel die Grabes- bzw. Auferstehungskirche.

Was wir lernen

- **Jesus von Nazaret** lebte in einem anderen Land und in einer anderen Zeit als wir. Von seiner Heimat Israel war bereits im 3. Kapitel die Rede. Zur Zeit Jesu herrschten die Römer im Land. Ihr könnt Jesus besser verstehen, wenn ihr wisst, wer seine Freunde und Gegner waren. Das wird euch auch für das folgende 6. und weitere Kapitel nützlich sein.
- Ihr könnt die Arbeit mit dem Kapitel auf **mehrere Gruppen** in der Klasse aufteilen.Diese übernehmen jeweils einen Abschnitt des Kapitels. Möglich ist auch, die Abschnitte weiter aufzuteilen. Drei Gruppen arbeiten selbstständig, z. B. zum Abschnitt „Das Land“. Ihre Ergebnisse zu Galiläa, Samaria und Judäa/Jerusalem stellen sie den anderen Gruppen vor. Diese haben sich entsprechend mit dem zweiten und dritten Abschnitt des Kapitels befasst. Ihr könnt euch bei der Arbeit von den Aufgaben anregen lassen und selbstverständlich Ergänzungen vornehmen (→ **V2**).

1 Die Fotos stammen alle aus dem **heutigen Land Israel**. Tragt zusammen, was ihr von diesem Land und seinen Problemen wisst.

2 Die Orten und Landschaften haben mit dem **Leben Jesu** zu tun. Erzählt, was ihr dazu bereits gelernt habt.

3 Fertigt während der Arbeit mit diesem Kapitel eine **Wandzeitung** oder **Lernplakate** (→ **V7**) von der Heimat Jesu an und sammelt dazu Fotos und Texte. Fügt auch eine kleine **Landkarte** mit ein, die ihr von S. 224 oder einem Atlas kopieren könnt.

1. Das Land

L In **Galiläa** begann Jesus sein öffentliches Wirken. Hier predigte er zuerst vom Reich Gottes (→ S. 124 ff.), hier berief er seine Jünger und vollbrachte wunderbare Taten. So wurde Galiläa die **Heimat des Evangeliums.**

Der Jordan

GALILÄA

Am See Gennesaret: Jonatan, ein Fischer und Bauer, erzählt von sich

Ich bin Jonatan, der Sohn des Jona. Meine Heimatstadt Magdala liegt in **Galiläa**. Von Beruf bin ich Fischer und auch Bauer. Was ich für mich und meine Familie brauche, das verdiene ich mit meinem Boot und meinem Acker. Im See Gennesaret gibt es viele Fische, aber auch manchen Sturm. Auf meinem kleinen Acker ernte ich ein paar Früchte und etwas Weizen. Leider wächst da auch viel Unkraut. Vor allem ärgere ich mich über die Dornen und Disteln, die kaum auszurotten sind.

Wir Galiläer stehen in Jerusalem nicht im besten Ruf. Weil wir mit vielen „Heiden" zusammenleben, spricht man verächtlich vom „heidnischen Galiläa". Tatsächlich gibt es hier ganze Städte, die hauptsächlich von Nichtjuden bewohnt sind, so auch die Hauptstadt Tiberias.

Wir Galiläer lieben unsere Freiheit über alles und kämpfen tapfer gegen die römische Herrschaft. Da bleibt uns nichts anderes übrig, als auch manchmal Gewalt anzuwenden. Den einen oder anderen Römer haben meine Freunde schon umgebracht, als sich eine Gelegenheit dazu ergab. Die Römer fürchten uns, obwohl sie uns tausendfach überlegen sind. Für manche Leute bedeutet der Ausdruck „Galiläer" nichts anderes als „Räuber", „Mörder" oder „Terrorist".

In diesen Tagen macht ein Mann aus unserem Städtchen Nazaret mit dem Allerweltsnamen Jesus, der Sohn einer gewissen Mirjam (lateinisch: „Maria"), auf sich aufmerksam. Er kann ausgezeichnet reden, ist auch sympathisch, und was er jetzt so lehrt, das haben wir noch nie gehört. Er lehnt aber jede Gewalt ab. Damit kommt er bei uns nicht gut an.

A

1 Zur Heimat gehört viel:
- Das Land, in dem wir leben
- die Eltern, Geschwister und Verwandte
- die Leute in unserer Nähe
- Sitten und Gebräuche
- ...

2 Entweder: **Male drei Dinge**, die zu deiner Heimat gehören, und schreibe kurz dazu, warum sie dir wichtig sind.
Oder: Ergänze den Satz**: Heimat ist für mich wie ...**

3 Es gibt heute sehr viele **Leute, die nicht das Glück haben, in ihrer Heimat leben können**. Nennt Beispiele und versucht darzustellen, wie sie sich fühlen.

4 Eine **Karte** zu Galiläa: → S. 224

Die wieder errichtete Synagoge von Kafarnaum, 4. Jahrhundert n. Chr. Sie steht über einer älteren Synagoge aus der Zeit Jesu.

SAMARIA

In dem kleinen Ort Sychar nahe dem Jakobsbrunnen: Michal spricht von sich und ihren Leuten

Ich bin Michal, eine Frau aus **Samaria**. Lieber wäre ich woanders zur Welt gekommen, weil wir Samariter nirgends beliebt sind. Aber nun lebe ich hier und ich liebe meine Heimat. Mit meiner ersten Ehe hatte ich kein Glück. Mein Mann hat sich immer wieder mit anderen Frauen herumgetrieben. Da ich oft allein war, haben die Männer mir schöne Augen gemacht, und dann bin ich immer wieder auf sie hereingefallen. Alle Leute aus dem Ort haben mich darum verachtet. Aber ausgerechnet ein Jude hat verständnisvoll mit mir gesprochen und mich von meiner Schuld befreit. Er heißt Jesus und muss ein großer Prophet sein.

An sich haben wir mit den Juden ein Problem. Wir sind für sie keine richtigen Juden. Schlimmer noch: bei ihnen ist der Ausdruck „Samariter“ ein böses Schimpfwort. Warum? Weil sich unsere Vorfahren mit heidnischen Völkern vermischt haben und weil unsere Männer auch heute manchmal nichtjüdische Frauen heiraten. Das passt den superfrommen Priestern in Jerusalem nicht. Sie halten uns für unrein. Wir dürfen den Tempel von Jerusalem nicht betreten.

Weil wir auch an einem heiligen Ort zu Gott beten wollen, haben wir uns auf unserem Berg Garizim einen kleinen Tempel gebaut. Er liegt da, wo schon unser Stammvater Jakob Gott ein Opfer dargebracht hat (Gen 35,4; → S. 56).

Vor einigen Jahren haben wir uns einmal richtig an den Juden gerächt. Da haben unsere Männer auf dem Tempelplatz in Jerusalem Totengebeine verstreut und so den heiligsten Ort der Juden entweiht. Das gab eine riesengroße Aufregung. Bis heute haben sie uns das nicht verziehen. Na ja, das kann ich sogar verstehen.

L **Samaria** ist eine Gegend am östlichen Mittelmeer zwischen Galiläa im Norden und Judäa im Süden. Die damaligen Juden hatten eine gewisse **Abneigung gegen die Leute aus Samaria**. Jesus hat diese Abneigung nicht geteilt und aus dem Schimpfwort „Samariter“ für alle Zeiten ein leuchtendes Beispiel für die Lehre von der Nächstenliebe gemacht (Lk 10,25–37; → S. 128 f.). Ein ungewöhnliches Zeichen setzte er damit, dass er unbefangen mit einer **Frau aus Samaria** sprach, die in keinem guten Ruf stand, weil sie schon fünf Männer hatte (Joh 4,1–42)

!

Garizim: heiliger Berg der Samariter, Ort ihres Tempels

Magdala: kleiner Ort in Galiläa, Heimat der Maria von Magdala (→ S. 108)

Michal: jüdischer Frauenname

Sychar und Jakobsbrunnen: Ort in Samaria, wo sich der Stammvater Jakob, der Sohn des Isaak und der Rebekka, gern aufgehalten hat (→ S. 56)

Landschaft mit dem Berg Garizim in Samaria

A

1 Wer kann eine Szene vom **Wirken Jesu in Galiläa** erzählen?

2 Jesus hat eines seiner schönsten **Gleichnisse** über einen **Mann aus Samaria** erzählt: → Lk 10,25–37; → S. 129. Arbeitet heraus, was dieser getan hat und warum Jesus ihn so stark heraushebt. Was meint ihr wohl, warum Jesus als Hauptperson für sein Gleichnis ausgerechnet einen Samariter gewählt hat? Überlegt euch, was ein Priester aus Jerusalem dazu hätte sagen können. Ihr könnt das Gleichnis auch mit einigen Personen spielen. Anregungen dazu: → V9.

3 Eine **Karte zu Samaria**: → S. 224.

L **Judäa** ist das Stammland des Volkes Israel. In der Hauptstadt **Jerusalem** stand zur Zeit Jesu der Tempel, der religiöse Mittelpunkt der Juden. Jesus kam im Lauf seines Lebens mehrfach nach Jerusalem. Hier starb er am Kreuz. Von hier aus erging die Botschaft von seiner Auferstehung in alle Welt. Hier empfingen seine Jünger am Pfingstfest den Heiligen Geist.

A
1 Nennt zwei **biblische Szenen aus dem Alten oder Neuen Testament**, die in Jerusalem spielen.
2 Was meint ihr: Warum lieben **Juden, Christen** und **Muslime** Jerusalem bis auf den heutigen Tag?

JUDÄA UND JERUSALEM

In Jerusalem: Zacharias, ein Schriftgelehrter, berichtet

Ich bin Zacharias, ein Schriftgelehrter. Geboren bin ich in **Betlehem**, einer bedeutenden Stadt in **Judäa**, in der unser größter König David (→ S. 66 ff.) geboren wurde. Darauf sind wir besonders stolz. Ein altes Prophetenwort gibt uns die Hoffnung, dass dereinst der Messias in unserer Stadt geboren wird.
Als mich mein Vater zum Studium nach **Jerusalem** schickte, war ich noch jung. Aber ich bin gern gegangen. Denn Jerusalem ist einzigartig schön. Hier habe ich bei den ehrwürdigen Pharisäern (→ S. 102 f.) die heiligen Schriften meines Volkes kennen gelernt. Nichts macht mir mehr Freude, als diese Schriften noch besser zu verstehen. Darum studiere ich sie jeden Tag, solange es nur geht. Ein paar Stunden muss ich allerdings auch in meinem kleinen Laden stehen, wo ich Geschirr, Töpfe, Eisen- und Silberwaren verkaufe, um das nötige Geld für meine große Familie zu verdienen. Ich muss nämlich eine Frau und sechs Kinder ernähren. Und das Leben ist hier teuer.
Wir Juden lieben Jerusalem wie keine andere Stadt. Wir sind stolz auf ihre lange Geschichte. An ihrem Anfang steht der König David (→ S. 66 f.). Er eroberte hier eine uralte Stadt der Jebusiter und machte sie zur Hauptstadt seines neuen Reiches. Unter seinem Sohn Salomo entstand hier der großartige **Tempel**, der das zentrale Heiligtum unseres Volkes wurde. Er wurde mehrfach zerstört und wieder aufgebaut. Im heutigen Tempel werden Gott Tiere geopfert und Gebete gesprochen. Aber in seinem Vorhof wird auch gefeilscht und geschachert. Bis heute ist er für uns der sichtbare Ort für die Verehrung Gottes, der selbst unsichtbar ist. Die Ägypter, Griechen und Römer haben viele Tempel. Weil es aber nur einen Gott gibt, haben wir Juden auch nur einen Tempel. Hierhin kommen jüdische Wallfahrer aus aller Welt.

Links: Blick auf den Ölberg mit dem Garten Getsemani
Rechts: Via dolorosa, d. h. Schmerzensstraße, Kreuzweg Jesu

Jerusalem – heilige Stadt für drei Religionen

Ester: Für uns **Juden** ist Jerusalem heilig, weil David die Stadt zur Hauptstadt unseres Volkes gemacht hat. Hier haben Juden gelebt, gebetet, geopfert, gelitten und gelernt. Seit 1948 ist Jerusalem die **Hauptstadt des modernen jüdischen Staates Israel**.

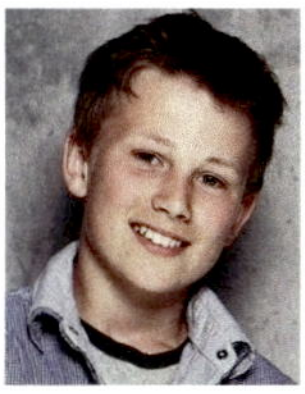

Lucas: Für uns **Christen** ist Jerusalem heilig, weil Jesus hier gewirkt hat. Auf dem Zion, einer Anhöhe in Jerusalem, feierte er das Abendmahl und am Ölberg betete er im Garten Getsemani. Durch die heutige Via Dolorosa (lateinisch: „Schmerzensstraße") führte nach alter Überlieferung sein Weg auf den Hügel Golgota, der Stätte seiner Kreuzigung und seiner Auferweckung (→ S. 136 ff.).

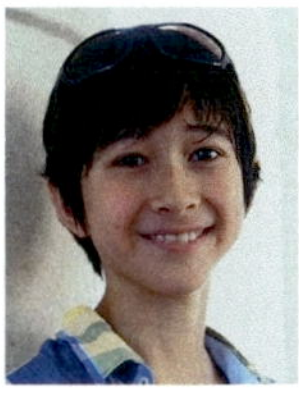

Mesut: Für uns Muslime (→ S. 198 ff.) ist Jerusalem heilig, weil nach einer alten Überlieferung von hier aus Mohammed (→ S. 202 f.) in den Himmel aufgestiegen ist. Darum befinden sich hier nach Mekka und Medina die wichtigsten Heiligtümer der Muslime, vor allem der großartige Felsendom und die ehrwürdige Al-Aksa-Moschee.

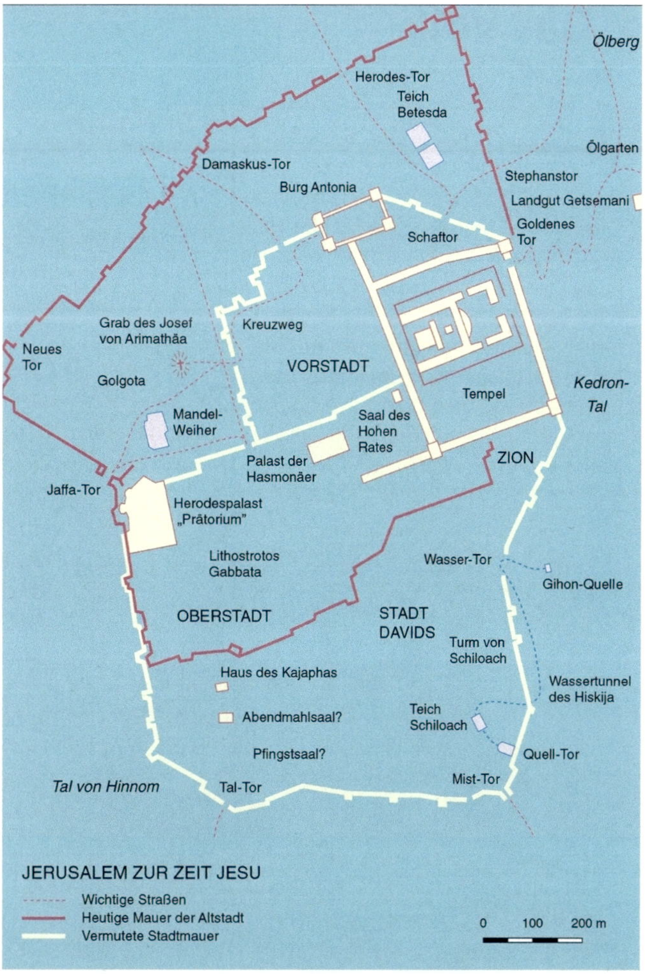

Grabeskirche Jesu in Jerusalem

2. Das Volk

L **Jesus** war **Jude**. Er lebte vor 2000 Jahren im Land der Juden und sprach und **betete** in der Sprache seines Volkes. Seine **Mutter**, seine **Familie** und seine Freunde waren Juden. Wie alle jüdischen Jungen wurde er wenige Tage nach seiner Geburt **beschnitten**. Er freute sich auf den wöchentlichen **Sabbat** und die jüdischen **Feiertage** im Jahresverlauf. Bei Rabbinen seiner Zeit lernte er die Geschichten und Gebete seines Volkes kennen.

Religion

Im Religionsunterricht

Jesus hatte wahrscheinlich einen guten **Religionsunterricht** in Galiläa. Da könnte sein **Rabbi** (hebräisch: mein Lehrer, Meister) folgende Themen behandelt haben:

1. Stunde: Gott – Das wichtigste Thema

Die **Schüler** *fragen: Wer ist das eigentlich – Gott?*

Der **Rabbi**: Niemand ist für uns Juden wichtiger als Gott. Er hat uns und die ganze Welt geschaffen und das Volk Israel wunderbar durch gute und schwere Zeiten geführt. Wir glauben, dass **Gott** einzig, ewig, unsichtbar ist. Wir vertrauen darauf, dass er barmherzig ist und wie ein guter Vater hilft. Von ihm dürfen wir uns kein Bild machen und seinen Namen (JHWH, → S. 62) nicht aussprechen. Wir sollen Gott aus ganzem Herzen lieben und den Nächsten wie uns selbst.

2. Stunde: Das einzigartige Buch

Die **Schüler** *fragen: Was ist denn sonst für uns Juden besonders wichtig?*

Der **Rabbi**: Das Wichtigste neben Gott ist für uns Juden die **Tora**. Das Wort **Tora** bedeutet Lehre und Weisung. Sie ist das Gesetz Gottes, das uns von unserem großen Lehrer Mose (→ S. 58 ff.) am Berg Sinai gegeben worden ist. Damals erwählte Gott uns zu seinem besonderen **Volk**.

Zur Tora gehören die Zehn Gebote, das Gebot der Gottes- und Nächstenliebe und viele Bestimmungen für die Feste und den Alltag. Neben der Tora haben wir Juden noch **andere verehrungswürdige Schriften**, z. B. die Bücher der Könige, Rut, die Propheten und die Psalmen (→ S. 67, 80).

3. Stunde: Unser Land

Die **Schüler** *fragen: Warum nennen wir unser Land „heilig"?*

Der **Rabbi**: Das **Land**, in dem wir Juden wohnen, ist uns heilig, weil es unseren Stammvätern Abraham (→ S. 50 ff.), Isaak und Jakob von Gott selbst versprochen und ihnen und ihren Nachkommen gegeben wurde.

4. Stunde: Wie Juden leben

Die **Schüler** *fragen: Welche Bräuche sind für unser Volk typisch?*

Der **Rabbi**: Seit den Tagen Abrahams lassen wir unsere neugeborenen Jungen an der Vorhaut ihres Gliedes beschneiden. Die **Beschneidung** ist ein Zeichen dafür, dass wir in einem besonderen **Bund** mit Gott leben. Ohne sie kann kein männliches Wesen Jude sein. Für unsere Mahlzeiten haben wir eigene Speiseregeln. Wir sollen **koscher** essen. So dürfen wir Schweinefleisch, Hasen und manche Fischsorten nicht essen. Auch dürfen wir Milch- und Fleischspeisen nicht bei einer Mahlzeit zu uns nehmen.

5. Stunde: Feste und Feiern

Die **Schüler** *fragen: Was sollten wir über unsere Feste wissen?*

Der **Rabbi**: Wir Juden halten den **Sabbat**, den siebten Tag der Woche, von jeder Arbeit frei, weil Gott bei der Schöpfung am siebten Tag ruhte. Am Sabbat soll Ruhe von den Lasten des Alltags sein. Da soll jeder Zeit für Gott und die Familie haben.

Im Lauf des Jahres feiern wir viele **Feste**, z. B. **Pessach** (→ S. 63, 133), das an die Befreiung des Volkes Israel aus der Knechtschaft Ägyptens erinnert oder **Schawuoth** (Pfingsten), ein Fest der Erstlingsfrüchte und der Erinnerung an die Verkündigung der Zehn Gebote. **Yom Kippur**, der Tag der großen Versöhnung, ist seit langem unser höchster Feiertag. Er leitet die hohen jüdischen Feiertage ein.

6. Stunde: Synagoge und Tempel

Die **Schüler** *fragen: Wir gehen oft in die Synagoge, wissen aber nicht viel darüber.*

Der **Rabbi**: Wir Juden treffen uns regelmäßig zum Gottesdienst und zur Lektüre der Tora in der **Synagoge**. Überall, wo Juden leben, gibt es Synagogen. Sie sind oft bescheiden, weil viele Gemeinden für prächtige Gebäude kein Geld haben. In der Synagoge werden die Torarollen aufbewahrt, aus denen am Sabbat vorgelesen wird. Den Gottesdienst leiten wir Rabbinen. Wir sind keine Priester. Priester gibt es nur im Tempel von Jerusalem (→ S. 96). Manchmal fordern wir in der Synagoge am Sabbat Gäste auf, ein paar Worte zur Bibellesung zu sagen.

7. Stunde: Ein Blick in die Zukunft

Die **Schüler** *fragen: Was erwarten wir Juden von der Zukunft?*

Der **Rabbi**: Wir Juden hoffen für die Zukunft auf das **Königreich Gottes** (→ S. 125 ff.), das anders ist als jedes weltliche Reich. Wenn Gott als König herrscht, wird es keine Gottlosigkeit mehr geben und das jüdische Volk wird nicht mehr leiden. Gott wird seine Gerechtigkeit auf der ganzen Erde durchsetzen. Alle Gewalt wird von einem dauerhaften Frieden abgelöst Dieses Reich wird der **Messias** (→ S. 116) herbeiführen, wie es die Propheten verheißen haben.

A

1. Überlegt, welche Antworten des Rabbi **auch ein christlicher Religionslehrer/eine Religionslehrerin** geben könnte, welche nicht.
2. Jesus hat ganz sicher auch in seinem **Elternhaus,** vor allem von seiner Mutter **Maria,** viel über seine jüdische Religion gelernt. Informiert euch näher dazu: → S. 106.
3. Erzähle von einer **Religionsstunde**, die dir besonders in Erinnerung geblieben ist.
4. Was fällt euch auf, wenn ihr den Betenden auf dem Bild von **Chagall** näher betrachtet?

Marc Chagall (1887–1985), Der Betende mit Torarolle in der Synagoge, 1934/35

Ein Geschichtsbuch informiert

Das römische Weltreich

Die römischen Kaiser

Zur Zeit Jesu erstreckte sich das **Römische Reich** über weite Teile Europas, Vorderasiens und Nordafrikas. Die **Römer** konnten es errichten, weil ihre Legionen fremde Gebiete eroberten und diese zu römischen Provinzen machten. Seit **Augustus** (31 v. Chr.–14 n. Chr.) hatte dieses Reich zum ersten Mal einen Kaiser, der der mächtigste Mann der damaligen Welt war. Er und sein Nachfolger **Tiberius** (14–37 n. Chr.) herrschten in Rom zu der Zeit, als Jesus lebte.

Kaiser Augustus, römische Statue, 14 n. Chr.
Auf seiner Rüstung sind seine Siege in Spanien und Gallien symbolisch dargestellt.
Der Kaiser erscheint hier als vergöttlichter Herrscher, dem Verehrung und Anbetung zustehen.

Die jüdische Provinz

Das Land der Juden war zur Zeit Jesu nicht mehr frei. Die Römer hatten es erobert und hielten es als **Besatzungsmacht** fest im Griff. Im Jahr 63 v. Chr. hatte diese unglückliche Zeit mit einem ungeheuerlichen Vorfall begonnen. Damals hatte der römische Feldherr **Pompejus** (106–48 v. Chr.) das Land erobert. Er schockierte alle Juden damit, dass er als Römer etwas tat, was nicht einmal einem Juden erlaubt war. Er betrat das Allerheiligste des Tempels in Jerusalem, das nur der jüdische Hohepriester (→ S. 104) einmal im Jahr betreten durfte. Pompejus vermutete, dass die Juden im Tempel Schätze oder Waffen versteckt hätten. Aber der Raum war völlig leer. Nicht einmal ein Gottesbild fand er hier, wie es für die Tempel der Griechen und Römer selbstverständlich war. Er wusste nicht, dass es den Juden verboten war, ein Bild von Gott anzufertigen (→ S. 64.). Die Juden hassten von diesem Tag an die Römer, weil sie ihren Tempel geschändet und ihnen die Freiheit genommen hatten. Viele dachten darüber nach, wie sie die römische Zwangsherrschaft abschütteln könnten.

Cäsarea am Meer (Rekonstruktionsmodell), eine Hafenstadt, die von Herodes dem Großen für den Cäsar (»Kaiser«) Augustus erbaut wurde. Zur Stadt gehören römische Tempel, Theater und Wasserleitungen.

Die Herrschaft in den Provinzen

Die Machthaber im Land der Juden

Die Römer setzten in Judäa **Könige** ein, mit deren Hilfe sie leicht ihre Macht ausüben konnten. Mehrere von ihnen trugen den Namen **„Herodes“** Diese Könige kamen aus Idumäa, der Landschaft südlich von Judäa. Die Idumäer waren mit den Juden zwar verwandt, galten ihnen aber als Ausländer. **Herodes I.** (73–4 v. Chr), der in der Weihnachtserzählung eine böse Rolle spielt, war wegen seiner Grausamkeit höchst unbeliebt. Er ließ einige seiner vielen Frauen umbringen.
Seit 6 v. Chr. unterstand Judäa den **Statthaltern** (lateinisch: „Prokuratoren“) der römischen Kaiser. Ihre Residenz lag in Cäsarea in Samaria (→ S. 95). Sie hatten dafür zu sorgen, dass im Land Ruhe und Ordnung herrschten sowie die vorgeschriebenen Steuern an die Römer gezahlt wurden.

Bronzemünze, die Kaiser Vespasian prägen ließ. Die lateinische Aufschrift lautet: Judaea capta, d. h. das Land der Juden ist erobert.

Jesus von Nazaret

Jesus selbst spielte zu seiner Zeit auf der politischen Weltbühne keine Rolle. Er war nur bei einigen Juden bekannt, gehörte aber auch dort nicht zu den Mächtigen oder Prominenten. Da gaben andere den Ton an. Als **Quirinius** (um 6 v. Chr; → S. 118) römischer Statthalter in Syrien war, wurde Jesus geboren. Von **Pontius Pilatus**, einem späteren Statthalter von Judäa (26–36 n. Chr.; → S. 135), wurde Jesus zum Tode verurteilt.

Stein mit der einzig bekannten inschriftlichen Erwähnung des Pontius Pilatus (Mitte). Gefunden 1961 im Theater von Cäsarea. Der rekonstruierte lateinische Text lautet: „Für die Seeleute ließ Pontius Pilatus, Präfekt von Judäa, das Tiberieum (Leuchtturm) wiederherstellen.“

Ausschnitt aus dem Titusbogen in Rom, der nach der Zerstörung Jerusalems im Jahr 70 von den Römern als Zeichen ihres Triumphs errichtet wurde. Römische Soldaten tragen den siebenarmigen Leuchter („Menora“) als Beutestück nach Rom. Die Juden haben diese Niederlage nie vergessen. Juden sind nie durch den Titusbogen gegangen.

!
Legion: Römische Heereseinheit mit 3000–6000 Soldaten
Provinzen: eroberte Gebiete unter römischer Herrschaft außerhalb Italiens

L

- **Jesus** hatte unter den **Pharisäern** gute Freunde. Keiner Gruppe stand er mit seinen Lehren so nah wie den Pharisäern. Aber er hat diejenigen, die selbstgerecht, hartherzig oder unbarmherzig waren, heftig kritisiert.
- Nach dem Tod Jesu kam es zu einem heftigen Streit zwischen den jüdischen Anhängern Jesu und den Pharisäern. Die Christen konnten nicht verstehen, dass die Pharisäer Jesus nicht als den Messias (→ S. 116) ansahen. Die Pharisäer konnten nicht verstehen, dass die Christen die Gültigkeit der ganzen Tora bestritten (→ S. 153). In der Zeit dieser Auseinandersetzungen entstanden die **vier Evangelien** (→ S. 114). Aus der Hitze des damaligen Streits erklärt es sich, dass die **Pharisäer** in diesen Schriften oft **ungerecht** beurteilt werden. Nun kamen vor allem ihre Fehler und Schwächen in den Blick, während ihre guten Seiten in den Hintergrund traten. Christen wissen heute, dass sie den Pharisäern damit Unrecht getan haben.
- Den Pharisäern ist es zu verdanken, dass sich das Judentum durch alle schweren Zeiten hindurch **erhalten** hat.

Jüdische Gruppen

ROM EXPRESS

Zeitung im Römischen Reich*

Preis: 2 As

15. Januar 783 nach der Gründung der Stadt Rom

Die Pharisäer – Die Frommen im Land

*Die Redaktion vom „**Rom Express**" hat den jüdischen Journalisten Joseph ben Elisa gebeten, für unsere Leser über die Pharisäer zu schreiben. Hier sein Bericht:*

Eine beachtliche Gruppe

Die Pharisäer bilden zur Zeit die vielleicht lebendigste religiöse Gruppe im Land der Juden. Diese Männer, die selbst keine Priester sind, wohl aber meist eine ausgezeichnete Bildung haben, üben großen Einfluss auf die kleinen Leute aus. Viele von ihnen sind selbst einfache Leute: Handwerker, Kaufleute oder Bauern. Oft haben sie eine große Familie mit vielen Kindern zu versorgen. In den Synagogen von Galiläa und Judäa leiten sie den Gottesdienst. Obwohl sie nicht reich sind, spenden sie den Zehnten ihrer Einnahmen für einen guten Zweck. Weil sie den Kindern das Lesen und Schreiben beibringen, sind sie bei vielen Eltern hoch geschätzt. Von den Leuten werden sie voll Respekt mit dem Titel „Rabbi" , d.h. „Meister" oder „Lehrer", angesprochen. Manchmal werden sie auch „Schriftgelehrte" genannt.

Die Tora

Im Mittelpunkt ihres Lebens steht die **Tora** (→ S. 98). Ein vergleichbares Buch gibt es bei anderen Völkern nicht. Für alle Juden ist die Tora das heilige Buch, das die guten Weisungen Gottes enthält. Für die Pharisäer ist die genaue Beachtung der Tora das Lebensglück. Auf diejenigen, die die vielen Bestimmungen der Tora nicht so genau befolgen wie sie selber, schauen einige mit Hochmut herab.

Das hebräische Wort „Pharisäer" bedeutet wahrscheinlich **„Abgesonderte"**. Sie sondern sich von solchen Leuten ab, die

* Im alten Rom gab es zwar schon Zeitungen. Der Romexpress und die folgenden Texte wollen daran erinnern, stammen aber aus unserer Zeit. Die Zeitangabe bezieht sich auf das Jahr 753 v. Chr., in dem die Stadt Rom gegründet worden sein soll. 783 nach Gründung der Stadt ist dann in unserer Zeitrechnung das Jahr 30 n. Chr.

religiös gleichgültig sind, ungerecht leben oder Gewalt anwenden.
Die Pharisäer glauben an die Auferstehung der Toten, an die Engel, an das Kommen eines Retters, den sie Messias nennen, und an die Herrschaft Gottes über die ganze Welt.
Auf die Römer sind sie nicht gut zu sprechen. Sie leiden darunter, dass ihr Volk unfrei ist und dass die Juden hohe Steuern zahlen müssen. Am liebsten sähen sie es, wenn die römischen Soldaten wieder da wären, wo sie hergekommen sind. Trotzdem lehnen sie es ab, gegen die Römer Gewalt anzuwenden.

Im Streit der Meinungen

Für manche Leute ist das Wort „Pharisäer" ein Schimpfwort. Man hält sie für Heuchler, die sich über andere erheben, ohne die eigenen Fehler zu bemerken. Man sagt, sie seien Leute, die sich selbst für gerecht halten und zu sehr nur auf Kleinigkeiten achten.
Zweifellos gibt es unter den Pharisäern einige, die diesem Zerrbild entsprechen. Aber alles in allem ist diese Kritik ungerecht. Denn viele Pharisäer lieben Gott aus ganzem Herzen und den Nächsten wie sich selbst.

Joseph ben Elisa, Jerusalem

Synagogengottesdienst mit Pharisäern

A

1 Fasst zusammen, wie die Pharisäer im **„Rom Express"** dargestellt werden, und gebt an, ob ihr etwas Neues über die Pharisäer erfahren habt.
2 Im Neuen Testament ist mehrfach von **Freunden Jesu** die Rede, die gewiss oder wahrscheinlich Pharisäer waren. Stelle zusammen, was die Bibelstellen Joh 3,1f. und Lk 23,50f. über die Pharisäer sagen.
3 Lest das Gleichnis (→ S. 125) vom **Pharisäer und Zöllner**, das Jesus einmal erzählt hat (Lk 18,10–14). Beschreibt das Bild, das Jesus hier von einem Pharisäer entwirft und legt dar, warum er dessen Verhalten kritisiert. Zeigt, dass es diese Schwächen auch im Christentum gibt und begründet, warum man die Kritik Jesu an diesem Pharisäer nicht auf alle anderen Pharisäer übertragen darf.

L

- Solange **Jesus** in Galiläa wirkte, hatte er mit den **Sadduzäern** nicht viel zu tun. Erst als er in Jerusalem einzog, den Tempel säuberte und harte Worte über den Tempel sagte, schritten sie gegen ihn ein. Vor allem Sadduzäer waren es, die von Pilatus das **Todesurteil** über Jesus forderten (→ S. 135).
- **Jesus** hat die Anwendung von Gewalt, wie sie die **Zeloten** befürworteten, immer abgelehnt. Von Jesus stammt das Wort: „Wenn dich einer auf die rechte Wange schlägt, dann halt ihm auch die andere hin" (Mt 5,39). Er hat sogar geboten, die Feinde zu lieben. Für eine solche Forderung waren die Zeloten nicht zu haben. Doch hat auch Jesus auf kraftvolle Zeichen nicht verzichtet, so z. B., wenn er den Tempel von den Händlern reinigte und sogar duldete, ihn König zu nennen. Unter den Zwölfen gehörten Simon (nicht Petrus; Lk 6,15) gewiss und Judas vielleicht zu den Zeloten.

ROM EXPRESS

Zeitung im Römischen Reich

Preis: 2 As

29. Januar 783 nach der Gründung der Stadt Rom

Sadduzäer – Die mächtige Priesterkaste

Weil der Bericht des Joseph ben Elisa über die Pharisäer in Rom gut aufgenommen wurde, ist er von der Redaktion des „Rom Express" auch um einen Bericht über andere jüdische Gruppen gebeten worden. Hier seine Ausführungen:

Während die Pharisäer eher zum einfachen Volk gehören, bilden die Sadduzäer die Oberschicht im Land. Ihre Zahl ist klein. Die meisten wohnen in Jerusalem und sind dort in einflussreichen Positionen tätig. Viele verfügen über einen gewissen Reichtum. Ihr Name leitet sich – niemand weiß, warum – von „Zadok" ab, einem Oberpriester aus den Tagen Salomos, von dem die Bibel kaum etwas sagt.

Viele von ihnen wirken als Priester im Tempel zu Jerusalem. Aus ihrer Mitte wird der **Hohepriester** gewählt. Dieser steht an der Spitze des **Hohen Rates („Synhedrium")**, des obersten Gerichts der Juden.

Die Sadduzäer üben ihre Macht mit Billigung der **Römer** aus. Sie sind bereit, sich mit ihnen zu verständigen, so lange diese die religiösen Einrichtungen der Juden nicht allzu sehr antasten. Wenn sie merken, dass radikale Juden gegen Rom einen Aufstand planen, widersetzen sie sich, da sie im Land Ruhe und Ordnung haben wollen. Beim Volk sind sie wegen ihrer Zusammenarbeit mit den Römern verhasst.

Sitzung des Hohen Rates

A

1. Zeigt an zwei bis drei Merkmalen, wie sich die Pharisäer, Sadduzäer und Zeloten **unterscheiden**.
2. Auch heute gibt es in vielen Teilen der Welt Terroristen, die meinen, durch **gewaltsame Aktionen** politische Ziele erreichen zu können. Welche Beispiele kennt ihr? Wie steht Jesus zu ihnen?

Zeloten – Terroristen oder Freiheitskämpfer?

Die meisten **Zeloten** kommen aus Galiläa (→ S. 94). Ihr Name bedeutet „wilder Kämpfer" oder sogar „Terrorist". Sie selbst sehen sich als **Freiheitskämpfer** an, die die religiöse Pflicht haben, ihr heiliges Land auch mit Gewalt von den Römern zu befreien. Dafür werden sie von vielen Juden hoch geschätzt. Dagegen sind die Zeloten für die Römer die gefährlichsten Leute im Land. Manche von ihnen zahlen dem römischen Kaiser keine Steuern, tragen oft einen Dolch im Gewand und töten im Getümmel des Marktes oder auf einer einsamen Straße plötzlich römische Soldaten oder solche Juden, die mit den Römern zusammenarbeiten. Darum heißen sie bei den Römern **„Sikarier** (lateinisch: „Dolchleute"). Zeloten, die ihnen in die Hände fallen, werden ans Kreuz geschlagen.

Centurio Titus überwacht die Kreuzigung des Zeloten Jochanan.

Zöllner – Die schamlosen Betrüger

Die Römer sind bei den meisten Juden unbeliebt. Sie haben den Juden nicht nur die Freiheit genommen, sie wollen aus dem armen Land auch viel Geld pressen. Die römischen Besatzer treiben aber nicht selber die Steuern ein, sondern lassen dies durch Juden tun, damit sie selbst nicht allzu sehr in die Kritik geraten. Ihre Helfer sind die jüdischen Zöllner. Diese können von den Römern einen bestimmten **Zollbezirk** gegen Höchstgebot ersteigern. Für diesen haben sie jährlich eine bestimmte Pachtgebühr an den römischen Statthalter zu zahlen. Dafür erhalten sie das Recht, in ihrem Bezirk die Zölle zu kassieren. So können sie an Landesgrenzen, Wegen und Brücken Wegegeld erheben oder Nahrungsmittel wie Fleisch, Fische, Salz, Öl und Wein besteuern. Selbst Sklaven und manchmal sogar Kinder müssen verzollt werden. Oft verlangen die Zöllner erheblich mehr, als sie brauchen, um den Römern die Pacht zu bezahlen. Der Überschuss fließt in ihre eigenen Taschen. An den Zollstationen gibt es oft Streit, wenn die Zöllner falsche Gewichte benutzen oder den Warenwert zu hoch ansetzen.

Es liegt auf der Hand, dass die Zöllner bei den Juden unbeliebt sind. Sie gelten als Betrüger, Räuber und Diebe. Wegen ihrer ständigen Kontakte mit Nichtjuden sind sie „unrein". Wer ihr Haus betritt oder mit ihnen spricht, bringt sich selbst in ein schiefes Licht. So sind die Zöllner reich und arm zugleich.

Joseph ben Elisa, Jerusalem

L

- Das Verhalten **Jesu** gegenüber den **Zöllnern** war höchst auffällig.
- Unter seinen zwölf engsten Vertrauten war **Matthäus** (auch Levi genannt), ein Zöllner. Dafür hatten viele Leute damals kein Verständnis.
- Seine **Mahlzeiten** mit Zöllnern brachten Jesus bei den Super-Frommen ins Gerede. Sie sahen ihn da in schlechter Gesellschaft. Bei manchen verlor er seinen guten Ruf.
- Dass er in einem **Gleichnis** (→ S. 125) ausgerechnet einen verachteten **Zöllner** mit einem anerkannten **Pharisäer** verglich, war schon eine kleine Sensation. Das stellte die übliche Einstellung der Leute geradezu auf den Kopf.

A

1 Lest noch einmal Lk 18,10–14. Erfindet dann selbst ein **Gleichnis**, in dem ein **Zöllner einen Pharisäer** beschreibt. Ein Perspektivenwechsel ist dabei behilflich (→ M1). Zu den Gleichnissen informiert euch → S. 125.

2 Eine aufregende Szene ist das **Treffen Jesu mit dem Zöllner Zachäus** (Lk 19,1–10). Beschreibt, was hier geschieht, und erklärt, warum es ungewöhnlich ist. Die Szene eignet sich auch gut für einige **Standbilder** oder ein **Rollenspiel**: → V9.

3 **Alle Gesellschaften haben ihre „Zöllner"**. Das sind Leute, denen man nichts Gutes zutraut, weil sie einen schlechten Ruf haben. Sucht einige Beispiele von „Zöllnern" bei uns, in deren Nähe man sich besser nicht sehen lässt. Stellt dar, wie man mit ihnen umgehen sollte, wenn man dem Beispiel Jesu folgt.

3. Personen um Jesus

Die Mutter

Johannes, der Lieblingsjünger Jesu, erzählt von Maria

Gerbrand van den Eeckhout (1621–1674), Maria mit dem Kind, um 1635–1637

Johannes hatte gute Beziehungen zur Mutter Jesu. Darum fragten ihn die Leute, die die Mutter Jesu nicht mehr persönlich kannten, oft nach ihr. Ihnen könnte er Folgendes gesagt haben:

Die Mutter Jesu heißt Maria. Das hebräische Wort „**Mirjam**" bedeutet vielleicht „Seherin", „Herrin". Eine Herrin war sie eigentlich nicht, im Gegenteil. Sie war sehr bescheiden und zu allen Menschen gut. Sie war eine einfache jüdische Frau. Manche Leute nehmen an, ihre Eltern hätten Anna und Joachim geheißen. Verheiratet war sie mit einem Mann namens **Josef**, der Zimmermann war. Die beiden wohnten in der unbedeutenden Stadt Nazaret in Galiläa.

Maria war etwa 14–15 Jahre alt, als Jesus geboren wurde, also in dem Alter, in dem viele jüdische Frauen ihr erstes Kind bekamen. Sie hat Jesus so erzogen, wie auch andere jüdische Mütter ihre Kinder erziehen. Vor allem hat sie in ihm den Glauben an Gott grundgelegt und ihm zuerst von der Geschichte des jüdischen Volkes erzählt (→ S. 48 ff.). Von Maria hat Jesus die Psalmen (→ S. 67, 80) und andere jüdische Gebete gelernt. In ihrem Haus wurden die Speiseregeln der Tora (→ S. 98) eingehalten. Sie achtete darauf, dass für die ganze Familie der Sabbat der schönste Tag in der Woche war. Auf die jüdischen Feste haben sich immer alle gefreut, weil sie diese so wunderbar gestalten konnte. Sie war es auch, die zusammen mit Josef ihrem Sohn Jerusalem, die heilige Stadt, gezeigt hat. An ihrem Tun hat Jesus ablesen können, dass das Gebot der Gottes- und Nächstenliebe das Hauptgebot ist.

Zusammen mit Maria stand ich unter dem Kreuz, wo Jesus uns beide in seiner Todesstunde bat, füreinander zu sorgen. Das war für mich ein heiliger Auftrag, den ich gern erfüllt habe. Sie wurde von Anfang an von den Jüngern Jesu hochverehrt. Ich vermute, dass ihr Ansehen weiter steigen wird. Denn Christinnen und Christen in aller Welt glauben, was sie in einem ihrer Lieder sang: „Der Herr hat Großes an mir getan" (Lk 1,49).

Duccio di Buoninsegna (1255–1318), Maria und Josef finden Jesus im Tempel, 1308–1311

Jesus – Ein ungewöhnliches Kind

Die Eltern Jesu zogen wohl jährlich zum Pessachfest nach Jerusalem. Auf dem Rückweg verloren sie einmal ihren gerade zwölfjährigen Sohn aus den Augen, vermuteten ihn zuerst irgendwo in der Pilgergruppe, suchten ihn eine Zeit lang ergebnislos und gingen schließlich voller Sorgen nach Jerusalem zurück, um ihn da aufzuspüren. Sie fanden ihn an einem ganz und gar besonderen Ort.

46 Nach drei Tagen fanden sie Jesus im Tempel; er saß mitten unter den Lehrern, hörte ihnen zu und stellte ihnen Fragen.
47 Alle, die ihn hörten, waren erstaunt über sein Verständnis und seine Antworten.
48 Als seine Eltern ihn sahen, waren sie sehr betroffen, und seine Mutter sagte zu ihm: Kind, wie konntest du uns das antun? Dein Vater und ich haben dich voll Angst gesucht.
49 Da sagte er zu ihnen: Warum habt ihr mich gesucht? Wusstet ihr nicht, dass ich in dem sein muss, was meinem Vater gehört?
50 Doch sie verstanden nicht, was er damit sagen wollte.
51 Dann kehrte er mit ihnen nach Nazaret zurück und war ihnen untertan. Seine Mutter bewahrte alles, was er gesagt hat, in ihrem Herzen.
52 Jesus aber wuchs heran und seine Weisheit nahm zu und er fand Gefallen bei Gott und den Menschen.

aus dem Evangelium nach Lukas 2,46–52

A

1 Zum Bibeltext: → M2. Dieser **Bibeltext** erzählt wichtige Dinge über Jesus und Maria. Um ihn zu verstehen, könnt ihr euch **folgende Fragen** stellen: Wo spielt die Erzählung? Welche Personen kommen vor? Was ist der wichtigste Satz Jesu, was die wichtigste Aussage über ihn? Was ist der wichtigste Vers zu Maria? Wie würden eure Eltern reagieren, wenn ihr auf einer Reise ohne Ankündigung einfach nicht mitkommt?

2 Stellt in einer Liste zusammen, welche **Orte, Straßen und Gebäude** in eurer **Umgebung** und in unserem **Land** an Maria, die Mutter Jesu erinnern. Und welche Mädchennamen?

3 Sucht **einige Bilder von Maria** und bringt sie in den Unterricht. Vergleicht die Bilder in der Klasse. Begründet, weshalb euch das eine Bild gut und das andere nicht gefällt.

L In früheren Zeiten verstand man unter „**Besessenheit**" schwere Schädigungen eines Menschen, die man bösen Geistern („**Dämonen**") zuschrieb, z.B. panische Angst, Fallsucht („Epilepsie"), auffällige Krankheiten, das Gefühl des Ausgeliefertseins u.a. Sie machten ein gutes Leben unmöglich und konnten von Ärzten nicht geheilt werden. Mit seinen Dämonenaustreibungen hat Jesus sichtbar die Mächte des Bösen bekämpft. Heute sieht man in diesen Erscheinungen oftmals seelische und körperliche Krankheiten, die andere Ursachen haben.

Frauen im Jüngerkreis Jesu

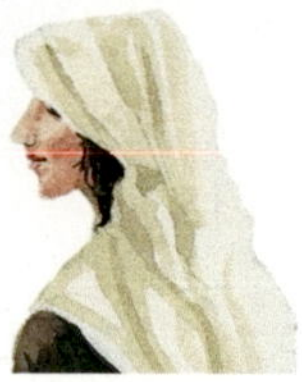

Maria von Magdala könnte so von Jesus erzählen

Die Heilung von sieben bösen Geistern

Ich heiße **Maria,** komme **aus Magdala** am See Gennesaret in Galiläa (→ S. 94) und werde deshalb oft „Magdalena" genannt. Jesus – das ist mein Leben. Ihm bin ich zusammen mit anderen Frauen auf seinen Wanderungen gefolgt. Für ihn habe ich gesorgt, wann immer es nötig war. Ich war ihm in Liebe verbunden. Das wird niemanden erstaunen – hat er mich doch, als wir uns zum ersten Mal trafen –, von meinem furchtbaren Leiden befreit. Die Leute sagten damals, ich sei von sieben bösen Geistern besessen. Kein Arzt hatte mir helfen können. Da kam Jesus. Er hat mich liebevoll angeschaut und mit einem kraftvollen Wort von meinem Leiden (→ S. 126 f.) befreit. Seitdem bin ich froh, zu leben und eine Frau zu sein. Seitdem gehöre ich ihm.

Die erste Erscheinung des Auferstandenen

Ich konnte Jesus deshalb auch in seiner schwersten Stunde nicht verlassen. Zusammen mit zwei anderen Frauen habe ich unter seinem Kreuz gestanden.

Jacopo Carucci (genannt Pontormo, 1494–1557), Jesus erscheint Maria von Magdala am Ostermorgen, 1531

Dann kam die vielleicht schönste Stunde meines Lebens. Am ersten Tag der Woche nach der Kreuzigung ging ich, als es noch dunkel war, zum Grab Jesu. Da sah ich, dass der Stein nicht mehr vor dem Grab lag. Sofort begann ich zu weinen, weil ich annahm, man habe seinen Leichnam gestohlen. Dann sah ich plötzlich wie in einem Traum in der Nähe des Grabes einen Mann, der wie ein Gärtner aussah. Ich fragte ihn, ob er den Leichnam Jesu fortgebracht habe. Der aber sprach nur ein Wort: „Maria". Am Klang seiner Stimme erkannte ich, dass es Jesus war. Ich konnte vor Schreck kaum sprechen und nur noch ein Wort herausbringen: „Rabbuni", d.h. „Meister". Dann hörte ich, dass er auferstanden war. Tief beglückt ging ich sofort zu seinen Jüngern, um ihnen von diesem Ereignis zu erzählen. So war ich die Erste, die das Evangelium von seiner Auferweckung verkündete (→ S. 138 f.).

A

1 Wenn ihr euch ein Lebensbild der Maria von Magdala machen wollt, könnt ihr folgende 4 Bibelstellen an 4 verschiedenen Schüler/innen verteilen: Lk 8,2 f.; Mt 27,55 f.; 27,61; 28,1. Sie lesen diese Stellen vor oder erzählen davon. So kann sich die Klasse ein Gesamtbild machen.

2 Die wichtigste Stelle ist Joh 20,11–18. Sie ist auf dieser Seite ausführlich erzählt. Wer traut sich zu, den Text des Evangelisten der Klasse laut vorzulesen: → V3.

Männer im Jüngerkreis Jesu

Steckbrief – Simon Petrus

Der römische Kaiser ***Nero*** *(54–68 n. Chr.) ließ im Jahr 64 die Stadt Rom in Brand setzen, weil er einmal etwas Besonderes erleben wollte. Um den Verdacht von sich abzulenken, machte er die in Rom lebenden Christen für den Brand verantwortlich. Damals mussten viele Christen sterben. Vielleicht ließ er auch Petrus, den Führer der jungen Kirche in Rom, mit einem* ***Steckbrief*** *suchen.*

Simon, ein Fischer aus Galiläa, schloss sich vor mehr als 30 Jahren einem gewissen Jesus aus Nazaret an, der viel von sich reden machte und die Schwiegermutter des Petrus geheilt hatte. Von seiner Frau ist nichts bekannt. Im Zwölferkreis um Jesus spielte er immer die Hauptrolle. Dieser Jesus machte sich später verdächtig, einen Aufruhr zu planen. Er wurde deshalb von unserem Prokurator Pontius Pilatus zum Tod verurteilt und gekreuzigt.
Simon, der auch nicht anders einzuschätzen ist, wurde von Jesus zum Chef der Jesusbewegung ernannt. Er erhielt von ihm den aramäischen Namen „Kephas", der im Griechischen **„Petrus"** lautet und „Fels" bedeutet. Dieser gefährliche Name besagt, dass Simon hart wie ein Felsen ist. Dabei kann er durchaus schwach werden. In den dramatischen Stunden vor der Kreuzigung Jesu zeigte er sich einmal verschlafen und dreimal vor jungen Mägden (→ S. 135) als Feigling. Seitdem hat er sich aber wieder geändert. Er bedauerte sein Vergehen und konnte der Sprecher der Zwölf bleiben, die den engsten Kreis um Jesus bilden. Heute hat er in Rom und in allen christlichen Gemeinden ein entscheidendes Wort mitzureden. Wenn wir ihn fassen könnten, wäre die christliche Brut rasch am Ende.

Eine alte Legende um Petrus

Petrus wollte damals aus Rom fliehen, weil er Angst vor dem Tod hatte. Auf der Via Appia (lateinisch: „Appische Straße") kam ihm Jesus entgegen. Petrus fragte ihn: „Herr, wohin gehst du?" (lateinisch: „Quo vadis?"). Jesus antwortete: „Ich gehe nach Rom, um mich dort ein zweites Mal kreuzigen zu lassen, da mein Stellvertreter aus der Stadt flieht." Sofort wurde Petrus klar, dass er sich von den anderen Christen nicht entfernen durfte. Er kehrte nach Rom zurück, wo er verhaftet und zum Tod verurteilt wurde. Seine Henker bat er darum, mit dem Kopf nach unten gekreuzigt zu werden, weil er nicht würdig sei, den gleichen Tod zu sterben wie sein Meister.

L

- Jesus hatte ständig eine größere Anzahl Schüler um sich, die wegen ihres Alters oft **„Jünger"** genannt werden.
- Zum inneren Kreis seiner Gemeinschaft bestimmte Jesus die **„Zwölf"**, die meist „die **Apostel**" (griechisch: „Abgesandte") genannt werden, obwohl es mehr als nur zwölf Apostel gab. Die Gruppe der „Zwölf" sollte ein Zeichen sein. Wie die zwölf Stämme das Volk Israel bilden (→ S. 56), so wollte Jesus mit den Zwölfen seine neue Gemeinschaft aufbauen.

Die „Zwölf"

- Simon (Petrus, d. h. der Fels)
- Andreas
- Jakobus der Ältere,
- Johannes
- Philippus
- Bartholomäus
- Matthäus
- Thomas
- Jakobus (der Sohn des Alphäus)
- Simon der Zelot
- Judas (der Sohn des Jakobus)
- Judas Iskariot

A

1 Erzählt, was ihr von einzelnen **Aposteln** schon wisst, und informiert euch weiter über sie (→ V2).
2 Zur Deutung einer **Legende**: → M2a.

Masaccio (1401–1428), Kreuzigung des Petrus, 1426

Was wir können

Wissen

1 Ein wichtiger Ort

Wenn ihr das Silbenrätsel richtig löst, ergeben die Buchstaben der gefundenen Wörter, die in Klammern stehen, einen Ort, an dem im Leben Jesu viel geschehen ist. Alle Wörter kommen in diesem Kapitel vor. Tragt die Lösung nicht in das Arbeitsbuch, sondern in euer Religionsheft ein.

a – a – da – dä – dan – des – er – he – jor – ju – jus – la – lo – ma – mag– pe – pe – pha – pom – ri – ri – ro – sä – ten – trus – ze

1. Fluss, an dem sich Jesus taufen ließ (1)
2. Der Erste im Zwölferkreis (2)
3. Die Mutter Jesu (3)
4. Landschaft in der Heimat Jesu (2)
5. Religiöse jüdische Gruppe zur Zeit Jesu (6)
6. Geburtsort einer Frau aus dem Kreis Jesu (2)
7. Fanatische terroristische Gruppe (3)
8. Idumäerkönig (2)
9. Römischer Feldherr, der die Juden schockierte (3)

2 Wer oder was?

Jakobsbrunnen
Jordan
Tiberius
Maria
Zeloten
Sadduzäer
Samaria
Maria von Magdala
Tora
Josef
Jesus
Gennesaret
Kajaphas
Herodes
?
Hoher Rat
Judäa
Pharisäer
Petrus
Zöllner
Pilatus
Pessach
Galiläa
Jerusalem

3 Jerusalem – eine Stadt, drei Religionen

Wiederholt, warum **Jerusalem** heute den Juden, den Christen und den Muslimen heilig ist. Nennt den Fachausdruck für diese drei Religionen, die alle an den einen Gott glauben.

4 Die „Zwölf“

Erzählt, was ihr von einzelnen Männern aus dem Kreis der „Zwölf“ wisst, z.B. von Petrus, Johannes oder Judas Iskariot.

Anwenden – Urteilen – Handeln

5 Frauen in den Evangelien

- Aufgaben nicht nur für Mädchen: Wer liest freiwillig je einen der folgenden Texte laut vor (→ V3) und sagt kurz, wie sich Jesus zu den erwähnten Frauen verhält.

– Jesus trifft im Haus eines Pharisäers (→ S. 102) eine Frau, die als **öffentliche Sünderin** gilt. Sie salbt ihm die Füße, küsst ihn und erregt damit den Unwillen der Gastgeber (Lk 7,36–50).
– Jesus **lernt von einer Frau** (Mk 7,25–30)
– Jesus führt ein Gespräch mit einer **Frau aus Samaria** (Joh 4,1–42, → S. 95)
– Jesus verteidigt eine **Frau**, der von den Männern wegen **Ehebruchs** die Steinigung angedroht wird (Joh 8,1–11).

6 Der auffällige Umgang Jesu mit Frauen

- Erklärt, warum es in der damaligen **Zeit auffallen** musste**, dass Jesus Frauen in seinem Gefolge hatte** und mit den Frauen besonders freundlich umging.
- Was meint ihr, was Jesus **heute über die Stellung der Frauen und Mädchen** in Familie, Schule und Kirche sagen würde?

7 Neil Armstrong in Jerusalem

Der amerikanische Astronaut Neil Armstrong (1930–2012), der 1969 als erster Mensch seinen Fuß auf den Mond setzte, kam einmal in die Altstadt von Jerusalem zum Tempelberg. Er fragte seinen israelischen Begleiter, ob hier auch Jesus früher gegangen sei. Dieser antwortete, Jesus sei ein frommer Jude gewesen und deshalb gewiss öfter hierhin gekommen. Darauf sagte Armstrong: „Ich finde es viel aufregender, diese Steine zu betreten als den Mond.“

- Erkundigt euch, wie die erste **Mondlandung** verlief und welche Worte Armstrong auf dem Mond sprach.
- Warum war es für Armstrong noch aufregender, sich auf den Wegen Jesu zu befinden als auf dem Mond?
- Überlegt, ob man sich auf den Wegen Jesu **nur im Heiligen Land** bewegen kann.
- Sucht Beispiele dafür, wer sich auf den Wegen Jesu bewegt und wer nicht.

8 Die Jesus-Bewegung

Die Frauen und Männer im Jüngerkreis Jesu waren durch seinen gewaltsamen Tod erschüttert. Als sie zu der Überzeugung kamen, dass er lebt und von den Toten auferweckt worden war (→ S. 108, 138), schöpften sie zwar neuen Mut, traten aber nicht an die Öffentlichkeit. Das änderte sich schlagartig an Pfingsten (→ S. 99). Die Jünger Jesu begannen begeistert und mit viel Schwung einen neuen Weg. Sie verkündeten die frohe Botschaft und gewannen so viele Anhänger, dass sich das Christentum von den kleinsten Anfängen zur größten Religion der Welt ausdehnte. So wurde Pfingsten (von griechisch: „fünfzig“ Tage nach Ostern) auch zum Geburtstag der Kirche (→ S. 168 ff.).

1 Als der Pfingsttag gekommen war, befanden sich alle
am gleichen Ort. 2 Da kam plötzlich vom Himmel her
ein Brausen, wie wenn ein heftiger Sturm daherfährt
und erfüllte das ganze Haus, in dem sie waren. 3 Und es
erschienen ihnen Zungen wie von Feuer, die sich verteilten; auf jeden von ihnen ließ sich eine nieder. 4 Alle
wurden mit dem Heiligen Geist erfüllt und begannen
in fremden Sprachen zu reden, wie es der Geist ihnen
eingab. 5 In Jerusalem aber wohnten Juden, fromme
Männer aus allen Völkern unter dem Himmel. 6 Als
sich das Getöse erhob, strömte die Menge zusammen
und war ganz bestürzt; denn jeder hörte sie in seiner
Sprache reden. 7 Sie gerieten außer sich vor Staunen
und sagten: Sind das nicht alles Galiläer, die hier reden? 8 Wieso kann sie jeder von uns in seiner Muttersprache hören? … 12b Die einen sagten zueinander:
Was hat das zu bedeuten? 13 Andere aber spotteten: Sie
sind vom süßen Wein betrunken.

aus der Apostelgeschichte 2,1–8.12b–13

- **Sturm und Feuerzungen** – überlege, was bei den Jüngern „weggefegt“ wird und wofür sie nun „Feuer und Flamme“ sind.
- **„Geist“** und **„Geistesgegenwart“** – was meinen die Wörter (1) in unserer Sprache und (2) im Zusammenhang mit Pfingsten?
- Zeige auf, (1) was der „Geist“ einer Familie oder Klasse ist und (2) was sich ereignet, wenn **Gottes Geist** die Menschen erfüllt.
- Das **Bild** ist eines der ältesten Bilder zum Fest Pfingsten. Die zwölf Apostel und Maria, die Mutter Jesu, in ihrer Mitte befinden sich nicht in einem Haus in Jerusalem, sondern auf einem Berg, auf dem viele Pflanzen in die Höhe streben. Das dunkle, sichelförmige Feld deutet eine Höhle an. Vermute, was der Maler mit dieser Darstellung zum Ausdruck bringen wollte.

Rabbula-Evangeliar (ein Buch mit Evangelientexten für den Gottesdienst), Pfingsten, Syrien, 586

6 Jesus von Nazaret –

1

3

2

4

Eine unendliche Geschichte

Was wir lernen

NEUN SCHWERPUNKTE des LUKASEVANGELIUMS	
	1 Die Verkündigung an Maria
	2 Die Geburt Jesu in Betlehem
	3 Die Gleichnisse vom Reich Gottes
	4 Die Wunder – Zeichen vom Reich Gottes
	5 Liebe – Der Maßstab im Reich Gottes
	6 Das Abendmahl
	7 Der Leidensweg Jesu
	8 Der Kreuzestod Jesu
	9 Die Botschaft von der Auferstehung Jesu

- **Jesus von Nazaret** steht im Mittelpunkt des christlichen Glaubens. Er steht auch im Mittelpunkt des Religionsunterrichts. In diesem Kapitel werdet ihr euch intensiv mit ihm befassen. Dabei folgt ihr **Lukas**, dem Verfasser des dritten Evangeliums. Er erzählt von wichtigen Stationen seines Lebens besonders anschaulich. Zugleich erschließt ihr euch, was diese Stationen **für euren Glauben und für euer Leben** bedeuten.
- Ihr könnt aus den einzelnen Abschnitte des langen Kapitels **drei Einheiten** bilden und diese zu unterschiedlichen Zeiten behandeln, so die erste Einheit (Schwerpunkt 1–2) in der **Advent- und Weihnachtszeit**, die zweite Einheit über (3–5) **im Verlauf des Jahres**, die dritte Einheit (6–9) in der **Fasten- und Osterzeit**.
- Ein anderer **Vorschlag – Teamarbeit**:
  - Die **Malfreunde** fertigen Plakate oder eine Wandzeitung (→ **V7**) an, auf der die neun Szenen aus dem Lukasevangelium zu sehen sind.
  - Die **Schreibfreunde** ergänzen neun passende Texte des Evangelisten in schöner Schrift. Die Texte können auch in eigene Worte gefasst sein, besonders wichtige Worte sind hervorgehoben, wofür ihr verschiedene Farben wählen könnt.
- Vieles könnt ihr besser verstehen, wenn ihr das **2. und 5. Kapitel** zuerst kurz wiederholt.

1 Sucht die Bilder in diesem Kapitel, zu dem die hier gezeigten **Bildausschnitten** passen. Erzählt, was ihr jetzt schon von dem, was sie zeigen, wisst. Was ist euch sonst aus dem Leben Jesu bekannt?

2 Wiederholt, was ihr schon von einigen der abgebildeten **Personen** gelernt habt: → S. 108 f.

1. Lukas – ein origineller Schriftsteller

L

- **Jesus** lebte und wirkte vor ca. 2000 Jahren im heiligen Land, vor allem in **Galiläa** und **Judäa**. Bald nach seinem ungewöhnlichen Leben kamen Christen auf den Gedanken, das, was sie von Jesus wussten, aufzuschreiben. Diese Schriften heißen „**Evangelien**" (→ S. 38).
- Das griechische Wort „**Evangelium**" bedeutet „Frohe Botschaft" oder „Gute Nachricht." Die Evangelien sind die frohe Botschaft von Jesus. Es gibt vier **Evangelien**. Sie sind zwischen 70 und 100 entstanden. Ihre Verfasser heißen **Matthäus, Markus, Lukas und Johannes**.
- Die Geschichte Jesu ist eine „**unendliche Geschichte**", weil sie sich vom Himmel bis zur Erde, von Gott zu den Menschen, vom Gestern zum Heute bis in alle Ewigkeit erstreckt

A

1 Lukas schreibt nicht nur (1) einen **Tatsachenbericht**, wie eine verlässliche Zeitung eine Nachricht meldet, sondern (2) eine **Frohe Botschaft von Gott und seinem Reich**, in der wunderbare Ereignisse verkündet werden. Überlege, wozu folgende Sätze gehören: Tatsachenbericht oder Frohe Botschaft?

- Als Jesus geboren wurde, herrschte in Rom der Kaiser Augustus.
- Die Mutter Jesu heißt Maria.
- Der Engel Gabriel kündete Maria die wunderbare Geburt eines Kindes an, das der Sohn Gottes ist.
- Jesu Heilung eines besessenen Jungen ist ein Zeichen für das Reich Gottes.
- Jesus starb am Kreuz wie ein Verbrecher.
- Der damalige römische Statthalter hieß Pontius Pilatus.
- Im Grab Jesu saßen zwei Männer (Engel) mit leuchtenden Gewändern.

Bilde auch selbst ähnliche Sätze.

2 Nennt und deutet einige **Symbole** aus eurer Alltagswelt. Zur Sprache der **Symbole**: → S. 78 f..

Mein Name ist Lukas

Ich heiße Lukas, bin vor gut 2000 Jahren geboren, spreche ausgezeichnet die damalige Weltsprache Griechisch und habe in guten Schulen die Kunst des Redens und Schreibens gelernt. Auch vom Arztberuf verstehe ich einiges.

Das Wichtigste, das ich je erlebt habe, war der Kontakt mit Christen, die sich zum Glauben an Jesus von Nazaret bekennen. Für sie steht fest: Er ist der Sohn Gottes. Sie waren begeistert von Jesus, glaubten an ihn und berichteten, dass er das Reich Gottes verkündete, die Liebe zum Merkmal seines Lebens machte, am Kreuz starb und am dritten Tag von Gott zu neuem Leben erweckt wurde. Nur im Blick auf die **Auferstehung** ist das Evangelium entstanden.

Das, was ich von diesen Leuten gehört habe, war mir nicht genug. Ich wurde neugierig und habe darum in dem Land, in dem Jesus gelebt hat, die Freunde Jesu aufgesucht, die ihn noch selbst erlebt hatten. Dabei habe ich vieles über Jesus herausgefunden. Selbst ein paar ältere Schriften waren da noch vorhanden, aus denen ich Neues über Jesus erfahren konnte.

Um das Jahr 80 nach Christus – so die neue schöne Zeitrechnung, die es damals noch nicht gab – habe ich selbst eine Schrift über Jesus verfasst. In ihr habe ich alles verarbeitet, was ich gefunden habe. Dabei drücke ich manches anders aus, als es bei euch 2000 Jahre später üblich ist. Ich schreibe so, dass es meine Leserinnen und Leser in der griechisch-römischen Welt verstehen können. Meiner Schrift habe ich den Titel „**Evangelium**" gegeben. Markus war der Erste, der ein Evangelium verfasst hat, ich habe aber auch keinen treffenderen Titel gefunden. Um so mehr freue mich darüber, dass mein Evangelium nun schon seit 2000 Jahren ein Bestseller ist.

Mein Problem beim Schreiben

Beim Schreiben hatte ich ein großes Problem. Ich musste über eine wunderbare Person erzählen, die sozusagen in zwei Welten lebte: Jesus gehört in gleicher Weise **zur Welt der Menschen** und zur **Welt Gottes**.

- Über **Jesus, den Mann aus Nazaret**, habe ich alles aufgeschrieben, was ich von verlässlichen Leuten erfahren habe. Meine Schrift nennt die Namen seiner Verwandten, Freunde und Orte, wo er sich aufgehalten hat. Ich erwähne die mächtigen Männer, die damals jeder fürchtete, an die heute aber nur noch wenige denken. Ich führe viele Worte an, die Jesus selbst gesprochen hatte. Alles das habe ich so aufgeschrieben, wie es in ein **Geschichtsbuch** gehört.
- Dieser Mann aus Nazaret ist zugleich der **Sohn Gottes**. Das glaube ich mit meinem ganzen Herzen. Aber das kann niemand mit seinen Augen sehen oder mit seinem Verstand beweisen. Über diesen Glauben muss man anders schreiben als für ein Geschichtsbuch. Aber wie? Da gibt es schon einige Möglichkeiten.

– Ich spreche von Jesus oft in einer **symbolhafte Sprache**. **Symbole** (→ S. 78) sind Zeichen, die auf etwas anderes hinweisen und einen tieferen Sinn haben. So ist heute die **Rose** nicht bloß eine x-beliebige

Pflanze oder eine Ware auf dem Markt, sondern ein Symbol für die Liebe zwischen Mann und Frau. Eine **Taube** ist nicht nur ein Vogel, sondern ein Symbol für den Frieden. Wenn ich von „**Himmel**“ spreche, meine ich nicht die Welt über den Wolken, die heute von Raumfahrern und Satelliten erforscht wird, sondern die unsichtbare Welt Gottes. Wer das Evangelium verstehen will, muss diese Sprache der Symbole verstehen.

- Ich spreche von **Wundern**. Jeder weiß, dass nur Gott Wunder wirken kann. Sie zeigen – manchmal auch **symbolhaft** – wie Gott in unserer Welt durch Jesus wirkt. Wenn ich darauf aufmerksam machen will, dass wir auf Jesus in allen Stürmen des Lebens vertrauen dürfen, dann erzähle ich eine Geschichte, in der Jesus einen wilden Sturm stillt. Ein Blinder ist für mich nicht nur ein Mensch, der nichts sehen kann, sondern auch einer, der seinen Blick nicht auf Gott richten kann. Wenn ich von einer Totenerweckung schreibe, so meine ich, dass Gott durch Jesus allen Menschen unvergängliches Leben schenkt.
- In meinem Evangelium kommen auch mehrfach „**Engel**“ vor. Sie sind die Boten Gottes, die feierlich verkünden oder deuten, was Gott uns über Jesus zu sagen hat. Sie sprechen über etwas zu unseren Herzen, das unsere Augen oft nicht sehen können.

Mein Evangelium möge auch von euch verstanden werden und euch **zum Glauben an Jesus** führen. Dazu werde ich euch jetzt durch dieses Kapitel führen.

Meister des Augustineraltars, Lukas malt die Muttergottes, 1487

L

- Lukas informiert über Jesus einerseits nüchtern und sachlich, wie es **Reporter** oder **Geschichtsschreiber** tun müssen, die über Tatsachen informieren.
- Er erzählt über Jesus andererseits in einer wunderbaren Sprache, wie es die **Dichter** versuchen, wenn sie etwas Wichtiges darstellen, was sich nicht so leicht in der Alltagssprache sagen lässt. Er benutzt eine heilige Sprache der **Symbole** und **Zeichen.**

2. Die Kindheitserzählung

L **Erster Höhepunkt im Lukasevangelium**: Ein **Engel** verkündet Maria, einer unverheirateten jüdischen Frau, sie werde ein Kind zu Welt bringen, das das Volk Israel erneuern soll. **Es kommt in einmaliger Weise von Gott.** Was der Engel von diesem Kind sagt, ist noch nie von einem Menschen gesagt worden.

Geheimnisvoller Anfang

Lukas: Das jüdische Volk wurde im Lauf seiner Geschichte oft durch Feinde unterdrückt oder in die Verbannung geführt. Es wurde bedroht, geschmäht und ungerecht behandelt. Aber immer wieder hofften die Juden auf Gottes Hilfe. Viele warteten darauf, dass Gott ihnen einen Retter sende, der von den Propheten angekündigt worden war. Er sollte das Volk von allem Leid befreien. Sie nannten diesen Retter oft den „**Messias**" (hebräisch: „Gesalbter"; griechisch: „Christus"). Die Juden glauben, dass der Messias dieselbe Würde und Hoheit hat wie Könige und Propheten, die oft für ihr Amt „gesalbt" wurden.

Von dieser Hoffnung muss man wissen, wenn man den Beginn meines Evangeliums verstehen will. Dazu führe ich meine Leser nach **Nazaret**, ein unbedeutendes Dorf in Galiläa, wo – zunächst unbemerkt von der Welt – Großes geschieht. Was ich davon erzähle, kann man nicht wie ein alltägliches Ereignis im Geschichts- oder Biologiebuch beschreiben. Ich erzähle in geheimnisvoller Sprache (→ S. 114f.), wie es zugeht, wenn Gott auf unerwartete Weise zu den Menschen kommt.

Duccio di Buoninsegna (um 1255–1319), Die Verkündigung, 1308–1311.
Zum Verständnis des Bildes: → M3. Welche Einzelheiten des Bildes könnt ihr erkennen? Beschreibt den Raum, in dem das Geschehen gezeigt wird (Größe, Farbe, Gliederung). Diskutiert auch die Frage, ob es so in Nazaret aussah. Maria und Gabriel – Wie unterscheiden sie sich (Kleidung, Blicke, Haltung, Hände, Kopfneigung)? Was halten sie in einer Hand? Erklärt auch, worauf die Blumenvase mit den Lilien hinweist.

Maria

26 Im sechsten Monat wurde der Engel[1] Gabriel[2] von Gott in eine Stadt
in Galiläa[3] namens Nazaret
27 zu einer Jungfrau gesandt. Sie war mit einem Mann namens Josef
verlobt, der aus dem Haus Davids[4] stammte. Der Name der Jungfrau
war Maria[5].
28 Der Engel trat bei ihr ein und sagte: Sei gegrüßt, du Begnadete, der
Herr ist mit dir.
29 Sie erschrak über die Anrede und überlegte, was dieser Gruß zu bedeuten habe.
30 Da sagte der Engel: Fürchte dich nicht, Maria; denn du hast bei Gott
Gnade gefunden.
31 Du wirst ein Kind empfangen, einen Sohn wirst du gebären: dem
sollst du den Namen Jesus geben.
32 Er wird groß sein und Sohn des Höchsten genannt werden. Gott, der
Herr, wird ihm den Thron seines Vaters David[4] geben.
33 Er wird über das Haus Jakob[6] in Ewigkeit herrschen und seine Herrschaft wird kein Ende haben.
34 Maria sagte zu dem Engel: Wie soll das geschehen, da ich keinen
Mann erkenne?
35 Der Engel antwortete ihr: Der Heilige Geist wird über dich kommen
und die Kraft des Höchsten wird dich überschatten. Deshalb wird auch
das Kind heilig und Sohn Gottes genannt werden. ...[7]
38 Da sagte Maria: Ich bin die Magd des Herrn; mir geschehe, wie du es
gesagt hast. Danach verließ sie der Engel.

aus dem Evangelium nach Lukas 1,26–35.38

1 **Engel**: → S. 115
2 **Gabriel** (hebräisch: „Gott ist stark"), einer der wenigen Engel, von denen die Bibel namentlich spricht
3 **Nazaret** und **Galiläa**: → S. 94
4 **David**: der bedeutendste König in Israel (1000–961 v. Chr.): das Haus David war das Königtum in Israel: → S. 66 ff.
5 **Maria** (hebräisch: „Mirjam"): → S. 106
6 **Jakob**: der Vater von zwölf Söhnen, die die Stammväter der zwölf Stämme Israels wurden. Das Haus Jakob ist das ganze Volk Israel, das Judentum (→ S. 56)
7 Maria soll auch bei der Empfängnis und Geburt **Jungfrau** bleiben, weil sie die Mutter des Sohnes Gottes ist. Auf ihn verweist dieses Geheimnis des Glaubens, das in unserer alltäglichen Welt sonst nicht vorkommen kann.

Erinnert euch daran, welche Schritte zum Verständnis eines Bibeltextes möglich sind: → M2. Gemeinsam solltet ihr versuchen, das zu verstehen, was auf den ersten Blick unverständlich erscheint. Ihr könnt nach dem Ort und der Zeit, nach den Personen, der Situation und dem Geschehen fragen. Wichtig ist die Frage, in welche Zusammenhänge ihr den Text einordnen könnt und was der Text für euch heute bedeutet. Hilfen zum Verständnis des Textes wollen auch die Erklärungen sein.

Das Ave Maria

*Das **„Ave Maria"** (lateinisch: „Gegrüßet seist du, Maria") zählt neben dem Vaterunser (→ S. 81) weltweit zu den beliebtesten Gebeten der Christenheit. Den ersten Teil bilden 2 Verse aus dem Lukasevangelium: Lk 1,28 und 1,42. Der zweite Teil wurde im 14. Jahrhundert hinzugefügt, um die Hilfe Marias für die Gegenwart und in der Todesstunde zu erbitten.*

Gegrüßet seist du, Maria, voll der Gnade,
der Herr ist mit dir.
Du bist gebenedeit[1] unter den Frauen,
und gebenedeit ist die Frucht deines Leibes, Jesus.

Heilige Maria, Mutter Gottes,
bitte für uns Sünder
jetzt und in der Stunde unseres Todes.
Amen.

1 gebenedeit: gepriesen (von lateinisch: benedicere – etwas Gutes sagen)

A

1. Wer schreibt mit Hilfe der Klasse in zwei Spalten an die Tafel, was der Bibeltext von **Maria** und was von **Jesus** sagt? Arbeitet heraus, was diese Worte im Einzelnen bedeuten und warum ein **Engel** die Botschaft bringt.
2. Tragt das **„Gegrüßet seist du, Maria"** in schöner Schrift passend in zwei Farben in euer Religionsheft (→ V1) ein. Ihr alle solltet es auswendig kennen. Wer zeigt, dass er es kann?
3. Christen haben eine Gebetskette, die sie den **„Rosenkranz"** nennen. Während sie eine Schnur mit über 50 Perlen langsam durch ihre Finger gleiten lassen, beten sie bei jeder Perle das „Gegrüßet seist du, Maria" und denken dabei wie in einer **Meditation** (→ V11) an wichtige Stationen aus dem Leben Jesu und Marias. Wer kann einen Rosenkranz mitbringen und ihn erklären? Orientiert euch im **Gotteslob** (Nr. 4) oder im Internet über die unterschiedlichen **Arten** („Geheimnisse") und die dazugehörigen **Gesätze** des Rosenkranzgebets. Trage sie in dein Religionsheft (→ V1) ein.
4. Übt ein **Adventslied** ein, das zu der Verkündigung in Nazaret passt.

L **Zweiter Höhepunkt im Lukasevangelium**: Die Worte des Engels in Nazaret hatten Jesus als **Königskind** und **Messias** angekündigt. Aber die Geburt Jesu scheint im Gegensatz zu dieser Verheißung zu stehen. Er kommt als ein ärmliches **Krippenkind** zur Welt. Engel – die Boten Gottes – deuten, was damals geschehen ist. Das Kind ist der **Retter** und **Herr** der Menschen. In ihm wird **Gott** geehrt und den **Menschen** Frieden versprochen.

Ärmliche Geburt

Lukas: Auf die Ankündigung der wunderbaren **Geburt** folgt in meinem Evangelium die Erzählung von der Geburt Jesu. Die beiden Punkte, die mir hier wichtig sind, lassen sich am besten in Gegensätzen ausdrücken. Ich habe zu sagen versucht, (1) was vor etwa 2000 Jahren auf der **Erde** geschehen ist und (2) wie die Engel des **Himmels** das einmalige Geschehen in das rechte Licht setzen.

Die frohe Botschaft von der Geburt Jesu

1 In jenen Tagen erließ Kaiser Augustus[1] den Befehl, alle Bewohner des Reiches in Steuerlisten einzutragen.
2 Dies geschah zum ersten Mal; damals war Quirinius[2] Statthalter von Syrien.
3 Da ging jeder in seine Stadt, um sich eintragen zu lassen.
4 So zog auch Josef von der Stadt Nazaret in Galiläa[3] hinauf nach Judäa in die Stadt Davids, die Betlehem[4] heißt; denn er war aus dem Haus und Geschlecht Davids.
5 Er wollte sich eintragen lassen mit Maria, seiner Verlobten, die ein Kind erwartete.
6 Als sie dort waren, kam für Maria die Zeit ihrer Niederkunft,
7 und sie gebar ihren Sohn, den Erstgeborenen. Sie wickelte ihn in Windeln und legte ihn in eine Krippe[5], weil in der Herberge[6] kein Platz für sie war.
8 In jener Gegend lagerten Hirten[7] auf dem Felde und hielten Nachtwache bei ihrer Herde.
9 Da trat der Engel[8] des Herrn zu ihnen und der Glanz des Herrn umstrahlte sie. Sie fürchteten sich sehr,
10 der Engel aber sagte zu ihnen: Fürchtet euch nicht, denn ich verkünde euch eine große Freude, die dem ganzen Volk zuteil werden soll:
11 Heute ist euch in der Stadt Davids[4] der Retter geboren; er ist der Messias[9], der Herr.
12 Und das soll euch als Zeichen dienen: Ihr werdet ein Kind finden, das in Windeln gewickelt in einer Krippe liegt.
13 Und plötzlich war bei dem Engel ein großes himmlisches Heer, das Gott lobte und sprach:
14 Verherrlicht ist Gott in der Höhe und auf Erden ist Friede bei den Menschen seiner Gnade.

aus dem Evangelium nach Lukas 2,1–14

Hirte mit seinen Schafen in der Nähe von Betlehem

Erinnert euch an → **M2**. Lest zum Umgang mit dem Text auch: → S. 116 f. Wenn ihr euren Fragen an den Text richtet, solltet ihr Folgendes wissen:

1 **Kaiser Augustus** (31 v. Chr.–14 n. Chr.): erster Kaiser des großen Römischen Reiches: → S. 100
2 **Quirinius**: römischer Statthalter von Syrien; Stellvertreter des Kaisers, verantwortlich für die römische Politik im Vorderen Orient, von einer **Volkszählung** ist sonst nichts bekannt: → S. 101
3 **Nazaret** und **Galiläa**: → S. 94
4 **Betlehem**: Stadt in **Judäa**; Geburtsort des Königs **David**: → S. 96
5 Eine **Futterkrippe** wird zum Kindbett. Dass es eine solche in der Unterkunft gab, war nichts Ungewöhnliches, da damals Menschen und Tiere oft unter einem Dach lebten.
6 **Herberge:** Dass die Niederkunft in einem **Stall** erfolgt, wie es viele Weihnachtserzählungen nahelegen, sagt der Text nicht. Auch von **Ochs und Esel** ist nicht die Rede. Beide Tiere wurden wohl aufgrund eines Prophetenworts (Jes 1,3) später mit der Erzählung verbunden.
7 **Hirten**: wenig angesehene, arme Leute, die sich recht und schlecht von der Arbeit mit ihren Schafen ernährten; keine Schulbildung; oft kleine Halunken.
8 **Engel**: → S. 115
9 **Messias:** → S. 116

Eingang zur Geburtskirche in Betlehem

Grotte unter der Geburtskirche.
Hier soll Jesus geboren worden sein.

A

1 **Entweder**: Verfasse eine **Geburtsanzeige Jesu**, die du entweder an Freunde/Freundinnen schickst oder die in einer Zeitung erscheinen könnte. Welches Symbol (→ S. 78) passt dazu?
Oder: Informiere dich über den **Weihnachtsfestkreis** (→ S. 181) und gestalte kleine Bildzeichen („Icons") zu den einzelnen Festtagen.
2 Überlege, warum es Lukas wichtig ist, **Betlehem** als den Geburtsort Jesu zu nennen.
3 Entwickelt ein **Standbild** von Personen an der Krippe: → **V9**.

M3 Ein Bild sehen und deuten

Bilder im Religionsunterricht wollen euch das jeweilige Thema anschaulich machen oder erklären. Manche Bilder versteht ihr mühelos, andere sind euch eher fremd und unverständlich. Das gilt vor allem für Bilder, auf denen **Kunstwerke** zu sehen sind. Damit sich diese Bilder euch erschließen, solltet ihr sie nicht flüchtig, sondern langsam betrachten und einige Fragen an das Bild stellen.

Fragen an ein Bild

1. Die Frage nach dem **Künstler/Zeit**: **Wer** hat das Bild geschaffen? **In welcher Zeit** ist es entstanden? Die Frage kann bei Bildern wichtig sein, die in der Vergangenheit entstanden sind und Themen oder Gegenstände zeigen, die uns heute fremd sind, z.B. die Bekleidung, die Haartracht der Personen, die Form der Gebäude.
2. **Inhalt**: **Was** ist dargestellt? Welche Einzelheiten sehe ich? Was ist fremd und sollte erklärt werden? Bei religiösen Bildthemen könnt ihr oft fragen: Haben die Einzelheiten einen **symbolischen Sinn** (→ S. 78, 114 f.)? Was bedeuten z.B. die Sonne, Nacht, eine Krone, ein Heiligenschein, das Kreuz?
3. **Form**: **Wie** ist das Bild gestaltet? Dazu solltet ihr auf Aufbau, Größenverhältnisse, Vorder- und Hintergrund, Farben, Licht und Schatten, Schwerpunkte und Randerscheinungen, Wiederholungen und Gegensätze achten.
4. **Sinn**: **Welche Bedeutung** haben die Bildthemen? Wo kommt das Thema in unserem Leben, in der Geschichte, in der Bibel vor?
5. **Wirkung**: **Wie wirkt** das Bild auf mich? Wie finde ich das Bild? Kann ich mich in dem Bild wiederfinden? Obwohl sich diese 5. Frage oft rasch aufdrängt, sollte man die anderen Fragen in der Regel zuerst beantworten, um das Bild selbst und nicht nur seine Wirkung auf sich zu verstehen.

Bei den Antworten auf die ersten vier Fragen müsstet ihr euch in der Klasse meist einigen können. Bei der fünften Frage können die Antworten unterschiedlich ausfallen. Was dem einen gefällt, missfällt oft dem anderen.

Zwei Vorschläge zur Bilderschließung

- Es ist unmöglich, diese Fragen bei allen Bildern zu beachten. Auch an die Reihenfolge müsst ihr euch nicht halten. Hilfreich ist es, wenn ihr euch bei dem jeweils anstehenden Bild **prüft, welche Vorschläge euch weiterführen** und wie ihr die verschiedenen Fragen manchmal auf mehrere Schülerinnen/Schüler verteilt.
- Manche Antworten auf die Fragen zum Bildverständnis könnt **ihr selber** finden. Bei anderen Fragen solltet ihr eure **Lehrerin/euren Lehrer** fragen oder in einem Lexikon oder auch im **Internet** nachsehen.

Ein Beispiel

Duccio di Buoninsegna (1255–1319), Die Geburt Jesu, 1308–13011

Hinweise zum Bildverständnis

1. **Der Künstler und seine Zeit**: Der Maler dieses Bildes wird gewöhnlich nur **Duccio** (1255–1319; sprich: Dutschio) genannt. Mit seinem vollen Namen hieß er **„Duccio di Buoninsegna“** (italienisch: „Gutes Zeichen“, „Guter Wegweiser“). Er war schon zu seiner Zeit in Siena, seiner Heimatstadt in der Toskana, ein gefeierter Maler. Bis heute gilt er als einer der großen Künstler Italiens. Er malte vor allem religiöse Themen. Auffallend neu waren schon für seine Zeitgenossen der lebendige Ausdruck seiner Figuren und die reiche Farbigkeit. Andere Elemente seiner Malerei stehen noch in älteren Traditionen, so der goldene Hintergrund, das geringe Interesse an der Natur (Landschaften, Bäume, Tiere) oder die vielen Heiligenscheine. Die meisten Abbildungen in diesem Kapitel stammen von der „**Maesta**“ (italienisch: „Herrscherin“ – hier Maria), einem reich bebilderten Flügelaltar im Dom von Siena. Über 40 Bilder aus dem Leben Jesu sind hier zu sehen.
2. **Der Bildinhalt**: Im Mittelpunkt des Bildes sehen wir in einem **Gebäude** mit leichten Mauern und einem Giebeldach **Maria** in blauem Gewand mit Heiligenschein. Maria ruht auf einem roten Untergrund. Hinter ihr liegt das **Jesuskind** auf einer goldverzierten Krippe mit Gras, dahinter stehen ein roter **Ochs** und ein grauer **Esel**. Der finstere Hintergrund hat die symbolische Bedeutung, dass in früheren Zeiten das Licht, das Jesus brachte, gefehlt hat. Der kleine **Stern** über der Dachspitze sendet seine Strahlen in den Raum. Um das Gebäude herum sind – von unten halblinks im Uhrzeigersinn nach oben und dann nach unten halbrechts – 2 **Hebammen**, die das Kind in einem Bottich baden, darüber **Josef**, der als grauhaariger, bärtiger Alter mit Heiligenschein gemalt ist. Sein Alter und seine Position außerhalb des Raumes deuten darauf hin, dass er nicht der Vater des Kindes ist. Darum bleibt er draußen und ist als Greis dargestellt. Es folgen jeweils links und rechts 2 Gruppen mit je 7 **Engeln,** die in bunte Gewänder gekleidet sind. Ihre Blickrich-

tungen und Handhaltungen sind jeweils verschieden. Nur die Engel in der vorderen Reihe haben sichtbare Heiligenscheine. Die Engel befinden sich auf einem hohen Felsen, hinter dem sich ein goldener Grund erhebt. Der untere Engel (rechts) verkündet den beiden **Hirten** die Weihnachtsbotschaft, die auf einem Spruchband aufgezeichnet ist. Zu den Hirten gehören ein kleiner **Wachhund** sowie weiße und schwarze **Schafe**, die sich auf einer angedeuteten Wiese tummeln. Ganz oben in der Mitte sieht man einen kleinen blauen **Kreisausschnitt** mit Silberrand, sein Rest ist nicht mehr auf dem Bild zu sehen. Er ist ein Symbol **Gottes**, den man wegen des Bilderverbots (→ S. 64) nicht im Bild darstellen darf. Er waltet – kaum bemerkbar – über dem ganzen Geschehen.

Im Evangelium selbst sind Ochs und Esel ebenso wenig erwähnt wie die beiden Hebammen.

3 **Die Form des Bildes**: Das Bild hat seinen **Schwerpunkt mit dem Kind in der Mitte**. Die Ärmlichkeit der Geburt ist hier nicht dargestellt. Maria ist überproportional groß und mit kostbarem Gewand abgebildet. Im Mittelalter ist sie oft blau und rot gekleidet. Um dieses Zentrum gruppiert der Maler mehrere Szenen mit 20 Gestalten. Der **Hintergrund** des Raumes wird von unten aus nach oben immer heller und strahlender. Gottes Anwesenheit ist oben symbolisch angedeutet, aber er ist da, auch wenn man ihn nicht sehen kann. Davon zeugt auch der goldene Hintergrund, der ein Symbol für seine Herrlichkeit ist.

4 **Der Sinn des Bildes**: Das Bild zeigt **eine der wichtigsten Szenen aus dem Kindheitsevangelium des Lukas**: Jesu Geburt in Betlehem. Beteiligt an dem Geschehen sind Maria und Josef, Hirten und Hebammen, viele Engel. Seine Botschaft: von nun an lebt Jesus, der Sohn des Allerhöchsten, auf der Erde bei uns. Er wird uns aus der Dunkelheit des Lebens in das Licht Gottes und zum Frieden führen.

5 **Die Wirkung des Bildes**: Ob und wie das Bild gefällt, kann jeder nur für sich bestimmen.

Praktische Vorschläge zur Ergebnissicherung

- Manchmal ist es sinnvoll, ein Bild im Ganzen oder in Details, evtl. unterstützt von einer Kopiervorlage, **selbst zu malen/zeichnen**.
- Aus eurer Nachbildung könnt ihr ein **Puzzle** machen.
- Ihr könnt auch ein **Interview** mit dem Bild führen oder **einzelne Personen** wie Maria, Josef, einen Engel, einen Hirten oder eine Hebamme, sprechen lassen.
- Manche Details eines Bildes lassen sich außerdem nachstellen (**Standbild**) oder in einem **Rollenspiel** darstellen: → V 9.
- Das Bild bietet auch einen Anlass zu einer **Meditation**: → V 11.

Weihnachten heute

So?

Weihnachten in einer Großstadt

Euro-Weihnachten – Ein Mädchen zählt

Ich bin Erika.
Bald kommt Weihnachten.
Ich schenke Vati ein Buch zu 22,50 Euro.
Vati schenkt Michael
einen Tennisschläger zu 22,– Euro.
Michael schenkt Mutti
eine Blumenvase zu 19,50 Euro.
Mutti schenkt mir eine DVD
im Wert von 18,– Euro.
4,50 Euro muss ich noch bekommen.
Von wem?
Ich bin so gespannt auf Weihnachten.

frei aktualisiert nach Robert Gernhardt (1937–2006)

A

1 Erzählt, wie es bei euch zuhause zur **Vorbereitung** von Weihnachten und zum **Fest** selber zugeht.
2 Setzt eine **Zettellawine** zu der Frage in Gang: „Was uns an Weihnachten wichtig ist“: → **V6**.
3 Vergleicht **die beiden Gedichte** nach Robert Gernhardt und von Rolf Krenzer miteinander.

L

Kein Evangelist kannte den Tag, an dem Jesus geboren wurde. Im 4. Jahrhundert haben sich die Christen dafür entschieden, den **Geburtstag Jesu** auf den **25. Dezember** zu legen. An diesem Tag der Wintersonnenwende wurde damals das Hauptfest des römischen **Sonnengottes** gefeiert. Für die Christen nahm nun Christus als das wahre Licht der Welt seine Stelle ein.

Oder so?

Gemeinden laden in Saarbrücken Obdachlose und Arme zu Weihnachten ein.

Wann fängt Weihnachten an?

Wenn der Schwache
dem Starken die Schwäche vergibt,
wenn der Starke
die Kräfte des Schwachen liebt,
wenn der Habewas
mit dem Habenichts teilt.
…
wenn mitten im Dunkel
ein winziges Licht
Geborgenheit,
helles Leben verspricht,
und du zögerst nicht,
sondern du
gehst
so wie du bist
darauf zu,
dann,
ja, dann
fängt Weihnachten an.

Rolf Krenzer (1936–2007)

Die Geburt Jesu in Betlehem und in dir

Wird Christus tausendmal in Betlehem geboren,
Und nicht in dir, du bleibst doch ewiglich verloren.

Angelus Silesius (1624–1677)

Das Glück ist das einzige, das sich verdoppelt, wenn man es teilt.

Albert Schweitzer (1875–1965)

Was wir können

Wissen

1 Die vier Evangelisten
Notiere die Namen der vier Evangelisten in deinem Religionsheft.

2 „Evangelium“ und „Messias“
Erkläre die beiden Wörter „Evangelium“ und „Messias“.

3 Lukas
Lege dar, warum Lukas ein besonderer Schriftsteller ist. Vor welchem Problem stand er, als er sein Evangelium schrieb?

Anwenden – Urteilen – Handeln

4 Lukas und du
Stelle dir vor, du solltest eine kleine Schrift **über dein eigenes Leben** verfassen. Wie würdest du vorgehen, um auch etwas über die Lebensstationen (z. B. Eltern und Geschwister, deine Geburt, frühe Kindheit, Einschulung) zu erfahren, an die du dich nicht erinnern kannst? Wen wolltest du befragen? Alte Fotos einbeziehen? Was hat diese Aufgabe mit dem Lukasevangelium zu tun? Beschreibe, wie sich die Erzählung des Lukas von deinem Text unterscheidet.

5 Die drei Magier und der König Herodes
Ihr vermisst in der Darstellung des Lukas vielleicht die eine oder andere Szene, die auch zum Weihnachtsfest gehört, z. B. die Erzählung von **den drei Magiern und dem Stern**, vom König **Herodes** und dem **Kindermord** oder von der **Flucht nach Ägypten**. Die Erzählungen finden sich im 2. Kapitel eines anderen Evangeliums. Findet sie in der Bibel. Überlegt, warum sich diese Texte nicht auch bei Lukas finden. Eine Hilfe für die Antwort kennt ihr schon aus der Selbstvorstellung des Evangelisten: → S. 114.

Duccio di Buoninsegna (um 1255–1319), Die Anbetung der heiligen drei Könige (1308–1311).
Zum Bild: → M3.

6 Sprechstein und Erzählkette
Schreibt die **Gestalten** an die Klassentafel, die in den beiden Texten von der Verkündigung an Maria und von der Geburt Jesu vorkommen. Setzt euch in einen Kreis. Dann nimmt einer von euch einen „**Sprechstein**“ in die Hand, wählt sich eine dieser Gestalten aus, sagt etwas Passendes über sie, ohne ihren Namen zu verraten, und gibt den Stein in der Runde weiter. Der soll dann zur selben Person etwas sagen. Nur wer den Stein in Händen hält, darf sprechen. Wenn er zu Ende ist, gibt er den Stein weiter, bis niemandem mehr etwas zu der Person einfällt. Der Empfänger des Steins schreibt den Namen an die Tafel und spricht dann über eine andere Gestalt. Wenn er/sie fertig ist, gibt er den Stein wieder weiter. So entsteht eine richtige „**Erzählkette**“.

7 Ein Krippenspiel vorbereiten
Übt ein **Krippenspiel** ein (→ V9). Legt zunächst die biblischen Personen fest, die vorkommen sollen. Ihr könnt auch andere Personen hinzufügen. Was soll jeder tun, was muss er sagen? Wer kümmert sich um die Bekleidung? Wem traut ihr die Regie zu? Wann und wo könnte die Aufführung stattfinden?

8 Basar, Sternsinger u. a.
Weitere Anregungen, zu Weihnachten aktiv zu werden: → S. 33.

3. Die zentrale Botschaft

L Wir brauchen beim Sprechen – ohne es immer zu merken – oft **Bildworte** und **Bildgeschichten.** Es handelt sich dabei um Vergleiche, die eine Sache, die man nicht so leicht verstehen kann, veranschaulichen und leichter verständlich machen.

Gleichnisse vom Reich Gottes

Eine Bildgeschichte – Die stolze Blume

„Mein Honig und mein Blütenstaub gehören mir und keinem anderen!", sagte eine Blume und ließ weder Biene noch Schmetterling daran naschen. Dafür welkte sie zwecklos dahin und starb ohne Frucht und Samen.

Rudolf Kirsten (1886–1972)

Ein Bild entsteht manchmal so:

A
1 Erklärt, warum die Bildgeschichte von **einer Blume** nicht in einem Biologiebuch stehen könnte.
2 Zur **Abbildung**: Woran denkt der Maler? Was malt er? Warum tut er das?
3 Male/zeichne einige **Bildworte**, z.B. Ben hat ein Brett vor dem Kopf; Helga geht ein Licht auf, Alexander steht das Wasser bis zum Hals. Prüfe, ob dein Nachbar/deine Nachbarin herausfindet, was du meinst.

Lukas: Jesus hat viele **Bildworte** und auch **Bilderzählungen** gebraucht. Seine Bilderzählungen nennen wir auch „**Gleichnisse**". Die Bilder sind aus unserer Welt genommen, aber sie weisen auf die Welt Gottes hin.

Bildworte Jesu

- Ihr seid wie Gräber. *Lk 11,44*
- Warum siehst du den Splitter im Auge deines Bruders, aber den Balken in deinem eigenen Auge bemerkst du nicht? *Lk 6,41*

Eine Bilderzählung Jesu – Das Gleichnis vom Senfkorn

18 Jesus sagte: Wem ist das Reich Gottes ähnlich, womit soll ich
es vergleichen?
19 Es ist wie ein Senfkorn, das ein Mann in seinem Garten in
die Erde steckte; es wuchs und wurde zu einem Baum und die
Vögel des Himmels nisteten in seinen Zweigen.

aus dem Evangelium nach Lukas 13,18–19

Senfkörner und Senfbaum

M2b | Zur Textsorte: Bildworte und Bilderzählungen (Gleichnisse Jesu)

Um Gleichnisse richtig zu verstehen, solltet ihr auf drei Punkte achten.

(1) die **Bilderzählung:** das Senfkorn ist zuerst klein, entwickelt sich aber rasch zu einem Baum.

(2) die **Deutung:** das Reich Gottes erscheint anfangs oft klein und unbedeutend, am Ende wird es groß sein.

(3) die **Wirkung** auf die **Hörer/innen und auf uns:** Alle Hörer dürfen darauf vertrauen, dass sich auch für sie das Reich Gottes wie das Senfkorn entwickeln wird.

Lukas: Als **Jesus** etwa 30 bis 35 Jahre alt war, begann er, in der **Öffentlichkeit** zu lehren. Er sammelte Männer und Frauen um sich und zog durch die Orte Galiläas. Im Mittelpunkt seiner Verkündigung steht die **Botschaft vom Reich Gottes**. Hier will ich ein Gleichnis vorstellen – das einzige, das ich in meinem Evangelium auch selbst deute.

Ein Gleichnis vom Reich Gottes – Der Bauer und seine Saat

*Jesus geht hier auf einen alltäglichen Vorgang im Leben eines Bauern ein. Er konnte damals nicht so leicht sehen, wo unter der Erdkrume **Felsen** (Steine) oder **Dornenwurzeln** versteckt waren. Die Formen heutiger Landwirtschaft waren noch nicht bekannt. Ein Bauer sät und erntet heute anders.*

5 Ein Sämann ging aufs Feld, um seinen Samen auszusäen. Als er säte,
fiel ein Teil der Körner auf den Weg; sie wurden zertreten und die Vögel
des Himmels fraßen sie.
6 Ein anderer Teil fiel auf Felsen, und als die Saat aufging, verdorrte sie,
weil es ihr an Feuchtigkeit fehlte.
7 Wieder ein anderer Teil fiel mitten in die Dornen und die Dornen
wuchsen zusammen mit der Saat hoch und erstickten sie.
8 Ein anderer Teil schließlich fiel auf guten Boden, ging auf und brachte
hundertfache Frucht.

aus dem Evangelium nach Lukas 8,5–8

L **Dritter Höhepunkt im Lukasevangelium**: Mit seinen Gleichnissen macht Jesus oft seine Zuhörer auf **Gott** – auf das **Reich Gottes** (→ S. 127) – aufmerksam. Gottes Reich ist sein **Programm**, in dem er darlegt, wie er von Gott denkt und was er von Gott erhofft. Dabei zeigt sich: Der Gott Jesu ist ein **menschenfreundlicher** Gott. Er **liebt** die Menschen und ist mit ihnen **barmherzig**. Aber er stellt auch **Anforderungen** an sie.

A

1. Deutet die **einzelnen Bildworte des Gleichnisses**: Sämann, Same, Weg usw. Was haben sie mit dem Reich Gottes zu tun? Welche Wirkung hat das Gleichnis auf die Zuhörer/innen? Und auf euch? Vergleicht eure Deutung mit der **Deutung Jesu**: → Lk 8,11–15.
2. Es ist für euch gewiss nicht schwer, das Gleichnis in einem oder in mehreren Bildern zu **malen/zeichnen**.
3. Sucht euch ein **anderes Gleichnis aus**, das Jesus im Lukasevangelium erzählt hat, lest es der Klasse vor (→ V3) und deutet es, z.B.: Zwei ungleiche Schuldner (7,41–43); oder: Die neunundneunzig Schafe und das eine Schaf (15,1–7); oder: Der gute Vater und zwei ungleiche Söhne (15,11–32); oder: Der raffinierte Verwalter (16,1–9).

L • **Vierter Höhepunkt im Lukasevangelium**: Wie Jesus in seinen Gleichnissen das Reich Gottes in Worten nahe bringt, so zeigt er in seinen **Wundertaten**, dass das **Reich Gottes** schon begonnen hat: Kranke werden geheilt, Hungrige gesättigt, der Tod wird besiegt und die Welt wird von Gott her neu. Diese Wunder sind **Hoffnungszeichen** dafür, dass Leid, Ungerechtigkeit, Böses und selbst der Tod einmal völlig besiegt werden. Dann ist das Reich Gottes **endgültig** da.

• Wie die Gleichnisse Jesu, so wollen auch seine Wunder die **Menschen** zu Taten anregen. Alle Christen sind aufgerufen, Armen zu helfen, Kranke zu heilen, Hungrige zu sättigen, für Trauernde ein gutes Wort zu haben, Leid zu mindern, gegen die Macht des Bösen anzugehen, auf Gott zu vertrauen. Wo Christen diese „Wunder" tun, da ist das Reich Gottes schon mitten unter ihnen.

Wunder – Zeichen des Reiches Gottes

Lukas: Noch auffälliger als die Gleichnisse sind die **wunderbaren Taten Jesu**, von denen ich berichten kann. Ich habe euch ein Beispiel ausgesucht, das von einem Blinden handelt, den Jesus von seiner Krankheit befreit.

Die Heilung eines Blinden bei Jericho

35 Als Jesus in die Nähe von Jericho[1] kam, saß ein Blinder[2] an der Straße
und bettelte.
36 Er hörte, dass viele Menschen vorbeigingen, und fragte: Was hat das
zu bedeuten?
37 Man sagte ihm: Jesus von Nazaret geht vorüber.
38 Da rief er: Jesus, Sohn Davids[3], hab Erbarmen mit mir!
39 Die Leute, die vorausgingen, wurden ärgerlich und befahlen ihm zu
schweigen. Er aber schrie noch viel lauter: Sohn Davids, hab Erbarmen
mit mir!
40 Jesus blieb stehen und ließ ihn zu sich herführen. Als der Mann vor
ihm stand, fragte ihn Jesus:
41 Was soll ich dir tun? Er antwortete: Herr, ich möchte wieder sehen
können.
42 Da sagte Jesus zu ihm: Du sollst wieder sehen. Dein Glaube[4] hat dir
geholfen.
43 Im gleichen Augenblick konnte er wieder sehen. Da pries er Gott und
folgte Jesus. Und alle Leute, die das gesehen hatten, lobten Gott.

aus dem Evangelium nach Lukas 18,35–43

Wenn ihr mit euren Fragen an den Text geht, solltet ihr euch an die Hinweise des Lukas zu den Wundern erinnern: → S. 115

1 **Jericho**: → S. 224
2 **Blinde** gab es und gibt es im Orient sehr häufig. Meist sind sie völlig mittellos und aufs Betteln angewiesen. Dass manche Leute in der Blindheit sogar eine Strafe Gottes für die Sünden der Eltern oder des Blinden selbst sahen, war nicht die Meinung Jesu.
3 Zu David: → S. 66 ff.; als **„Sohn Davids"** wird auch der **Messias** bezeichnet: → S. 116.
4 Gemeint ist hier der **Glaube**, dass Jesus von Gott gesandt ist.

Duccio di Buoninsegna (um 1255–1319), Die Heilung eines Blinden bei Jericho, 1308–1311

Zum Bildverständnis: **M3**. Zeigt, dass ihr an den Duccio-Bildern der vorangegangenen Seiten gelernt habt, wie ihr euch allmählich ein Bild des Künstlers erschließt. Notiert ähnliche Fragen wie dort, bevor ihr euch um Antworten bemüht. Ein kleines Problem: Warum erscheint der Blinde auf dem Bild gleich zweimal?

M2c | Zur Textsorte: Wundererzählungen

Auch für die Wundererzählungen gelten die Methoden der Textinterpretation: → **M2**. Die Wundererzählungen Jesu haben oft einen eigenen **Aufbau**, den man so bei anderen Textssorten seltener findet. Er findet sich auch bei der Blindenheilung.

1. Ortsangabe und Situationsbeschreibung: 18,35–37
2. Hilferuf: 18,38–39
3. Das Wunder Jesu: 18,40–42
4. Die Reaktion des Geheilten und der Leute: Lk 18,43

Das Reich Gottes

- Jesus hat **nie genau definiert**, was das „Reich Gottes" ist, weil er wusste, dass man die Sache Gottes nicht in menschliche Worte fassen kann. Für ihn ist Gottes Reich **die Welt, so wie Gott sie für die Menschen will**. Da erneuert Gott die Welt, die in Unordnung geraten ist. Dann wird es Frieden und Gerechtigkeit, Freude und Liebe auf der Welt geben. Keine brutale Macht wird mehr über die Welt herrschen, kein Krieg das Leben bedrohen, Geld regiert nicht mehr die Welt. Unfriede und Ungerechtigkeit, Leid und Tod finden ihr Ende. Dann werden die Menschen wissen, was sie an Gott haben.
- Immer wenn Jesus vom **Reich Gottes** spricht, will er auch, dass die **Menschen** ihr altes Leben erneuern („Umkehr"). Mit jedem Schritt gegen die Mächte des Bösen bringen sie das Reich Gottes näher.

A

1 Lege dar, weshalb die Blindenheilung nicht nur für den Kranken wichtig war, sondern ein **Zeichen für das Reich Gottes** ist. Worauf weist das Wunder hin?
2 Lass den **Blinden erzählen,** was er mit Jesus erlebt hat.
3 Schreibe auch einen **Brief an Jesus,** den der Blinde wenige Tage nach der Heilung einem Freund diktiert haben könnte, weil er selbst nicht schreiben konnte. Wie könnte Jesus ihm antworten? Hilfreich dabei ist ein **Perspektivenwechsel**: → **M1**.
4 Überlegt, ob die **Blindenheilung** eine Bedeutung für euch hat.

Wunder heute

Sind die vielen heutigen „Wunder" wirklich Wunder?

Es ist kein Wunder, dass Wundergeschichten heute bei vielen Menschen sehr beliebt sind. Das hängt damit zusammen, dass unser Leben oft allzu regelmäßig und eintönig abläuft. Darum suchen sie etwas Ungewöhnliches, Unerwartetes. Sie sprechen von „Wundern", die in ihrem Leben passiert sind, z. B. wenn sie plötzlich einen Arbeitsplatz finden oder einen lange vermissten Freund wiedersehen. Die Titel der Filme und Bücher oder die Überschriften der Zeitungen enthalten oft das Wort „Wunder" oder „wunderbar", z. B. das Wirtschaftswunder; ein Wunderkind, die Wunderkerze, das Fußballwunder usw.

A

1 Vergleicht die vielen heutigen „Wunder" mit den Wundern Jesu.
2 Was meint ihr – geschehen auch **heute** Wunder? Wenn ja – welche Beispiele kennt ihr?
3 Wer kann solche Wunder tun, wie sie **Willms** beschreibt? Diskutiert, ob solche Wunder auch „Zeichen des Reiches Gottes" sind.

Wussten Sie schon ...?

auslegung von lukas 8,26ff.
wussten sie schon
dass die nähe eines menschen
gesund machen
krank machen
tot und lebendig machen kann
wussten sie schon
dass die nähe eines menschen
gut machen
böse machen
traurig und froh machen kann
wussten sie schon
dass das wegbleiben eines menschen
sterben lassen kann
dass das kommen eines menschen
wieder leben lässt
wussten sie schon
dass das wort
oder das tun eines menschen
wieder sehend machen kann
einen der für alles blind war
der nichts mehr sah
der keinen sinn mehr sah in dieser welt
und in seinem leben

Wilhelm Willms (1930–2002)

Liebe – Der Maßstab im Reich Gottes

Das Gleichnis vom barmherzigen Samariter, Codex von Rossano, um 600

Weil Duccio kein Bild zum Samaritergleichnis Jesu gemalt hat, seht ihr das Bild eines anderen Künstlers. Es ist die älteste Darstellung, die es in der Christenheit dazu gibt. Sie befindet sich in einem Purpurkodex, der im 6. Jahrhundert in Syrien entstanden ist. Von da kam er im 7. Jahrhundert in die süditalienische Stadt Rossano, wo er noch heute zu bewundern ist. Auf fast allen 188 erhaltenen Pergamentblättern (→ S. 42) sind Texte der Evangelien in kunstvoller Schrift wiedergegeben. Auf einigen Blättern sind Szenen aus dem Leben Jesu zu sehen.

Zum Verständnis eines Bildes: → M3. Betrachtet das Bild mit innerer Ruhe und zieht das Samaritergleichnis dann bei euren Beobachtungen zum Bild heran. Es wäre sinnvoll, wenn ihr mit eurer Betrachtung links anfangt. Wie viele **Teile** könnt ihr erkennen? Was stellen sie dar? **Was lassen sie aus**? Welche Szenen des Gleichnisses sind berücksichtigt, welche nicht? Überlegt, welche Gründe der Künstler dafür gehabt haben könnte. Warum ist der Hintergrund durchgängig nur mit **Purpur**, der Kaiserfarbe, gemalt? Das Wichtigste an dem Bild habt ihr sicher schon lange bemerkt: Wie ist der **Samariter** dargestellt? Was meint ihr: Kann sich der Maler hier zu Recht auf die Bibel berufen?

L **Fünfter Höhepunkt im Lukasevangelium:** Einmal kam ein jüdischer Gesetzeslehrer zu Jesus und wollte von ihm wissen, was das wichtigste Gebot ist. Jesus antwortete ihm nicht direkt, sondern fragte zurück, was denn dazu in der **Jüdischen Bibel** (→ S. 39 f.) stehe. Als der Gesetzeslehrer ihm antwortete, man solle Gott und den Nächsten wie sich selbst lieben, lobte Jesus diese Antwort. Damit bestätigt er, dass das alttestamentliche Gebot Gottes auch für das Reich Gottes am wichtigsten ist. Auf die weitere Frage des Gesetzeslehrers, wer denn nun der Nächste sei, antwortet Jesu mit einer anschaulichen **Beispielerzählung** (Gleichnis), die zu einem der bekanntesten Texte des Lukasevangeliums geworden ist.

Lukas: Um die Botschaft Jesu vom **Reich Gottes** besser zu verstehen, werdet ihr jetzt darüber nachdenken, was alle Menschen tun sollten, das Reich Gottes zu fördern. Es ist das **Gebot, Gott und den Nächsten zu lieben wie sich selbst**. Kein Gebot ist diesem gleich. Jesus hat selbst danach gelebt, so dass an seinem Leben abzulesen ist, was es bedeutet. In allen anderen Geboten („Zehn Gebote"; → S. 64) ist dieses Gebot schon erkennbar. Es ist das Programm Jesu, nach dem man sich als Christ im Leben immer richten kann.

Das wichtigste Gebot

25 Da stand ein Gesetzeslehrer auf, und um Jesus auf die Probe zu stel-
len, fragte er ihn: Meister, was muss ich tun, um das ewige Leben zu
gewinnen?
26 Jesus sagte zu ihm: Was steht im Gesetz?[1] Was liest du dort?
27 Er antwortete: *Du sollst den Herrn, deinen Gott, lieben mit ganzem
Herzen und ganzer Seele, mit all deiner Kraft* (Dtn 6,4 f.) und all deinen
Gedanken, und: *Deinen Nächsten sollst du lieben wie dich selbst* (Lev
19,18).
28 Jesus sagte zu ihm: Du hast richtig geantwortet. Handle danach und
du wirst leben.

Der barmherzige Samariter

29 Der Gesetzeslehrer wollte seine Frage rechtfertigen und sagte zu Je-
sus: Und wer ist mein Nächster?
30 Darauf antwortete ihm Jesus: Ein Mann ging von Jerusalem nach Je-
richo[2] hinab und wurde von Räubern überfallen. Sie plünderten ihn aus
und schlugen ihn nieder; dann gingen sie weg und ließen ihn halb tot
liegen.
31 Zufällig kam ein Priester[3] denselben Weg herab; er sah ihn und ging
weiter.
32 Auch ein Levit[4] kam zu der Stelle; er sah ihn und ging weiter.
33 Dann kam ein Mann aus Samarien[5], der auf der Reise war. Als er ihn
sah, hatte er Mitleid,
34 ging zu ihm hin, goss Öl und Wein auf seine Wunden und verband
sie. Dann hob er ihn auf sein Reittier, brachte ihn zu einer Herberge
und sorgte für ihn.
35 Am andern Morgen holte er zwei Denare[6] hervor, gab sie dem Wirt
und sagte: Sorge für ihn, und wenn du mehr für ihn brauchst, werde ich
es dir bezahlen, wenn ich wiederkomme.
36 Was meinst du: Wer von diesen dreien hat sich als der Nächste dessen
erwiesen, der von den Räubern überfallen wurde?
37 Der Gesetzeslehrer antwortete: Der, der barmherzig an ihm gehan-
delt hat. Da sagte Jesus zu ihm: Dann geh und handle genauso!

aus dem Evangelium nach Lukas 10,25–37

Wenn ihr mit euren Fragen den Text angeht, solltet ihr euch an folgende Hinweise erinnern: → S. 114 f. Zum Verständnis eines Bibeltextes: → M2; zu einem Gleichnis: → M2b.

1 Das **Gesetz**, das hier gemeint ist, umfasst alle Pflichten, die in den 5 Mosebüchern aufgezeichnet sind. Sie waren und sind bis heute für religiöse Juden bindend.
2 Zu Jerusalem und Jericho: → S. 224
3 Der **Priester**, der wohl auf dem Weg vom Tempel in Jerusalem (→ S. 96) nach Jericho war, hätte sich unrein gemacht, wenn er einen überfallenen, vielleicht sogar blutenden Mann berührt hätte. Blut machte unrein. Das wollte er vermeiden.
4 Die **Leviten** halfen den Priestern beim Tempeldienst. Für den Leviten galt dasselbe wie für den Priester.
5 Die **Samariter** waren den Juden verhasst (→ S. 95).
6 Ein **Denar** ist eine kleine römische Silbermünze, die etwa dem Taglohn eines Handwerkers oder Bauern entspricht.

L

Die **Liebe,** die Jesus meint, richtet sich zuerst auf **Gott** und sein Reich. Wo sie sich zugleich auf den **Nächsten** bezieht, ist sie weder ein romantisches Gefühl wie das Verliebtsein, noch ist sie Schwäche, die alles wehrlos hinnimmt und erduldet. Die Liebe, die Jesus will, ist stark und mutig. Sie vertraut auf Gott und meint es gut mit den anderen, mit der Welt, auch mit **sich selbst.** Zur Liebe gehören für ihn Tatkraft, Hilfsbereitschaft, Barmherzigkeit, Wahrhaftigkeit, Widerstand gegen böse Mächte und Versöhnung. Oft ist es gerade die Nächstenliebe, durch die Menschen die Liebe Gottes erfahren und erleben.

A

Worauf es Jesus letztlich ankommt

1. Erkläre, warum die jüdischen Zuhörer Jesu geschockt sein mussten, dass Jesus ausgerechnet einen **Samariter** (→ S. 95) zum Vorbild für sein Programm vom Reich Gottes aussuchte. Wen könnte Jesus für sein Gleichnis heute wählen, wenn er in Deutschland lebte?
2. Führt ein **Rollenspiel** zu dem Text auf: → V9. Verfasst dazu in Gruppen ein Drehbuch, in dem der Verletzte, der Priester, der Levit, der Samariter und der Wirt zu Wort kommen. Ihr könnt auch andere Leute, die im Gleichnis nicht vorkommen, in eurem Spiel unterbringen.

Was wir können

Wissen

1 Bildworte deuten und suchen
Christen sollten sein wie
- ein Navigator auf dem Weg
- eine Brücke zu anderen Menschen
- eine Oase in der Wüste

...
Erkläre die Bildworte und ergänze die Reihe um 2–3 neue Beispiele.

2 Wunder in unserer Sprache
Nennt deutsche Wörter – einfach oder zusammengesetzt – in denen, das Wort „Wunder“ oder „wunder...“ vorkommt. Erklärt, was sie bedeuten und ob sie dasselbe meinen wie die Wunder Jesu.

3 Gleichnis und Wunder
Nenne je ein Gleichnis und ein Wunder Jesu und zeige, was sie vom Reich Gottes sagen.

4 Das Hauptgebot der Liebe
Sage das Hauptgebot der Liebe wörtlich auf. Wer es noch nicht auswendig kann, sollte es alsbald lernen.

5 Das Reich Gottes
Beschreibe in einfachen Worten, was das Reich Gottes ist, von dem Jesus so oft spricht.

Domenico Feti (1589–1624), Das Gleichnis vom verlorenen Groschen

Anwenden – Urteilen – Handeln

6 Entweder: Das Gleichnis von der unermüdlichen Frau ...
8 Wenn eine Frau zehn Drachmen hat und eine davon
verliert, zündet sie dann nicht eine Lampe an, fegt das
ganze Haus und sucht unermüdlich, bis sie das Geld-
stück findet? 9 Und wenn sie es gefunden hat, ruft sie
ihre Freundinnen und Nachbarinnen zusammen und
sagt: Freut euch mit mir; ich habe die Drachme wieder-
gefunden, die ich verloren hatte. 10 Ich sage euch:
Ebenso herrscht auch bei den Engeln Gottes Freude
über einen einzigen Sünder, der umkehrt.

aus dem Evangelium nach Lukas 15,8–10

- Arbeite heraus, welche drei Elemente der Gleichnisdeutung du hier entdecken kannst: → M2b.

7 ... oder: Eine aufregende Wundererzählung
37 Als sie am folgenden Tag den Berg hinabstiegen, kam
ihnen eine große Menschenmenge entgegen. 38 Da
schrie ein Mann aus der Menge: Meister, ich bitte dich,
hilf meinem Sohn! Es ist mein einziger. 39 Er ist von
einem Geist besessen; plötzlich schreit er auf, wird hin
und her gezerrt und Schaum tritt ihm vor den Mund,
und der Geist quält ihn fast unaufhörlich. 40 Ich habe
schon deine Jünger gebeten ihn auszutreiben, aber sie
konnten es nicht. 41 Da sagte Jesus: O du ungläubige und
unbelehrbare Generation! Wie lange muss ich noch bei
euch sein und euch ertragen? Bring deinen Sohn her!
42 Als der Sohn herkam, warf der Dämon ihn zu Boden
und zerrte ihn hin und her. Jesus aber drohte dem un-
reinen Geist, heilte den Jungen und gab ihn seinem
Vater zurück. 43a Und alle gerieten außer sich über die
Macht und Größe Gottes.

aus dem Evangelium nach Lukas 9,37–43a

- Weise am Text den typischen Aufbau einer Wundererzählung nach: → M2c. Was sagen beide Texte über das Reich Gottes?

8 Neue Gleichnisse vom Reich Gottes erfinden

Denkt euch in Partnerarbeit (→ V4) ein neues Gleichnis aus. Ein **Beispiel**: Mit dem Reich Gottes verhält es sich wie mit einem Sprinter, der ausdauernd trainiert, viel Zeit und Geld opfert und auf die richtige Ernährung achtet, um Spitzensportler zu werden. Am Ende gewinnt er bei den Olympischen Spielen eine Silbermedaille.
Erfindet auch zu den beiden Fotos von der Kletterin am Berg und des Arztes ein neues Gleichnis.

9 Zauberer? Supermann?

Lege dar, weshalb Jesus mit seinen Wundern kein **Zauberer und Supermann** ist.

10 Drei Deutungen

Louis ist nach einer hoffnungslosen Krankheit doch wieder gesund geworden.
Darauf sagt der Vater: „Er hat einen tüchtigen Arzt gehabt."
Die Mutter: „Gott hat wunderbar geholfen."
Ein Freund von Louis: „Er hat Glück gehabt."

- Wer hat recht?

11 Mit dem Maßstab Jesu vereinbar?

Von **Jungen und Mädchen** kann man manchmal hören:

- Ben (11): Ich tue alles, was mir einen Vorteil bringt.
- Noah (10): Man darf sich nichts gefallen lassen.
- Johanna (11): Wie du mir, so ich dir.
- Mirjam (11): Jeder soll tun, was er will.
- Lukas (12): Gut ist, was mir Spaß macht.
- Claudia (11): Was mir nicht gefällt, sollte ich auch keinem anderen antun.

- Überlegt miteinander, was von diesen Äußerungen zu halten ist. Prüft, wie diese Aussagen zum Liebesgebot Jesu passen.

12 Worauf es letztlich ankommt – Das Hauptgebot

- Überlegt gemeinsam, ob das Hauptgebot der Liebe eher **schwer oder eher leicht** zu befolgen ist.
- Viele sagen: Wenn das Gebot der Gottes-, Nächsten- und Selbstliebe überall beachtet würde, **sähe es in der Welt besser** aus. Schreibt einige Beispiele an die Tafel, die den Satz begründen. Findet heraus, welche Meinungen es zu diesem Satz in eurer Klasse gibt.

4. Abendmahl, Kreuz und Auferstehung

Das letzte Mahl

Duccio di Buoninsegna (um 1255–1319),
Das letzte Abendmahl, 1308–1311

Anregungen zum Umgang mit dem Bild: → M3. Fragt auch hier nach dem Aufbau, nach der Mitte, den Details auf dem Tisch und vor allem nach den Personen und der Stellung Jesu in diesem Bild. Vergleicht das Bild auch mit dem biblischen Text. Auch bei einer einfachen **Nachzeichnung (Skizze)** könnt ihr manches entdecken.

Lukas: Mein Evangelium nähert sich jetzt dem Ende zu. Der Schauplatz wechselt nun von Galiläa nach Judäa in die jüdische Hauptstadt **Jerusalem** (→ S. 96 f.). Wir befinden uns etwa im Jahr **30 n. Chr.** Jesus wusste, dass ihm in Jerusalem der Tod drohte. Trotzdem ging er hin, weil er auch in der heiligen Stadt seine Botschaft von Gott verkünden wollte. Von manchen Juden wurde er bei seinem **Einzug in Jerusalem** wie ein König („Messias") mit Jubelrufen begrüßt. Auch konnte er mit seinen Freunden noch das **Pessachmahl** feiern, das Juden im Frühjahr zur Erinnerung an den Auszug aus Ägypten feiern (→ S. 182). Es wurde zum **Abschiedsmahl Jesu**.

Das Abendmahl

14 Als die Stunde gekommen war, begab sich Jesus mit seinen Jüngern zu Tisch.
15 Und er sagte zu ihnen: Ich habe mich sehr danach gesehnt, vor meinem Leiden dieses Pessachmahl[1] mit euch zu essen.
16 Denn ich sage euch: Ich werde es nicht mehr essen, bis das Mahl seine Erfüllung findet im Reich Gottes.[2]
17 Und er nahm den Kelch, sprach das Dankgebet und sagte: „Nehmt den Wein und verteilt ihn untereinander.
18 Denn ich sage euch: Von nun an werde ich nicht mehr von der Frucht des Weinstocks trinken, bis das Reich Gottes kommt.[2]
19 Und er nahm Brot, sprach das Dankgebet, brach das Brot und reichte es ihnen mit den Worten: Das ist mein Leib, der für euch hingegeben wird.[3] Tut dies zu meinem Gedächtnis![4]
20 Ebenso nahm er nach dem Mahl den Kelch und sagte: Dieser Kelch ist der neue Bund in meinem Blut, das für euch vergossen wird.

aus dem Evangelium nach Lukas 22,14–20

Zum Umgang mit dem Bibeltext: → **M2**.

1 Hohes jüdisches **Fest**, bei dem die Juden ein Dankgebet sprechen, ein geschlachtetes Lamm und ungesäuertes Brot essen und verschiedene Becher Wein trinken. Alle diese Einzelheiten deutet Jesus auf seinen Tod am Kreuz. Er gibt dem Mahl, dem Brot und dem Wein, eine neue Bedeutung.
2 Jesus spricht hier die Erwartung aus, dass dies **das letzte Mahl vor seinem Tod** ist, dass er aber in Zukunft wieder an diesem Mahl teilnehmen wird, wenn das Reich Gottes (→ S. 127) endgültig gekommen ist.
3 Dass Jesus seinen Leib für die Anwesenden „**hingegeben**" hat, weist darauf hin, dass Jesus seinen Tod als Opfer versteht.
4 Seine Jünger sollen sich immer, wenn sie später zu diesem Mahl zusammenkommen, an ihn und seinen Tod („Blut") **erinnern**.

Der Größte unter euch

In dem Gespräch, das Jesu unmittelbar nach der Mahlfeier mit seinen Jüngern führt, sagt er:

25 Die Könige herrschen über ihre Völker und die Mächtigen lassen sich Wohltäter nennen.
26 Bei euch aber soll es nicht so sein, sondern der Größte unter euch soll werden wie der Kleinste und der Führende soll werden wie der Dienende.

aus dem Evangelium nach Lukas 22,25 f.

L

- **Sechster Höhepunkt im Lukasevangelium**: Beim **Pessachmahl** („letztes Abendmahl") in Jerusalem nennt Jesus das **Brot**, das er seinen Jüngern reicht, seinen **Leib**. Den **Kelch**, aus dem sie trinken, nennt er den **Neuen Bund**, den Gott nun mit **allen Menschen** schließt (→ S. 54).
- Bei seinem letzten Mahl vor seinem Tod hat Jesus den Bund Gottes mit seinem Volk Israel erneuert und seine Jünger beauftragt, sich immer an ihn zu erinnern und dasselbe zu tun, was er selbst damals getan hat. Christen feiern seitdem die „**Eucharistie**" (griechisch: „Danksagung"), in der Jesus selbst unter den Gestalten von Brot und Wein gegenwärtig ist. So stehen die Christen aller Zeiten in der Eucharistiefeier mit ihm in enger Gemeinschaft.

A

1. Stelle dir vor, du wärest beim Abendmahl Jesu **selbst dabei gewesen.** Was könntest du jetzt davon im Religionsunterricht erzählen?
2. Wenn du zur **Erstkommunion** gegangen bist, hast du über die **Eucharistie** schon viel gehört. Erzähle, was dir besonders in Erinnerung geblieben ist.
3. Ladet einen **Priester** in die Klasse ein und bittet ihn, dass er erklärt, wie die **Eucharistiefeier** das Andenken an das **letzte Mahl** Jesu fortsetzt, was im Einzelnen geschieht und was die Handlungen und Worte bedeuten.
4. Wer deutet das **Wort Jesu über Herrschaft und Dienst** und zeigt daran, wie Jesus die Ordnung dieser Welt geradezu auf den Kopf stellt. Diskutiert auch darüber, was dieses Wort für euch bedeuten könnte.

Verraten und verurteilt

Duccio di Buoninsegna (um 1255–1319), Jesus am Ölberg, 1308–1311

Zum Verständnis des Bildes: → M3. Hier solltet ihr vor allem die drei Einzelszenen des Bildes erkennen und beschreiben. Gewiss ist euch sofort die wichtige Linie („Diagonale") im Bild aufgefallen, die unten links beginnt, eine deutliche Mitte hat und oben rechts aufhört. Sprecht darüber, welchen Sinn diese Bildbewegung haben könnte. Wie unterschiedlich zeigt das Bild Jesus? Und nicht das kleine Detail in der oberen rechten Ecke übersehen! Was bedeutet es? Die Reihenfolge der Szenen findet ihr in der Bibel: → Lk 22,39–46.

Lukas: Vom Ende Jesu erzähle ich in meinem Evangelium viel ausführlicher als von allen anderen Stationen seines Lebens. Hier zeigt sich besonders, wer Jesus ist und was er getan hat. Dieses **schreckliche Ende** gehört dazu, wenn man Jesus richtig verstehen will. Zuerst kann ich nur in Stichworten die Leidensgeschichte Jesu vorstellen. Von seinem Tod am Kreuz ist später ausführlich die Rede.

Verrat und Gefangennahme

- Während des Mahles weist Jesus auf **Judas**, der ihn verraten wird (Lk 22,21–23).
- Dem Ersten der Apostel, **Petrus** (→ S. 109), sagt Jesus voraus, dass er in der kommenden Nacht aus feiger Angst dreimal abstreiten wird, Jesus zu kennen (Lk 22,31–34).
- Danach geht Jesus mit seinen Jüngern zum **Ölberg** und bittet Gott in seiner **Todesangst**, ihm das Leiden zu ersparen. Sein Schweiß wird wie Blut. Aber er ist bereit, alles auf sich zu nehmen, was Gott mit ihm vorhat. Seine Jünger sind derweil eingeschlafen (Lk 22,39–46).
- Am Ölberg wird Jesus von der Tempelwache **verhaftet**. **Judas** zeigt dem Trupp, wer Jesus ist, indem er ihm einen **Kuss** gibt. Zwar wollen die Jünger für Jesus kämpfen und einer (Petrus) schlägt einem Diener des Hohenpriesters ein Ohr ab. Aber **Jesus verbietet ihnen jede Anwendung von Gewalt**. Er heilt den Verletzten und lässt sich ohne jeden Widerstand festnehmen (Lk 22,47–53).

Vor dem Hohen Rat

- Man bringt Jesus in das Haus des Hohenpriesters. **Petrus** folgt ihm und wartet im Hof. Da wird er von einer Magd angesprochen. Er tut so, als kenne er Jesus nicht. Eine ähnliche Szene wiederholt sich noch zwei Mal. Im Morgengrauen, als der Hahn kräht, sieht er Jesus wieder, erinnert sich an dessen Vorhersage im Abendmahlssaal und weint, weil er sein Verhalten bereut (Lk 22,54–62).
- Die **Wächter** verspotten, schlagen und beleidigen Jesus (Lk 22,63–65).
- Jesus wird vor den **Hohen Rat** (→ S. 104) geführt. Man fragt ihn, ob er sich für den Messias (→ S. 116) halte. Jesus antwortet ausweichend. Als er den Titel „Sohn Gottes" nicht zurückweist, glaubt man, einen Beweis für seine Schuld gefunden zu haben. Der Hohe Rat konnte damals zwar in religiösen Dingen eine Todesstrafe aussprechen (Stephanus; → S. 148), aber dies tat er diesmal nicht. Vielmehr wandte man sich an die Römer (Lk 22,66–71).

L **Siebter Höhepunkt im Lukasevangelium**: Nach dem Abendmahl begann die **Passion** (lateinisch: das Leiden) Jesu. Von **Judas Iskariot**, einem der Zwölf (→ S. 109) wurde er mit einem Kuss verraten. Sofort danach wurde er festgenommen und vor den **jüdischen Hohen Rat**, vor den König **Herodes Antipas** und vor den **römischen Statthalter Pilatus** geführt, der ihn zum Tod am Kreuz verurteilte, ohne von seiner Schuld überzeugt zu sein.

Vor Pilatus und Herodes

- Jesus wird dem römischen Statthalter **Pilatus** (→ S. 101) vorgeführt. Vor Pilatus ist von dem Verhör vor dem Hohen Rat nicht mehr die Rede. Die Ankläger erheben Vorwürfe gegen Jesus, die ihn als Aufrührer gegen die Römer hinstellen. **Drei Vergehen wirft man Jesus nun vor**: (1) Er wiegelt das Volk auf. (2) Er hält das Volk davon ab, dem Kaiser Steuern zu zahlen. (3) Er behauptet, er sei ein König.
- Das alles stellt für die Ruhe im Land ein hohes Risiko dar und verstößt gegen römisches Besatzungsrecht. Aber Pilatus misstraut den Anschuldigungen und hält Jesus für unschuldig (Lk 23,1–5).
- Als Pilatus hört, Jesus sei ein Galiläer (→ S. 94), lässt er ihn zu dessen grausamem Landesherrn **Herodes Antipas** (→ S. 101) führen, zu dem er sonst keine guten Beziehungen unterhält. Der sensationslüsterne Herodes fühlt sich geschmeichelt. Er möchte von Jesus ein Wunder sehen. Jesus lehnt das ab und antwortet auch nicht auf seine Fragen. Er wird von Herodes und dessen Gefolge verlacht. Man hängt ihm ein Prunkgewand um und lässt ihn als Spottkönig wieder zu Pilatus führen. Seitdem verstehen sich beide Herrscher gut (Lk 23,6–12).
- **Pilatus** hält Jesus weiterhin für unschuldig, gibt aber den Anklägern insoweit nach, als er Jesus nun auspeitschen lässt. Damals gab es den Brauch, am Pessachfest einen Gefangenen frei zu lassen. Als Pilatus fragt: „**Barabbas**, der Revolutionär und Mörder, oder Jesus", schreit die Menge: „Jesus soll ans Kreuz". Mehrfach versucht Pilatus, Jesus freizulassen, doch am Ende gibt er die **Erlaubnis, Jesus zu kreuzigen**. Der Mörder Barabbas wird freigelassen (Lk 23,13–25).

Auf dem Kreuzweg

- Auf dem Weg Jesu zum Ort der Hinrichtung außerhalb der Stadtmauern wird **Simon, ein Mann aus Cyrene** (im heutigen Libyen), zwangsverpflichtet, das Kreuz Jesu zu tragen, weil Jesus offensichtlich schon sehr geschwächt ist. **Frauen** am Weg weinen über Jesus. Mit Jesus werden auch **zwei Verbrecher** („Schächer") zur Hinrichtung geführt (Lk 23,26–32).

A

1 Warum haben die **Hohepriester** und **Pilatus** für Jesus die Todesstrafe gefordert?

2 Zählt die **Personen** auf, die in der Lukas-Erzählung von der Kreuzigung Jesu vorkommen, z. B. Petrus, Judas, Barabbas oder Pilatus. Versetzt euch in sie hinein und lasst sie sagen, was sie empfinden (→ M1).

Achter Höhepunkt im Lukasevangelium:

- Jesus hat selbst erfahren, wie elend es einem Menschen zumute sein kann. Aber wenn er auf Gott blickt, weiß er auch, dass er nicht verzweifeln muss. Der Tod Jesu am Kreuz ist für Lukas der **Tod eines Gerechten**, der sein Leben in Gottes Hände zurückgibt und anderen verzeiht. Damit wird er für alle Christen zum Vorbild in der Stunde des Todes.
- Für Lukas bewegt sich das Leben Jesu **zwischen Krippe und Kreuz**. Es beginnt im Elend und endet zunächst in Schande. So verläuft das Leben Jesu anders als das der Mächtigen dieser Welt.

A

1 Nennt alle **Personen**, die in dem Text vorkommen, und erklärt, was sie sagen und tun. Ihr könnt sie in zwei Gruppen einteilen: (1) die **gegen Jesus** eingenommen sind, (2) die sich **für Jesus** aussprechen. Welche Gruppe ist größer?

2 Zähle die **drei ungewöhnlichen Ereignisse unmittelbar nach der Kreuzigung** Jesu auf. Versuche ihre Bedeutung zu erklären.

3 Suche im Text die **drei Worte Jesu** am Kreuz. Mit welchen Worten zeigt Lukas ihn als Vorbild?

4 Es ist nicht einfach, ein **Bild** von der Kreuzigung Jesu anzufertigen. Versuche es trotzdem mit allem Respekt.

5 Übt ein **Lied**, das mit dem Leiden und der Kreuzigung Jesu zu tun hat, in der Klasse ein und singt es.

6 Welcher **Tag im Kirchenjahr** erinnert in besonderer Weise an den Kreuzestod Jesu? Was wisst ihr von der **Feier in den Kirchen** an diesem Tag? (→ S. 180 f.)

Die Kreuzigung[1]

33 Sie kamen zur Schädelhöhe[2]; dort kreuzigten sie Jesus und die Verbrecher, den einen rechts von ihm, den anderen links.
34 Jesus aber betete: Vater, vergib ihnen, denn sie wissen nicht, was sie tun. Dann warfen sie das Los und verteilten seine Kleider unter sich.
35 Die Leute standen dabei und schauten zu; auch die führenden Männer des Volks verlachten ihn und sagten: Anderen hat er geholfen, nun soll er sich selbst helfen, wenn er der erwählte Messias[3] Gottes ist.
36 Auch die Soldaten verspotteten ihn; sie traten vor ihn hin, reichten ihm Essig
37 und sagten: Wenn du der König der Juden bist, so hilf dir selbst!
38 Über ihm war eine Tafel angebracht; auf ihr stand: Das ist der König der Juden.
39 Einer der Verbrecher, die neben ihm hingen, verhöhnte ihn: Bist du denn nicht der Messias[3]? Dann hilf dir selbst und auch uns.
40 Der andere aber wies ihn zurecht und sagte: Nicht einmal du fürchtest Gott? Dich hat doch das gleiche Urteil getroffen.
41 Uns geschieht recht, wir erhalten den Lohn für unsere Taten; dieser aber hat nichts Unrechtes getan.
42 Dann sagte er: Jesus, denk an mich, wenn du in dein Reich kommst.
43 Jesus antwortete ihm: Amen, ich sage dir: Heute noch wirst du mit mir im Paradies sein.
44 Es war etwa um die sechste Stunde (12 Uhr), als eine Finsternis[4] über das ganze Land hereinbrach. Sie dauerte bis zur neunten Stunde (3 Uhr).
45 Die Sonne verdunkelte sich. Der Vorhang des Tempels[5] riss mitten entzwei
46 und Jesus rief laut: Vater, in deine Hände lege ich meinen Geist *(Ps 36,1)*. Nach diesen Worten hauchte er den Geist aus.
47 Als der Hauptmann[6] sah, was geschehen war, pries er Gott und sagte: Das war wirklich ein gerechter Mensch.
48 Und alle, die zu diesem Schauspiel zusammengeströmt waren und sahen, was sich ereignet hatte, schlugen sich an die Brust und gingen betroffen weg.
49 Alle seine Bekannten aber standen in einiger Entfernung vom Kreuz, auch die Frauen, die ihm seit der Zeit in Galiläa nachgefolgt waren und die alles mit ansahen.

aus dem Evangelium nach Lukas 23,33–49

Wenn ihr mit euren Fragen an den Text geht, erinnert euch an → **M2**.

1 Die **Kreuzigung** war die **schlimmste Strafe**, die in der Antike verhängt werden konnte. Sie war unehrenhaft und deshalb vor allem für Sklaven vorgesehen. Der Gekreuzigte hing meist stundenlang völlig nackt zwischen Himmel und Erde, bekam kaum Luft zum Atmen, litt unsägliche Schmerzen von der Annagelung der Glieder, hatte unbeschreiblichen Durst, sein Blutdruck sackte allmählich ab, er wurde von Fliegen und Mücken gequält und von Leuten verspottet. So bot er ein Bild des Elends, das nicht schlimmer sein konnte.

2 Der Ort heißt so, weil er wie ein **Schädel** (hebräisch: „**Golgota**") aussieht.

3 → S. 116

4 Der verdunkelte Himmel (→ S. 115) ist nicht nur eine **Wettererscheinung**, sondern ein **Symbol** dafür, wie es um die Welt steht.

5 Im Tempel von Jerusalem gab es einen **Vorhang**, der den Zugang zum Allerheiligsten versperrte, einen Raum, den nur der Hohepriester betreten durfte. Mit dem Zerreißen zeigt sich, dass der Tempel jetzt für alle zugänglich wird.

6 Ein nichtjüdischer **Offizier** bekennt als erster Mensch nach dem Tod Jesu seinen Glauben an Jesus.

Duccio di Buoninsegna (um 1255–1319), Kreuzigung, 1308–1311

Zum Umgang mit dem Bild: → M3. Prüft an dem **Bild Duccios**, wie weit es mit dem Text des Lukas übereinstimmt und wo der Maler Details hinzufügt, die da nicht vorkommen, oder wo er biblische Szenen weglässt. Welche Erklärung habt ihr dafür? Einen Hinweis für die Antwort findet ihr in den anderen biblischen Kreuzigungsberichten: Mt 27,33–56 und Mk 15,22–41. Beschreibt auch den **Aufbau** des Hintergrunds von unten nach oben, die erkennbaren Einzelpersonen, die Gruppen und die Farben. Was sagen die **Gesichter**? Was fällt an der Stellung und Größe der drei Kreuze auf? Welche Verbindung stellt das Kreuz Jesu her?

Schreibe zum Schluss auf: Das Kreuzigungsbild Duccios spricht mich an, weil ...

Ihr könnt dieses Bild zur Kreuzigung Jesu auch mit dem Bild eines anderen Künstlers vergleichen.

Von Gott bestätigt

Lukas: Wenn der Kreuzestod das Ende Jesu gewesen wäre, hätte ich kein Evangelium geschrieben. So aber ist die Kreuzigung nicht mein letztes Wort über Jesus. Was ich jetzt zu erzählen habe, ist das Wichtigste meiner Schrift: **Der Gekreuzigte lebt. Er ist von Gott auferweckt worden und zum Himmel aufgefahren.** Mit dieser wunderbaren Botschaft wird meine Schrift endgültig zur Frohen Botschaft.

L **Neunter Höhepunkt im Lukasevangelium: Jesus ist auferstanden. Engel** Gottes verkünden das Ereignis. Das **leere Grab** gibt Zeugnis davon. Den **Vorgang der Auferstehung** selbst beschreibt Lukas nicht. Die Überwindung des Todes und der Weg Jesu zu Gott ist ein Ereignis, das man mit den Augen nicht sehen kann. Wäre ein Fernsehteam auf Golgota dabei gewesen, es hätte nichts von der Auferstehung filmen können. Nur in der Sprache der **Symbole** (→ S. 114 f., 124 f., 78) lässt sich sagen, was „Auferstehen“ heißt. Weder **Auferweckung** noch **Himmelfahrt** bedeuten „nach oben in den Himmel wegschweben“, sondern aus der Welt des Todes zum lebendigen Gott gelangen.

Die Botschaft der Engel

1 Am ersten Tag der Woche[1] gingen die Frauen[2] mit den wohlriechen-
den Salben[3], die sie zubereitet hatten, in aller Frühe zum Grab.
2 Da sahen sie, dass der Stein vom Grab weggewälzt war;
3 sie gingen hinein, aber den Leichnam Jesu, des Herrn, fanden sie nicht.
4 Während sie ratlos dastanden, traten zwei Männer in leuchtenden Ge-
wändern[4] zu ihnen.
5 Die Frauen erschraken und blickten zu Boden. Die Männer aber sag-
ten zu ihnen: Was sucht ihr den Lebenden bei den Toten?
6 Er ist nicht hier. Er ist auferstanden. Erinnert euch an das, was er ge-
sagt hat, als er noch in Galiläa[5] war:
7 Der Menschensohn muss den Sündern ausgeliefert und gekreuzigt
werden und am dritten Tag auferstehen.
8 Da erinnerten sie sich an seine Worte.
9 Und sie kehrten vom Grab in die Stadt zurück und berichteten alles
den Elf und den anderen Jüngern.
10 Es waren Maria aus Magdala[6], Johanna und Maria, die Mutter des
Jakobus; auch die übrigen Frauen, die bei ihm waren, erzählten es den
Aposteln.
11 Doch die Apostel hielten das alles für Geschwätz und glaubten ihnen
nicht.[7]
12 Petrus[8] aber stand auf und lief zum Grab. Er beugte sich vor, sah aber
nur die Leinenbinden dort liegen. Dann ging er nach Hause, voll Ver-
wunderung über das, was geschehen war.

aus dem Evangelium nach Lukas 24,1–12

Wenn ihr mit euren Fragen an den Text geht, solltet ihr euch an folgende Hinweise erinnern: → S. 114 f.; zum Textverständnis: → M2

1 Der erste Tag der Woche ist der **Sonntag**, den die Christen bis heute als den Tag der Auferstehung feiern. Er nimmt bei ihnen im Wochenrhythmus die Stellung ein, die der 7. Tag, der Sabbat, bei den Juden hat. Das Grab vorher zu besuchen war den Frauen verboten, weil Juden am Sabbat nicht so weit gehen dürfen.
2 Wie **Frauen** schon bei dem Kreuz Jesu standen, so sind es auch jetzt wieder Frauen, die zuerst zum Grab Jesu gehen, von seiner Auferweckung hören, nach Jerusalem gehen, um den elf Aposteln davon zu erzählen (→ S. 109).
3 Der tote Leichnam wurde im Altertum mit wertvollen Ölen **gesalbt**.
4 Man darf in den Männern auch **Engel** sehen: → S. 115
5 **Galiläa**: → S. 94
6 **Maria von Magdala** war die Erste, die zum Grab kam: → S. 108.
7 Man glaubte den Frauen nicht, weil die Zeugenaussage einer Frau, vor allem vor Gericht, nichts oder wenig bedeutete.
8 → S. 109

A

1. Untersucht in Partnerarbeit (→ V4) am Text, welche Rolle in dieser Erzählung die **Frauen**, welche die **Männer** spielen.
2. Paulus sagt: **„**Ist aber Christus nicht auferweckt worden, dann ist … euer Glaube sinnlos“ (1 Kor 15,14). Wer traut sich zu, das Wort des Paulus zu erläutern?
3. Lest Lk 24,50–53 laut vor (→ V3) und zeigt, was die Himmelfahrt für Jesus, seine Jünger und für uns bedeutet.
4. Erkläre, warum Ostern das **höchste Fest der Christenheit** ist: → S. 180 f.

Duccio di Buoninsegna (um 1255–1319),
Die Frauen am Grab, 1308–1311

Zum Verständnis des Bildes: → M3. Auch hier stellt ihr euch wieder die Fragen nach dem Aufbau, nach Hintergrund und Vordergrund, nach den Figuren und ihrer Anordnung. **Wie** sind sie dargestellt (Farbe, Kleidung, Blicke)? **In welchem Teil** des Bildes befinden sie sich? Vergleicht das Bild mit dem Text des Lukas. Schreibt auf, wo das Gemälde mit dem Bibeltext **übereinstimmt** und wo es davon **abweicht**. Wie erklärt ihr euch die Abweichungen?

Der Schluss des Lukasevangeliums

Lukas stellt in den letzten Worten seines Evangeliums eine enge Verbindung zwischen der ***Auferstehung*** *Jesu und seiner* ***Himmelfahrt*** *her. Himmelfahrt bedeutet nicht, in den unfassbar großen Raum zu schweben, bis man endlich im Himmel ankommt, sondern – ähnlich wie die Auferstehung – von dieser Welt endgültig zu Gott zu finden.*

50 Dann führte Jesus sie hinaus in die Nähe von Betanien[1]. Dort erhob
er seine Hände und segnete sie. 51 Und während er sie segnete, verließ
er sie und wurde zum Himmel emporgehoben; 52 sie aber fielen vor ihm
nieder. Dann kehrten sie in großer Freude nach Jerusalem zurück.
53 Und sie waren immer im Tempel und priesen Gott.

aus dem Evangelium nach Lukas 24,50–53

L Die **Auferstehung** Jesu ist der **Mittelpunkt des christlichen Glaubens**. Sie sagt etwas Einmaliges über Gott, Jesus und die Menschen.

- **Gott** ist ein Gott des Lebens. Er ließ Jesus nicht im Tod.
- **Jesus** ist mit seinem Leben und seinen Worten von Gott bestätigt worden. Darum ist es richtig und wichtig, sich auf seinen Weg zu begeben.
- Die **Menschen** dürfen hoffen, dass auch ihr Lebensende nicht der Tod ist, sondern die Auferstehung, d. h. ein Leben bei Gott, das wir uns jetzt noch nicht vorstellen können.

1 Ort bei Jerusalem: → S. 224.

Was wir können

Wissen

1 Orte der Passionserzählung
Wiederholt gemeinsam kurz, was nach Lukas an folgenden **Orten** geschehen ist: Amtssitz des römischen Statthalters – Golgota – Grab – Hof des Hohenpriesters – Königspalast – Ölberg – Saal in Jerusalem – Sitz des Hohen Rates – Straßen in Jerusalem

2 Personen in der Passionserzählung
Sammelt etwa 6–8 Namen von Personen, die in der Passionserzählung vorkommen, z. B. Herodes Antipas, Simon von Cyrene, und geht dann gemeinsam darauf ein, was sie tun oder sagen und wie sie die Passion Jesu erlebt haben (→ M1).

Anwenden – Urteilen – Handeln

3 Drei kritische Fragen
Zu einem Priester kam ein Mann, der sich über den Glauben lustig machen wollte und fragte ihn: „Wie ist es möglich, dass aus Brot und Wein Fleisch und Blut Christi werden?"
Der Priester antwortete: „Wenn schon dein Körper die Nahrung, die du zu dir nimmst, in Fleisch und Blut umsetzen, verwandeln kann, warum soll Gott nicht auch das andere vermögen?"
Der Mann gab sich nicht geschlagen: „Wie kann denn in einer so kleinen Hostie der ganze Christus zugegen sein?"
Der Priester gab zur Antwort: „Eine Landschaft, die vor dir liegt, ist so groß, und dein Auge doch so klein. Und doch ist das Bild der großen Landschaft in deinem Auge. Warum soll es dann nicht möglich sein, dass in der kleinen Brotgestalt ein ganzer Christus zugegen ist?"
Noch eine dritte Frage stellte der andere: „Wie kann derselbe Christus gleichzeitig in allen euren Kirchen zugegen sein?"
Da nahm der Priester einen Spiegel und ließ ihn hineinschauen. Dann warf er den Spiegel zu Boden und sagte: „Auch in jedem einzelnen Stückchen kannst du dein Bild jetzt gleichzeitig sehen!"

P. Eismann/J. Wiggers

- Lest den Text in der Klasse mit getrennten Sprechern vor (→ V3).
- Sprecht darüber, was die **drei Fragen** und die **drei Antworten** für das Verständnis des Abendmahlstextes beitragen.

4 Die Worte Jesu am Kreuz
Schreibe die drei Worte Jesu aus dem Lukasevangelium in dein **Religionsheft (→ V1)** und/oder auf deine **Schriftrolle** (→ S. 42). Erläutere sie mit eigenen Worten. Du kannst sie auch in schöner Schrift auf eine Karte mit dem Bild einer Kreuzigung schreiben und sie an einem Ort aufbewahren, der euch etwas bedeutet.

5 Der Pelikan
Ein Land wurde von einer großen Hungersnot befallen. Menschen und Tiere litten Not. Sie wussten nicht, wie sie ihr Leben erhalten sollten.
In diesem Land lebte auch ein Pelikan, der sich nicht so sehr um sein Leben als vielmehr um das Leben seiner Jungen sorgte. Sie forderten Tag für Tag ihre Nahrung. Der Pelikan wusste keinen Ausweg mehr. In seiner großen Not bohrte er sich mit dem Schnabel ein Loch in die Brust und gab sein Blut den Jungen zu trinken.
Als die Hungersnot vorüber war, konnten die Jungen gekräftigt ins Leben hinausfliegen. Der alte Pelikan aber starb. Er hatte durch sein Blut das Leben der Jungen ermöglicht.

Afrikanische Sage

- Sucht Gründe dafür, weshalb Christen die alte Erzählung vom Pelikan auf Jesus beziehen.

Pelikan, Kathedrale von Metz, 13. Jahrhundert

6 Die Stationen des Kreuzwegs

In fast jeder katholischen Kirche gibt es einen **Kreuzweg mit 14, manchmal auch 15 Stationen**. Besucht eine Kirche und schreibt auf, wie diese Stationen heißen. (Wenn ihr keine Angabe am Bild findet, schlagt im Gotteslob 683 nach.) Ihr könnt sie auch fotografieren. Es wäre schön, wenn ihr auch selbst, evtl. in Gruppenarbeit, einen Kreuzweg mit allen Stationen anfertigen würdet.

7 Überlegungen zum Kreuz

- Christen haben Juden früher oft vorgeworfen, sie trügen die Schuld am Tod Jesu. Sie sagten: „Die Juden haben unseren Herrn getötet." Darum haben Christen Juden oft blutig verfolgt. Zeige am Lukasevangelium auf, warum dieser bösartige Vorwurf ungerecht ist.
- Schreibe auf, wo es in unserer Welt und in unserem Leben Kreuze gibt. Beispiele: Kreuzzeichen, Friedhof ...
- Meditiere in einem ruhigen Moment des Religionsunterrichts über das Kreuz: → **V11**.

8 Fabel vom Maikäfer und Engerling

„Guten Tag", sagte der Maikäfer zum Engerling und stolperte über eine Wurzel, „ich bin dein Bruder." Der Engerling betastete vorsichtig den Maikäfer und erwiderte: „Das kann nicht stimmen. Du bist ja ganz hart und steif!"
„Warte nur, nächstes Jahr wirst du dich genauso anfühlen, und dann kommst du endlich aus dieser Finsternis ans Tageslicht."
„Was ist das, bitte, Tageslicht?"
„Alles ist ganz hell und angenehm warm, und man findet viele saftige Blätter zum Fressen."
„Fressen verstehe ich, aber was ist ‚hell' und ‚Blätter'?"
„Die Blätter wachsen an den Bäumen. Du fliegst von einem zum anderen und suchst die zartesten aus."
„Was ist fliegen?"
„Du klappst deine Flügel auf und schwirrst durch die Luft."
„Jetzt verstehe ich gar nichts mehr", entgegnete der Engerling. „Ich glaube, dein Tageslicht hat dir den Verstand ausgetrocknet." Er drehte sich um und nagte an einer Wurzel.

Roman Mensing (geb. 1930)

- Erzähle, wie die Geschichte weitergehen könnte.

9 Symbole der Auferstehung

Wenn man die Auferstehung Jesu auch **nicht realistisch** beschreiben kann, so gibt es doch **Symbole** (→ S. 78) dafür. Welche findest du im Auferstehungstext des Lukas? Welche anderen kennst du? Welche schlägst du neu vor?

10 Osterbräuche

Beschreibt **österliche Speisen, Bräuche und Feiern**. Prüft, wie weit sie sich auf das Neue Testament beziehen. Versucht herauszufinden (→ **V2**), weshalb heute bei uns vor allem der „**Osterhase**" und die „**Ostereier**" so verbreitet sind, die in der Bibel nicht vorkommen. Informiert euch, woher dieser Brauch kommt (→ **V2**).

11 Drei große Themen

Nenne jeweils einen Grund dafür, dass
(1) das **letzte Mahl Jesu**,
(2) die **Kreuzigung** und
(3) die **Auferstehung** Jesu
zu den Grundlagen des christlichen Glaubens geworden sind.

5. Auch heute gegenwärtig

Jesus in Frankfurt

Im vergangenen Jahr, an einem Montagmorgen, tauchte Jesus plötzlich in Frankfurt auf.
Er trug einer alten Frau die schwere Einkaufstasche heim.
Er half einer Türkin, die nicht Deutsch konnte, am Postschalter.
Er schob einen querschnittsgelähmten Mann zwei Stunden lang durch den Palmengarten. Dessen Frau hatte weder Zeit noch Lust gehabt, ihm diesen Wunsch zu erfüllen, obwohl er sich das schon seit Jahren gewünscht hatte.
Er spielte mit einem kleinen Mädchen Ball, das geistig behindert war. Es konnte noch nicht einmal den Ball auffangen.
Er besuchte eine krebskranke Frau im Krankenhaus. Dort lag sie schon ein halbes Jahr, und noch nie hatte sie Besuch bekommen.
Er nahm im Hallenschwimmbad einen ängstlichen Jungen, den die anderen auslachten, an der Hand und sprang mit ihm vom Dreimeterbrett.
Die ganze Nacht schlief er neben einem besoffenen Landstreicher auf einer Parkbank. Er kuschelte sich eng an ihn, damit der Alte nicht fror.
Am nächsten Morgen war Jesus wieder verschwunden. Nicht einmal die Reporter der Bildzeitung hatten gemerkt, dass er da gewesen war. Aber die alte Frau, die Türkin, der Querschnittgelähmte, der Junge, die Kranke und der Landstreicher erzählten allen, denen sie begegneten: „Gestern war ein schöner Tag. Ich bin einem so guten Menschen begegnet."
Nur das geistig behinderte Mädchen sagte nichts. Es konnte ja nicht sprechen. Aber es lachte, warf den Ball in die Höhe und fing ihn wieder auf.

Gudrun Pausewang (geb. 1928)

Was die leute sagen

die lügner sagen
  er ist ein lügner
die dichter sagen
  er ist ein dichter
die propheten sahen
  er ist ein prophet
die revolutionäre sagen
  er ist ein revolutionär
die heiligen sagen
  er ist ein heiliger
die mächtigen sagen
  er ist gefährlich
die liebenden sagen
  er empfindet wie wir
die blinden sagen
  wir sehen alles neu

Wilhelm Willms (1930–2002)

A **Piotr Naliwajko** ist ein polnischer Künstler. Nur wenige seiner Bilder haben religiöse Motive. Zur Deutung des Bildes: → M3.

1. Beschreibt euren **Gesamteindruck** von dem Bild. Wie denkt ihr darüber, dass es auf zerknittertes Papp-Papier gemalt wurde? Welchen Aufbau des Raums könnt ihr – von unten beginnend und nach oben gehend – erkennen? Wodurch ist der obere Teil unterbrochen? Wie wirken die Farben auf euch?
2. Wenn ihr euch den **Einzelheiten** zuwendet, fällt sofort die **Gestalt** auf, die genau in der Mitte des Bildes hockt. Beschreibt die Kleidung, die Hände, die Haare. Was tut der Mann mit seiner rechten Hand? Woran erinnert euch der rote Kreis um seinen Kopf? Überlegt, ob und wo ihr schon einmal ähnliche Gestalten – wenn auch ohne roten Kreis – gesehen habt. Wie denken wir manchmal über solche Typen? Wenn ihr an dieser Gestalt vorbeigehen könntet, müsstet ihr auf sie herabschauen. Wie würdet ihr euch verhalten? Was würdet ihr denken?
3. Erkläre den **Titel des Bildes**, der sich auf Joh 19,5 bezieht. In welchem Zusammenhang steht er in der Bibel? Was findest du davon auf dem Bild wieder?
4. Was **gefällt** dir an dem Bild, was nicht? Gibt es etwas, das du von dem Bild **lernen** kannst?
5. Diskutiert die Frage, ob ein solches Bild etwas im **Religionsunterricht** zu suchen hat.
6. Ideen zum Verständnis des Textes: → M2. Was sind das für Taten, die Jesus hier zugeschrieben werden? Klärt, ob dies zu Recht geschieht und ob wichtigere Themen fehlen.
7. Was könnt ihr feststellen, wenn ihr den Text mit **Mt 25,31–46** vergleicht.
8. Zum Gedicht von Willms: Und was sagst du?

Piotr Naliwajko (geb. 1960), „Ecce Homo“ (lateinisch: Seht ein Mensch), 1988

Was wir können

Wissen

1 Neun Höhepunkte
Zähle die neun Höhepunkte des Lukasevangeliums noch einmal auf – nach Möglichkeit, ohne auf den vorangehenden Seiten nachzusehen. Übe sie auch mit deiner Nachbarin oder deinem Nachbarn in ungeordneter Reihenfolge ein: 2 – 7 – 4 – 9 usw.

2 Die zentrale Botschaft von Jesus
Die Zahlen in den Klammern geben den Buchstaben an, aus denen sich das Lösungswort zusammensetzt. Es bezeichnet die Hauptbotschaft des Lukasevangeliums. Tragt die Lösungen nicht hier in das Buch ein, sondern in euer Religionsheft.

a – bri – chris – den – der – el – frie – ga – gen – gleich – han – hir – jo – ma – na – na – ne – nis – kas – lu – pe – ret – ret – ri – sa – se –tus – ten – trus – wun – za

1. Die Mutter Jesu (2)
2. Evangelist (2)
3. Was verkünden die Engel von Betlehem den Menschen? (1)
4. Welche Textsorte verwendet Jesus für seine Rede vom Reich Gottes oft? (3)
5. Wem erschienen die Engel in Betlehem? (3)
6. Wer blamierte sich in der Leidensgeschichte vor einer Magd? (6)
7. Häufiger Titel Jesu (6)
8. Engel der Verkündigung (6)
9. Name einer Frau, die unter dem Kreuz stand (3)
10. Von Jesus gewirkte Zeichen für das Reich Gottes (2)
11. Ort in Galiläa, in dem Jesus aufwuchs (1)
12. See in Galiläa (1)

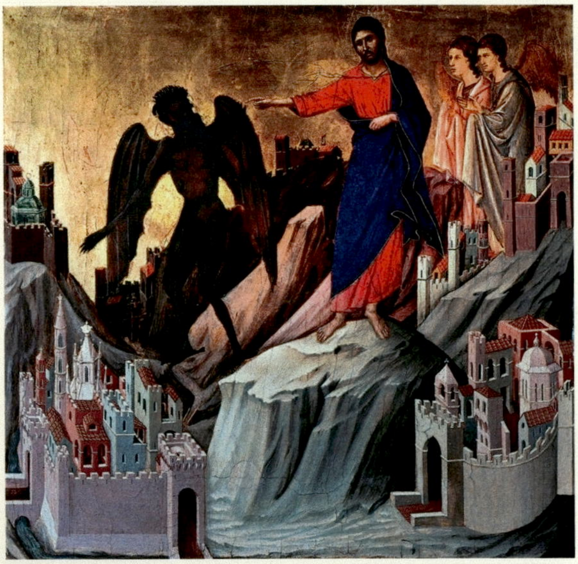

Anwenden – Urteilen – Handeln

3 Ein biblisches Quartett
Vielleicht macht es euch Spaß, ein Quartettspiel (→ S. 2.K.6) mit 32 Karten anzufertigen und später auch damit zu spielen. Es besteht aus 8 Einzelquartetten mit je vier Karten, die Themen dieses Kapitels aufgreifen. Die Karten werden auf der Vorderseite beschrieben und evtl. auch bemalt. Sie müssen auf der Rückseite völlig gleich aussehen.

Evangelisten: 1. Markus, 2. Matthäus, 3. ..., 4. ...
Orte, in denen Jeus sich aufgehalten hat: 1. See Gennesaret, 2. Kafarnaum, 3. ..., 4. ...
Personen um Jesus: 1. Maria, 2. ..., 3. ..., 4. ...
Gleichnisse Jesu: 1. Senfkorn, 2. ..., 3. ..., 4. ...
Wunder Jesu: 1. Blindenheilung, 2. ..., 3. ..., 4. ...
Worte Jesu: 1. Vater, in deine Hände lege ich meinen Geist ..., 2. ..., 3. ..., 4. ...
Worte an Jesus: 1. Wer ist mein Nächster?, 2. ..., 3. ..., 4. ...
Engel-Worte: 1. Verherrlicht ist Gott in der Höhe, 2. ..., 3. ..., 4. ...

- **Wer erklärt die Spielregeln?**

4 Ein neuer Versuch mit einem Text
Ihr habt wichtige Schritte kennengelernt, um mit dem **Text** des Lukasevangeliums umzugehen. Lest jetzt in kleinen Gruppen den Text Lk 4,1–13, den ihr noch nicht kennt, und zeigt, um was es da geht. Besprecht in der Klasse euer Vorgehen und würdigt eure **Ergebnisse**. Wenn ihr diese Aufgabe einigermaßen gut gelöst habt, verdient ihr ein besonderes Lob. Ihr seid auf dem richtigen Weg, gute Bibelkenner zu werden.

5 Ein neuer Versuch mit einem Bild
Dass ihr gelernt habt, **Bilder** verständnisvoll anzuschauen (→ M3), könnt ihr an dem Bild von Duccio zeigen, das sich ebenfalls auf Lk 4,1–13 bezieht. Welche Schritte schlagt ihr vor? Was entdeckt ihr dabei auf dem Bild? Für die Lösung auch dieser Aufgabe verdient ihr Anerkennung. Ihr seid auf dem richtigen Weg, gute Bilddeuter zu werden.

Duccio di Buoninsegna (um 1255–1319),
Die Versuchung durch den Teufel, 1308–1311

Fisch mit Kreuz, Relief der koptischen (ägyptischen) Christen, Oberägypten, 4. Jahrhundert n. Chr.

6 Jesus – ein Superstar?

Wie erklärt ihr euch, dass auch heute Jesus in der Hitliste junger Leute einen guten Platz einnimmt, wenn nach Vorbildern gefragt wird?

7 Ergänzt die Reihe

Jesus ist für mich wie ...

8 Ein Geheimzeichen für Jesus

Die ersten Christen hatten in Zeiten, als sie verfolgt wurden, ein Geheimzeichen, an dem sie sich gegenseitig erkannten. Es musste alltäglich sein und durfte nicht besonders auffallen. Dazu wählten sie den Fisch, weil die einzelnen Buchstaben des griechischen Worten **„Ichthys“ („Fisch“)** leicht zu Anfangsbuchstaben von Wörtern werden konnten, die etwas Wichtiges von Jesus aussagen konnten.

Griechisch	Aussprache	Bedeutung
ΙΗΣΟΎΣ	Iēsous	Jesus
ΧΡΙΣΤΌΣ	Christós	Christus
ΘΕΟΥ͂	Theoú	Gottes
ΥΙΌΣ	(h)Yiós	Sohn
ΣΩΤΉΡ	Sōtér	Retter/Erlöser

Ähnlich könnten wir heute das Wort „Fisch“ so verstehen:

F **F**reund
I **I**mmanuel (hebräisch: „Gott ist mit uns“; → Jes 7,14)
S **S**ohn Gottes
C **C**hristus (griechisch: „Gesalbter“, „Messias“; → S. 116)
H **H**eiland

- Schreibt jeden dieser fünf Buchstaben in schöner Schrift auf ein Blatt oder eine Karte, malt jeweils einen Fisch dazu und hängt die Blätter bzw. Karten nebeneinander in der Klasse auf.

9 Einen neuen Artikel im Rom-Express schreiben

Für anspruchsvolle Schüler/innen: Was hätte **Joseph ben Elisa** (→ S. 102 ff.) deiner Meinung nach im Rom-Express über **Jesus von Nazaret** geschrieben? Wer traut sich zu, an seiner Stelle einen entsprechenden Artikel zu schreiben?

10 Ein Gedankenexperiment – Jesus heute

- Gesetzt den Fall, Jesus würde **heute** unter uns leben: Was würde Jesus heute **sagen**? Was wäre seine Botschaft?
- Welche **Ereignisse, Personen, Techniken und Naturerscheinungen** würde er in seinen Gleichnissen aufgreifen?
- Wen würde er **um sich versammeln**?
- Welche Zustände und Personen würde er **kritisieren**? Mit wem geriete er in heftigen **Streit**?
- Um wen würde sich Jesus besonders **kümmern**? Auf welche Weise würde er sich Gehör verschaffen?
- Welches Schicksal wäre ihm am **Ende** beschieden?

7 Paulus – Das Christentum auf

Bartolomé Esteban Murillo (1618–1682), Paulus vor Damaskus, um 1675–1680

1 Zum Bild: → M3. Schau dir das Bild mit allen Einzelheiten **eine Weile ruhig** an. Sprich dann mit deinem Nachbarn bzw. deiner Nachbarin über eure Entdeckungen und Fragen.
2 Welchen **Aufbau** habt ihr entdeckt? Oben? Mitte? Unten?
3 Wie ist **Jesus** dargestellt? Wie **Paulus**?
4 Was bedeutet die Verteilung von **Licht und Schatten**?

Erfolgskurs

Was wir lernen

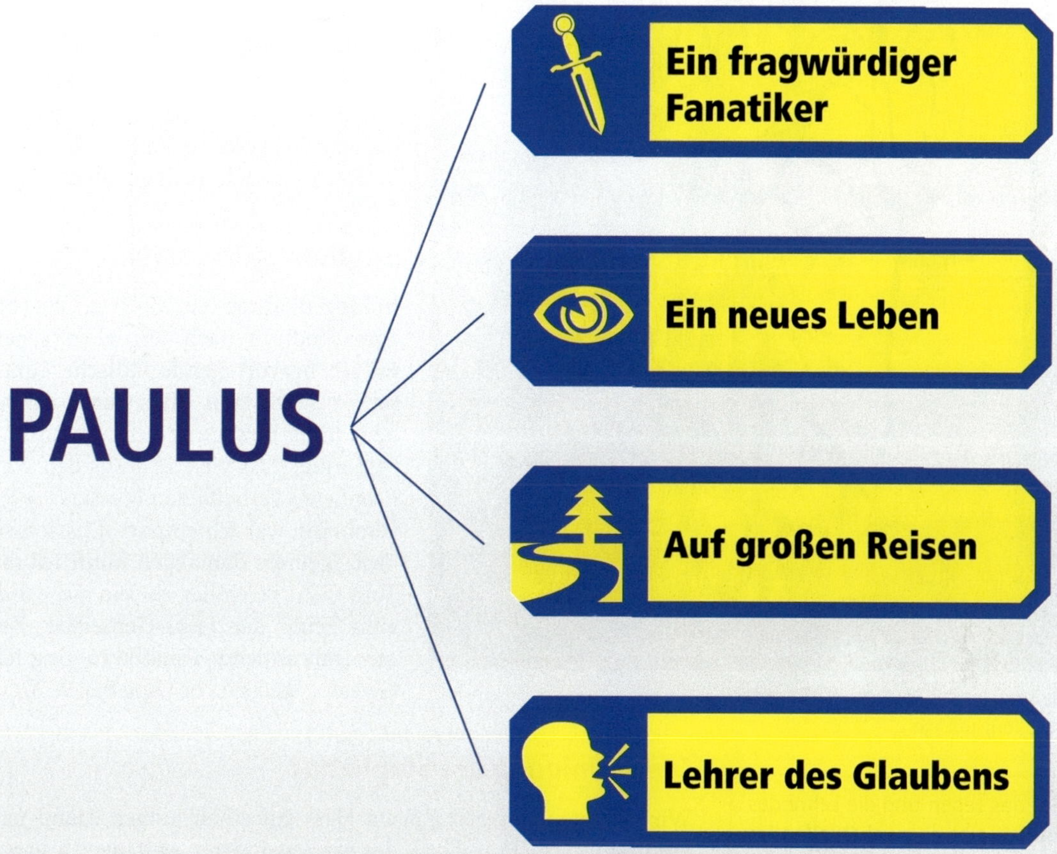

- **Paulus** hat das Evangelium von Jesus Christus weit über seine jüdische Heimat auf großen Reisen in der Welt des Römischen Reiches bekannt gemacht. Seine Briefe sind zu einem Teil des Neuen Testaments geworden. Die Beschäftigung mit Paulus – wie er Apostel wurde, was er auf seinen Reisen erlebte, was er schrieb – ist höchst spannend. Zugleich ist sie auch wertvoll für den Glauben und das Leben.
- Was wir von Paulus wissen, wissen wir aus der **Bibel**. Darum solltet ihr euch auf das stützen, was ihr in dem 2. Kapitel über die Bibel (→ S. 34 ff.) kennengelernt habt.

1. Eine fanatische Phase – Die plötzliche Wende

Paulus, Wandmalerei in einer Katakombe, Rom, um 350

Herkunft aus Tarsus

Ich wurde in **Tarsus**, einer Stadt an der Mittelmeerküste (heute Türkei) geboren (ca. 4–8 n. Chr.). Wir Einwohner haben als **römische Bürger** manche Rechte – vor allem vor Gericht –, die die Leute in den „Provinzen" nicht haben. Meine Eltern sind fromme Juden, die den **Pharisäern** (→ S. 102 f.) nahe stehen. Ich höre auf den römischen Namen **„Paulus"** (lateinisch: „der Kleine") und den jüdischen Namen **„Saulus"** (hebräisch: „ein von Gott Erbetener"). Von Beruf bin ich **Zeltmacher**. In der Sprache und Religion der Juden, Griechen und Römer kenne ich mich gut aus.

Studium in Jerusalem

In jungen Jahren (ca. 25–35 n. Chr.) bin ich zum Studium nach Jerusalem gegangen, wo ich hervorragende jüdische Tora-Lehrer (→ S. 98) fand. Hier wurde ich auf die neue Jesus-Bewegung aufmerksam. Als ich bemerkte, dass viele in Jesus den von den Propheten verheißenen Messias (→ S. 116) verehrten, war ich empört. Das schien mir nach meinem damaligen Eindruck mit der Tora nicht vereinbar zu sein. So wurde ich zum Feind der Jesus-Gemeinde. Zusammen mit anderen Fanatikern ging ich mit Gewalt gegen sie vor (Apg 8,3; 9,1 f.).

L Für das Leben und die Lehre des Paulus gibt es **zwei Quellen im Neuen Testament.**
(1) Die **Briefe,** die Paulus zwischen 50 und 55 n. Chr. geschrieben hat, in denen er oft auf sich selbst zu sprechen kommt.
(2) Die **Apostelgeschichte,** die der Evangelist Lukas um 90 n. Chr. verfasst hat. Hier erzählt er zusammenhängend vom Leben des Paulus.
Lukas schreibt nicht als Augenzeuge und ist auf andere Quellen angewiesen: → S. 114 f. Er schreibt keinen lückenlosen historischen Bericht über die frühe Kirche, sein Buch wirbt vielmehr für den Glauben an Jesus Christus auf dem Weg bis ans Ende der Erde.

Die Steinigung des Stephanus

Wir richteten unseren ganzen Hass auf einen jungen Mann namens **Stephanus** (ca. 35 n. Chr.), der ein begeisterter Anhänger Jesu war. Er konnte über seinen neuen Glauben mit großem Schwung reden. So hat er viele neue Anhänger für die Jesus-Gemeinde gewonnen. Den Juden warf er vor, nicht auf die eigenen Propheten zu hören und Jesus abzulehnen. Das brachte mich und meine Freunde so auf, dass wir Stephanus gewaltsam aus Jerusalem hinaustrieben und vor der Stadt steinigten.

A

1 **Für Freiwillige:** Wer traut sich zu, den Text von **der Steinigung des Stephanus** (Apg 7,54–60) der Klasse langsam und verständlich vorzulesen oder frei zu erzählen (→ V3).

2 Für alle: Zwei Punkte solltet ihr herausarbeiten: (1) den Tod des Stephanus mit dem Tod Jesu (→ S. 136) vergleichen; (2) die Rolle des Paulus bei der Steinigung des Stephanus darstellen.

Steinigung des Stephanus (Apg 7,54 ff.), Müstair, Schweiz, 12. Jahrhundert

Die Wende

[3] Unterwegs aber, als Saul sich bereits Damaskus näherte, geschah es, dass ihn plötzlich ein Licht vom Himmel umstrahlte.
[4] Er stürzte zu Boden und hörte, wie eine Stimme zu ihm sagte: Saul, Saul, warum verfolgst du mich?
[5] Er antwortete: Wer bist du, Herr? Dieser sagte: Ich bin Jesus, den du verfolgst.
[6] Steh auf und geh in die Stadt; dort wird dir gesagt werden, was du tun sollst.
[7] Seine Begleiter standen sprachlos da; sie hörten zwar die Stimme, sahen aber niemand.
[8] Saulus erhob sich vom Boden. Als er aber die Augen öffnete, sah er nichts. Sie nahmen ihn bei der Hand und führten ihn nach Damaskus hinein.
[9] Und er war drei Tage blind und er aß nicht und trank nicht.

aus der Apostelgeschichte 9,3–9

A **Über die Damaskus-Stunde nachdenken**

1 Zur Deutung des Bibeltextes: → M2. Stellt zusammen, was der Bibeltext über das Geschehen vor Damaskus sagt. Was geschah mit Paulus? Was mit seinen Begleitern? Was wurde anders, als es vorher war?

2 Versetzt euch in die Situation der wenigen **Christen in Damaskus,** als sie hörten, Paulus, den sie schon lange als einen gefährlichen Mann fürchteten, komme in die Stadt. Was meint ihr, wie sie ihn in Damaskus empfangen haben? Wie mögen seine **jüdischen Freunde** über ihn gedacht haben, als sie von seiner neuen Einstellung hörten? (→ M1)

3 **Spielt dazu zwei Szenen in Damaskus:** „Paulus bei den Juden" und „Paulus bei den Christen". Anregungen dazu findet ihr in Apg 9,10–25. Zur Einübung: → V9.

L Kurz nach dem Tod Jesu spielten im Leben seiner jungen Gemeinschaft **zwei junge Männer** eine wichtige Rolle. Beide waren hochbegabt, aber gegensätzlich in ihrer Einstellung. Der eine war **Paulus**, der die neue Bewegung hasste und verfolgte, weil er meinte, ein guter Jude dürfe die Lehre Jesu (→ S. 124 ff.) nicht annehmen. Der andere war **Stephanus**, der glaubte, alle Menschen sollten Jesus als Messias anerkennen. Stephanus wurde für seinen Glauben getötet und so zum ersten christlichen **Märtyrer.** Sein Fest ist am **26. Dezember** (→ S. 181).

L Vor **Damaskus** hatte **Paulus** eine **Lichterscheinung** (ca. 35 n. Chr.). Erschüttert hörte er Jesus, den er bis dahin verfolgt hatte. Dieses Ereignis gab seinem Leben eine neue Richtung. Er schwor nicht nur aller **Gewalt** ab, wie es Jesus in der Rede am Berg gefordert hatte (Mt 5,38 ff.). Von nun an stellte er den Glauben an **Jesus Christus in den Mittelpunkt seines Lebens.**

2. Auf neuen Wegen

L **Paulus** hat auf seinen **Reisen** im Römischen Reich die Botschaft von Jesus Christus verkündet. Dabei hat er ca. 16 000 Kilometer zurückgelegt. Sein durchschnittliches Tagespensum zu Fuß wird 25–30 km betragen haben. Mit der staatlichen Post konnte er täglich 40–50 km bewältigen. Die damaligen Segelboote schafften bei gutem Wind sogar 160 Tageskilometer.

Römische Inschrift auf einem Altar, der einer unbekannten Gottheit geweiht ist: „Sei es ein Gott oder eine Göttin“ (Apg 17,16–21).

Auf der ersten Reise (um 46–48): Eine komische Verwechslung

In **Lystra** heilten Paulus und sein Gefährte Barnabas einen Gelähmten. Die Tat löste bei den Leuten eine solche Begeisterung aus, dass sie meinten, die griechischen Götter **Zeus und Hermes** selbst seien in Menschengestalt zu ihnen gekommen. Die Priester brachten Stiere und Kränze und das Volk wollte den beiden Opfer darbringen. Selbst als Paulus und Barnabas darauf bestanden Menschen zu sein, konnten sie die Volksmenge kaum davon abbringen, ihnen zu opfern. Kurz darauf schlug die Stimmung völlig um. Paulus wurde gesteinigt. Weil man glaubte, er sei tot, schleifte man ihn aus der Stadt. Doch Paulus überlebte den Anschlag.

nach Apostelgeschichte 14,8–20

Auf der zweiten Reise (um 50–52): Der Ruf nach Europa

In **Troas**, an der Grenze zwischen Kleinasien und Europa, sah Paulus in einer nächtlichen Vision einen Mann aus Mazedonien, der ihm sagte: „Komm herüber nach Mazedonien und hilf uns.“ Paulus erkannte darin einen Ruf Gottes, nun auch in Europa das Evangelium zu verkünden und begab sich auf dem kürzesten Weg nach Philippi. Dort traf er auf **Lydia**, eine reiche Purpurhändlerin, die durch ihn zur Christin wurde. In Europa war es also eine Frau, die den neuen Glauben zuerst annahm.

nach Apostelgeschichte 16,8–10

An weltberühmter Stelle – kein großer Erfolg

Paulus ging auch in die griechische Hauptstadt **Athen**, die die berühmtesten Dichter, Künstler und Denker der alten Zeit hervorgebracht hatte. Hier begab er sich auf den berühmten **Areopag** (griechisch: „Hügel des Kriegsgottes Ares“) und hielt öffentlich eine Rede, die man

Athen mit der Akropolis, dem großen ummauerten Tempelbezirk. Im Zentrum der Parthenon, der Marmortempel der Göttin Athene. In der Nähe befindet sich der Areopag, wo Paulus eine Rede hielt.

als eine Glanzleistung bezeichnen kann, obwohl sie nicht erfolgreich war. Zunächst schmeichelte er seinen Zuhörern ein wenig, indem er sie „besonders fromm“ nannte, weil sie so viele Götterbilder in der Stadt aufgestellt hatten. Sodann kam er darauf zu sprechen, er sei auch an einem Altar vorbeigekommen, der die Aufschrift trug: „Einem unbekannten Gott“. Paulus wusste wohl, dass die Athener diesen Altar errichtet hatten, weil sie Angst hatten, vielleicht einen Gott vergessen zu haben, der sie deshalb strafen könnte. Aber er gab der Sache geschickt eine andere Wendung. „Was ihr verehrt, ohne es zu kennen, das verkündige ich euch“. Bis dahin hörten die Athener interessiert zu. Dann sprach Paulus zu ihnen von dem Schöpfer des Himmels und der Erde und von Jesus, den Gott von den Toten auferweckt hatte. Das war den Zuhörern zu viel. Daran wollten sie nicht glauben. Trotzdem gewann Paulus auch in Athen einige einflussreiche Leute für das Evangelium.

nach Apostelgeschichte 17,16–34

Freilufttheater in Ephesus. Das Foto lässt nur einen Ausschnitt seiner gewaltigen Ausmaße erkennen. Es hatte 66 Sitzreihen übereinander. Von diesen Rängen herunter schrie die aufgehetzte Menschenmenge dem Paulus entgegen: „Groß ist die Artemis von Ephesus!“ (Apg 19,34).

Ein Erlebnis auf der dritten Reise (um 52–55):

„Groß ist die Artemis von Ephesus“

Paulus hielt sich lange in Ephesus auf, wo es ein vielbesuchtes Heiligtum der griechischen Göttin **Artemis** gab, die für die Fruchtbarkeit zuständig war. Die Leute kamen von weither in ihren Tempel, weil sie glaubten, das hier verehrte Bild der Göttin sei vom Himmel gefallen. In der Stadt gab es viele Silberschmiede, die vom Verkauf kleiner silberner Tempelchen und Artemisfigürchen lebten („Andenkenverkäufer“). Eines Tages wiegelte ihr Anführer **Demetrius** seine Kollegen mit dem Hinweis auf, bald würden sie ihren Job verlieren, weil Paulus den Leuten einzureden versuche, „die mit Händen gemachten Götter seien keine Götter“. Es kam zu einer riesigen Demonstration. Unzählige Leute kamen ins Theater der Stadt und wiederholten fast zwei Stunden lang lautstark: „Groß ist die Artemis von Ephesus“. Nur mit Mühe konnte der Stadtschreiber die Randalierer zur Ruhe bringen. Bei dem Tumult kam Paulus nicht zu Schaden, verließ aber bald die Stadt

nach Apostelgeschichte 19,21–40

Artemis von Ephesus, Nachbildung des dortigen Kultbildes, 2. Jahrhundert n. Chr. Die vielen Brüste weisen sie als eine Muttergottheit aus, die vielen Tiere auf ihrem Gewand zeigen ihre Naturverbundenheit.

A

1 Zeichne die **Karte** im Umschlag – Innenseite hinten – mit den vier Reisen des Paulus nach und trage einige Orte darauf ein, an denen er sich aufgehalten hat. Verbinde die Orte jeder Reise mit Linien in jeweils einer anderen Farbe, also z. B.: 1. Reise rot, 2. Reise blau, 3. Reise grün, 4. Reise schwarz. Die Karte kannst du in dein Religionsheft (→ **V1**) einfügen. Was kannst du zu einigen Orten, die du auf der Karte siehst, erzählen?

2 **Eher für Jungen:** Schreibt eine **Postkarte**, die Paulus von **einer Station** seiner Reise an einen Freund in Jerusalem hätte schreiben können. Einigt euch darüber, wer von welcher Station schreibt. Besonders geeignet sind die Stationen in Paphos (13,6–13), Lystra (14,8–20), Philippi (16,11–40), Athen (17,16–18,1) und Ephesus (19,21–40).

3 **Eher für Mädchen:** Paulus hat viele **Frauen** für das Evangelium gewonnen. Einige, die wohlhabend waren, unterstützten Paulus tatkräftig und hatten so Anteil an seinem Erfolg, z. B. die reiche Purpurhändlerin Lydia. **Damalige Frauenberufe**: Friseurin, Weberin, Näherin, Büglerin, Salberin, Händlerin, Verkäuferin, Zofe, Hebamme, Flötistin, Leierspielerin usw. Wie stellt ihr euch deren Leben vor? Was änderte sich für sie, als sie Christinnen wurden?

L

- Paulus ist nach einer alten Überlieferung während der Christenverfolgung wahrscheinlich im Jahr 64 **unter Kaiser Nero** (→ S. 109) in Rom **enthauptet** worden. Dagegen wurde Petrus damals mit dem Kopf nach unten gekreuzigt.
- Weil Petrus und Paulus in der frühen Christenheit eine herausragende Rolle gespielt haben, werden sie **Apostelfürsten** genannt. Beide sind in **Rom** begraben. Ihr gemeinsamer kirchlicher Gedenktag ist der **29. Juni**.

Die letzte Reise nach Rom (im Jahr 60):

Ein lebensgefährlicher Seesturm vor Malta

Auf der letzten Fahrt des Paulus nach Rom (→ S. 100) geriet sein Schiff in einen tagelangen Wirbelsturm. Alle Passagiere mussten in ein kleines Beiboot umsteigen. Die Segel wurden wegen des Sturmes eingezogen und alle überflüssige Ladung ging über Deck. Aber auch so wurde die Gefahr nicht gebannt. Für die Passagiere gab es kaum mehr etwas zu essen. Paulus aber machte den Leuten Mut. Ihm hatte ein Engel Gottes gesagt, dass alle gerettet würden. Nach 14 schrecklichen Tagen auf dem Meer konnten sie Malta erreichen, ohne dass das Schiff da landen konnte. Einige kamen schwimmend ans Land. Wer nicht schwimmen konnte, rettete sich auf Holzplanken. Alle blieben am Leben, wie Paulus es vorhergesagt hatte.

Bald darauf kam Paulus nach **Rom**, wo es schon eine Christengemeinde gab. An sie hatte er schon früher seinen wichtigsten Lehrbrief geschickt.

nach Apostelgeschichte 27,14–44

Römische Straße in Ephesus

Paulus wird zur Hinrichtung geführt, Ausschnitt von einem römischen Sarkophag (Steinsarg), 4. Jahrhundert

L **Paulus** hat das Christentum auf **neue Wege** geführt

- Zum einen hat er sich dafür eingesetzt, dass Nichtjuden („Heiden"), die Christen wurden, **nicht mehr alle Weisungen der Tora** (→ S. 98), z.B. die Beschneidung oder die Speisegesetze, beachten mussten. So schuf er die Voraussetzung dafür, dass das Christentum sich in der ganzen Welt ausbreiten konnte.
- Zum anderen unternahm er mehrere ausgedehnte **Reisen** in viele Städte des Mittelmeergebietes. Meist ging er zuerst in die Synagogen (→ S. 99), um den **Juden** die Frohe Botschaft von Jesus, dem Messias, zu verkünden. Dort fand er häufig wenig Verständnis, weil die meisten Juden ihrer Tradition treu bleiben wollten. Dann ging er auch zu den **„Heiden"**, wo er mehr Erfolg hatte. Unter ihnen gewann er auch solche „Heiden", die Juden geworden waren („Proselyten"). Er öffnete die Welt des **Römischen Reiches** (→ S. 100) für das Christentum und gründete dort die ersten christlichen **Gemeinden**.

Neue Ideen – Titus erzählt von Paulus

Durch Paulus von Tarsus bin ich zum Glauben an Jesus gekommen. Mit großer Überzeugungskraft hat er hier in Antiochia das Evangelium verkündet. Nun glaube ich fest, dass Jesus, der gekreuzigt wurde, von den Toten auferstanden ist. Er ist der Messias, den viele Juden erwarten. Durch Paulus habe ich auch gelernt, dass das Judentum die Wurzel des Christentums ist und immer bleiben wird. Vom Judentum haben wir Christen den Glauben an den einen Gott, die Zehn Gebote, die heiligen Bücher und vieles andere, was mir sehr gut gefällt. Aber ich wäre nicht Christ geworden, wenn ich als „Heide" alle Gebote der Tora, so gut sie auch für Juden sind, erfüllen müsste. Ich wollte nicht beschnitten werden und auch nicht alle Speiseregeln (→ S. 98) befolgen, die den Juden heilig sind. Daran hätte ich mich nicht mehr gewöhnen können. Vor allem bin ich davon überzeugt, dass ich auch als Nichtjude von Gott durch den Glauben an Jesus angenommen und geliebt bin. Darum bin ich dem Paulus für immer dankbar, dass er das Judentum so für alle Menschen geöffnet hat. Dafür musste er bei manchen Aposteln mutig kämpfen. Aber er hat es geschafft. Zusammen mit ihm will ich mich dafür einsetzen, dass das Evangelium in der ganzen Welt verkündet wird. Durch Paulus wird das Christentum bestimmt eine große Zukunft haben.

A

1 **Paulus** hat viel über das jüdische Volk nachgedacht und sich gefragt, wie das Christentum zum Judentum steht. Einmal hat er gesagt: „Die Christen sind wie Zweige an einem Baum. Die Juden aber sind die Wurzeln des Baumes. Sie tragen den Baum und die Äste. (Röm 11)" Besprecht in Partnerarbeit (→ **V4**), wie dieses **Gleichnis** (→ **M2b**) zu deuten ist.

2 Beschreibt, in welchem Zusammenhang das Gleichnis mit seiner Lebensgeschichte und mit seiner Tätigkeit steht.

3 Überlegt gemeinsam, was sein Wort für das Verhältnis von Juden und Christen heute bedeutet.

3. Der Lehrer des Glaubens

Nicholas Tournier (1590–1639),
Paulus schreibt seine Briefe

Glauben – was ist das?

Paulus hat als Erster den christlichen **Glauben** mit klarem Kopf und unruhigem Herzen beschrieben. Zu einer Zeit, in der noch keines der vier Evangelien geschrieben war, hat er versucht, die neue Botschaft von Jesus Christus zu verstehen und zu deuten. Dabei hat er Dinge ausgesprochen, die für den christlichen Glauben grundlegend sind, z. B.:

- **Gott** ist gut zu uns, auch wenn wir ihm nichts zu bieten haben. Wir können ihm vertrauen und im Frieden mit ihm leben, selbst wenn wir Fehler und Schwächen haben und bei anderen nicht viel Anerkennung finden.
- Gottes Güte, die Paulus auch „**Gnade**" nennt, macht uns gerecht. Sie kann die Macht des Bösen in uns besiegen und uns dadurch frei machen.
- Wir dürfen in **Freiheit** und sollen in **Gerechtigkeit** leben. Das verdanken wir unserem **Glauben** an Christus.
- Christen leben in der **Hoffnung**, am Ende der Tage wie Jesus von den Toten auferweckt zu werden.
- Das Wichtigste, das Christen im Leben empfangen und schenken können, ist die **Liebe.**

L

- Paulus hat mehrere **Briefe** an einzelne Gemeinden und Personen geschrieben. Sie wurden in den Gemeinden sorgfältig aufbewahrt und für andere Gemeinden abgeschrieben. Später fanden sie Aufnahme in das **Neue Testament** (→ S. 38). Sie sind einige Jahrzehnte vor den Evangelien verfasst und somit **die ältesten Schriften des Neuen Testaments**.
- Die Briefe des Paulus haben **seit 2000 Jahren Geschichte gemacht** – mehr als alle anderen Briefe der Welt. Täglich werden Abschnitte aus seinen Briefen im Gottesdienst aller christlichen Konfessionen vorgetragen. Täglich lesen Christen Texte aus den Paulusbriefen, um ihren Glauben zu stärken. Täglich studieren Gelehrte in aller Welt diese Briefe, um sie besser zu verstehen.

Kleine Kostproben aus den Briefen des Paulus

*Viele Sätze aus den Briefen des Paulus sind weltbekannt geworden. Aber manche seiner Worte sind wie **harte Nüsse**, die einen guten Kern haben, aber nicht leicht zu knacken sind. Diese Erfahrung machten schon die frühen Christen.*

Wir sollen als neue Menschen leben. *Röm 6,4*

Freut euch mit den Fröhlichen und weint mit den Weinenden. *Röm 12,15*

Alle Gebote sind in dem einen Satz zusammengefasst: Du sollst deinen Nächsten lieben wie dich selbst. *Röm 13,10*

Wenn ich alle Glaubenskraft besäße und Berge damit versetzen könnte, hätte aber die Liebe nicht, wäre ich dröhnendes Erz oder eine lärmende Pauke. *1 Kor 13,2*

Tod, wo ist dein Sieg? Tod, wo ist dein Stachel? *1 Kor 15,55*

Einer trage des anderen Last. *Gal 6,2*

Unsere Heimat ist im Himmel. *Phil 3,20*

Was wir können

Wissen

1 Ein Paulus-Rätsel

Wenn ihr das Silbenrätsel richtig löst, ergeben die Anfangsbuchstaben den Namen eines Ortes, der für Paulus wichtig geworden ist. Schreibt die Antworten nicht in das Schulbuch, sondern in euer Religionsheft.

a – ar – as – be – de – fürs – ge – go – kannt – ko – me – mes – mis – na – nus – pha – pos – rin – si – ste – tel – sten – sy – te – ther – tri – un – us

1. Silberschmied in Ephesus, der eine Demo gegen Paulus veranstaltete
2. Welchen Ehrentitel haben Petrus und Paulus gemeinsam?
3. Jesus war für Paulus der von den Propheten verheißene ...
4. Welche Göttin wurde in Ephesus verehrt?
5. Wo predigte Paulus auf seinen Reisen meist zuerst?
6. An welche Gemeinde hat Paulus zwei große Briefe geschrieben?
7. Wie nannte Paulus bei den Athenern den Gott, den sie verehrten?
8. An wessen Steinigung war Paulus beteiligt?

2 Ein Pauluskoffer

Malt einen Koffer mit Aufklebern, auf denen Stationen seiner großen Reisen verzeichnet sind, z. B. Lystra, Ephesus ... usw. Erzählt, was er an den betreffenden Orten erlebt hat.

3 Ein Pauluspass

Stellt einen „**Paulus-Pass**" aus. Welche Angaben könnten darin stehen? Welches Passbild erscheint euch geeignet?

Anwenden – Urteilen – Handeln

4 Paulus einen Brief schreiben

Schreibe Paulus einen Brief, in dem du ihm sagst, **wie du von ihm denkst und ihn fragst, was er euch noch erklären sollte**.

- Wer traut sich zu, auf den einen oder anderen eurer Briefe eine **Antwort des Paulus** zu schreiben?

5 Paulus heute

Wenn Paulus heute lebte, würde er sich gewiss auch in unserer Zeit gut zurechtfinden und alle passenden Mittel benutzen, um den Glauben heute zu verkünden. Vielleicht hätte er auch eine Visitenkarte, wie ihr sie jetzt seht. Überlege, was diese Visitenkarte über Paulus sagen kann.

6 Ein Paulus-Bild

Paulus kam in seinen letzten Lebensjahren (ca. 58 n. Chr.) in Caesarea am Meer in ein römisches Gefängnis, weil er beschuldigt wurde, ein Unruhestifter zu sein (Apg 24,22 f.). Der noch junge Rembrandt hat Paulus hier als Greis gemalt. Ihn faszinierten immer die zerfurchten Gesichter alter Menschen. Mit Paulus glaubte er, dass der Mensch trotz aller Fehler und Schwächen, auch mit allen Falten und Runzeln, von Gott geliebt werde.

- Zum Umgang mit dem Bild: → M3. Beschreibt den **Raum**, in dem Paulus sich befindet. Was seht ihr, wenn ihr auf seine **Hände und Füße, sein Gewand, sein Gesicht** achtet? Benennt alle **Gegenstände**, die ihr noch findet. Zum Schwert: → Hebräerbrief 4,12. Wie sind Licht und Schatten verteilt?
- Vergleicht das Bild mit dem Bild von Murillo: → S. 146. Das erste Bild steht für den Beginn seines wichtigsten Lebensabschnitts, das letzte zeigt eine Station auf dem Weg zu seinem Lebensende. Was fällt euch auf, wenn ihr Aufbau und Farben, die Person und Situation des Paulus, den Raum, die Gegenstände, das Licht u. a. vergleicht?
- Lasst **Paulus erzählen**, was er inzwischen erlebt hat.
- Welchen **Eindruck** machen beide Bilder auf euch?

Rembrandt van Rijn (1606–1669), Paulus im Gefängnis, 1627

8 Christen, die man kennen sollte

Antonio Vivarini (um 1415–1480), Sabina, um 1443 (San Zaccaria, Venedig).

Die heilige Sabina war nach alter römischer Überlieferung eine begüterte und vornehme Römerin. Ihr gehörte die christliche Sklavin Seraphina, der es durch ihr beispielhaftes Leben gelang, ihre Herrin für das Christentum zu gewinnen. Bald nach der Festnahme und dem Märtyrertod von Seraphina im Jahr 119 wurde auch Sabina verhaftet und enthauptet. Später wurde in Rom in der Nähe ihres Hauses eine schöne Basilika gebaut, die bis heute ihren Namen trägt. Sabina ist die Patronin der Hausfrauen und Kinder, ihr Gedenktag wird am 29. August gefeiert.

1 Zum **Bild**: → M3. Schreibt alle **Einzelheiten** des Bildes auf und sprecht darüber in der Klasse.

2 Überlegt, warum das Bild Sabina in so großer **Pracht** zeigt, obwohl sie selbst zu ihrer Zeit anders ausgesehen hat. Sucht die **Mittel** heraus, mit denen der Künstler darauf hinweist, dass Sabina eine **Heilige** ist.

3 In diesem Buch findet ihr viele Heilige, z.B. Maria (→ S. 106, 116 f.), Petrus (→ S. 109), Maria von Magdala (→ S. 108), Paulus (→ S. 146 ff.), Augustinus (→ S. 44), Stephanus (→ S. 148 f.). Sucht euch eine dieser Gestalten aus und erzählt davon in der Klasse. Zur Vorbereitung: → V3. Wer kann von einem anderen Heiligen/einer anderen Heiligen etwas mitteilen?

4 Berichtet von **Stars** und von **Vorbildern**. Beschreibt auch, was sie euch bedeuten und warum ihr sie mögt. Was meint ihr: Zählen auch die Heiligen zu den Stars oder Vorbildern?

Was wir lernen

Sabina	Nikolaus	Martin	Bonifatius	Elisabeth
85–125 (?)	270–340	315–397	672–754	1207–1231
Rom (Italien)	Lykien (heute Türkei)	Gallien (heute Frankreich)	Germanien (Deutschland)	Thüringen (Deutschland)

Zu allen Zeiten lebten **herausragende Christen**, die auf verschiedene Weise Jesus nachfolgten. Sie waren aus ihrem Glauben heraus für ihre Zeitgenossen Vorbild. Oft wurden sie selbst von Nichtchristen („Heiden“) bestaunt. Wir nennen solche Männer und Frauen oft **„Heilige“** (von: „heilig“, d.h. „ganz“), obwohl wir wissen, dass sie meist auch Fehler und Schwächen hatten. Manche von ihnen werden bis heute in der Christenheit verehrt.

Von den großartigen Christen, die in der alten Kirche lebten, wissen wir oft nur noch die Namen. Einige von ihnen waren bereit, für ihren Glauben zu sterben. Diese Christen nennen wir **„Märtyrer**.“

!

Basilika: eine frühchristliche Kirche

Märtyrer/in (griechisch: „Zeuge“): ein Christ, der wegen seines Glaubens getötet wird

Palme: Zeichen des Sieges und deshalb auch des Martyriums

Patron/in: jemand, der alle, die ihm anvertraut sind, schützt

1. Nikolaus hilft drei armen Mädchen

Der Nikolaustag

Am Nikolausabend stellen Kinder heute ihre Stiefel vor die Tür oder legen ihre Strümpfe dahin. Diese werden über Nacht von Nikolaus und seinem Begleiter Knecht Ruprecht mit Süßigkeiten gefüllt. Manchmal kommt er auch tagsüber selbst zu den Kindern und sagt ihnen, was sie angestellt haben und welche Fehler sie bekämpfen sollen. Sein Aussehen: langer weißer Bart, rotes Gewand mit weißen Borten, rote Zipfelmütze, in der einen Hand trägt er einen prallvollen Sack, in der anderen eine Zuchtrute. So wird er geliebt und gefürchtet. Dieser Nikolaus gehört zum Programm des Jahres wie der Christbaum, Prinz Karneval und Osterhase.

Der wirkliche Nikolaus

Der Nikolaus, der vor mehr als 1600 Jahren gelebt hat, war nicht so gekleidet und hatte auch keinen Ruprecht in seiner Nähe. Aber er war ein Mann, der viel Gutes getan hat. In einer Welt, in der das Christentum noch jung und weithin unbekannt war, hat er gezeigt, worauf es für Christen ankommt. Wie Jesus hat er sich anderen Menschen gegenüber liebevoll und gütig gezeigt. Wo er nur konnte, hat er ihnen geholfen. Das christliche Volk hat ihn nie vergessen. Viele alte Legenden (→ M2a) bewahren die guten Erinnerungen an ihn auf.

Nikolauskirche in Myra, Türkei, 8. bis 11. Jahrhundert

L

Nikolaus lebte ca. 270–340 in Lykien im Südwesten der heutigen Türkei. Während einer Christenverfolgung wurde er eingesperrt und gefoltert. Er war Bischof von Myra und hat wohl am Konzil von Nizäa 325 mitgewirkt. Es wird erzählt, dass er sich dort scharf gegen einen Irrlehrer gewandt und diesem sogar eine Ohrfeige verabreicht habe. Sein Leichnam wurde 1087 in Myra entführt und nach Bari in Süditalien gebracht, wo sich sein Grab auch heute befindet.
Bis auf den heutigen Tag wird er in allen christlichen Kirchen als Heiliger hoch verehrt. Sein griechischer Name bedeutet: Sieger aus dem Volk.
Er ist der **Patron** der Kinder, der Schüler, Mädchen und alten Menschen, der Ministranten, Korn- und Samenhändler, Metzger, Schiffer, Matrosen.
Am **6. Dezember** wird sein Fest gefeiert.

!

Konzil: Kirchenversammlung, die strittige Fragen des christlichen Glaubens klärt.
Irrlehrer: jemand, der eine wichtige religiöse Lehre vertritt, die in der Kirche keine Anerkennung findet

Der heilige Nikolaus in den Legenden

- In Myra lebte ein **Witwer** mit seinen **drei hübschen Töchtern**. Weil sie arm waren und keine Aussteuer erwarten konnten, fanden sie keinen Mann, der sie heiraten wollte. Als Nikolaus, ihr Nachbar, von der Not des Vaters und seiner Töchter erfuhr, beschloss er rasch zu helfen. Niemand sollte allerdings merken, von wem die Hilfe kam, weil er dafür keinen Dank wollte. Er nahm also einen Beutel mit Goldstücken, warf ihn nachts heimlich durch das Fenster der Armen und verschwand so schnell, wie er gekommen war. Als der Vater morgens das Gold fand, war er überglücklich und besorgte eine Aussteuer für seine älteste Tochter, die daraufhin auch rasch einen Bräutigam fand. Das Gold reichte auch noch für eine schöne Hochzeit, aber an der Notlage der beiden anderen Töchter änderte sich nichts. Da trat Nikolaus wieder auf den Plan, warf wieder ein paar Goldstücke in das Zimmer und erreichte auch diesmal, dass die zweite Tochter heiraten konnte. Der Witwer war froh und dachte bei sich, dass der Wohltäter wohl auch ein drittes Mal kommen werde. Um ihn kennenzulernen, legte er sich direkt unter das Fenster. Tatsächlich erschien Nikolaus noch einmal und warf wieder Goldstücke durch das Fenster. Da wachte der Vater auf und lief dem guten Spender hinterher. Er war erstaunt, als er sah, dass dieser sein Nachbar Nikolaus war. Von Herzen dankte er ihm und sorgte dafür, dass die gute Tat des Nikolaus bald in aller Munde war. Alle Leute dachten: Dieser Nikolaus soll unser Bischof werden. Er ist ein vorbildlicher Christ.

- Einmal rettete Nikolaus aus der Ferne **drei unschuldig Verurteilte** vor dem Schwert des Henkers, indem er dem Kaiser im Traum erschien und ihn um ein gerechtes Urteil für die Armen bat.
- Um ein **in Seenot geratenes Schiff** mit drei Pilgern zu retten, begab sich Nikolaus an Bord, stillte den Sturm und brachte das Schiff sicher in den Hafen.
- **Drei Schüler**, die auf der Suche nach Arbeit von einem Metzger grausam ermordet worden waren, erweckte er wieder zum Leben.
- Als in Myra einmal eine **große Hungersnot** herrschte, ging er in den Hafen der Stadt, wo große Getreideschiffe lagerten, die für den Kaiser bestimmt waren. Nikolaus erbat nur 100 Säcke Getreide und versicherte, dass durch sein Gebet nichts bei der Ablieferung fehlen werde, was dann auch eintraf. Nikolaus aber konnte seine Gemeinde satt machen und sogar noch Saatgut austeilen.
- Ein reicher Mann hatte von den Wundern des Heiligen gehört. Er besorgte sich ein **Nikolausbild** und bat es, sein Haus zu bewachen, wenn er auf Reisen war. Trotzdem wurden seine Schätze gestohlen. Als der Mann nach seiner Rückkehr den ganzen Schaden bemerkte, machte er dem Bild schwere Vorwürfe und beschädigte es wütend mit Stockhieben. Nikolaus erschien daraufhin den Dieben im Traum und drohte ihnen den Tod am Galgen an, wenn sie die Schätze nicht zurückgäben. Darauf brachten sie dem Mann das gestohlene Gut zurück und berichteten ihm von der Erscheinung des Heiligen. Tief beeindruckt ließ sich der Mann taufen.

Nikolaus, Ikone (→ S. 191) aus Byzanz, 10. Jahrhundert. Der Heilige trägt einen bischöflichen Ehrenschal („Pallium“) und hält eine Bibel in der Hand.

A

1 Erzählt, wie ihr den **Nikolaustag** feiert und was ihr von der Art, wie sein Andenken gefeiert wird, haltet.
2 Spielt die Erzählung von **Nikolaus und den drei armen Mädchen** in der Klasse mit verschiedenen Rollen (→ V9) und führt sie am Nikolaustag in der Schule auf.
3 Erzähle deinen Eltern, Freund/innen oder Bekannten eine Legende von Nikolaus und sage zugleich, was sie bedeutet.
4 Nun eine schwierige Frage: Das, was in **Legenden** (→ M2a) erzählt wird, ist nicht immer geschehen. Warum sind Legenden „wahr“?

Masaccio (1401–1428), Nikolaus bringt den drei Mädchen das Gold, 1426

2. Martin teilt seinen Mantel

Martin teilt mit dem Schwert seinen Mantel, Buchmalerei, England, 14. Jahrhundert

Dem Kriegsdienst geweiht

Als 316 in **Ungarn** in einer römischen Offiziersfamilie ein Junge geboren wurde, gaben ihm seine Eltern den Namen „Martin" (lateinisch: „kleiner Mars"). Sie zeigten damit, dass sie den römischen **Kriegsgott Mars** verehrten und den Jungen für die Soldatenlaufbahn bestimmten. Martin wurde **Offizier** und kam nach Gallien, wo er das Christentum näher kennenlernte.

Martin teilt seinen Mantel mit einem Bettler und wird Christ

Anlass für seine Taufe soll ein Erlebnis gewesen sein, von dem eine weithin bekannte Legende (→ M2a) erzählt. Danach ritt er an einem eiskalten Winterabend mit seinen Kameraden nach **Amiens**. Am Stadttor streckte ihm ein armseliger Bettler, der in Lumpen gehüllt war, die Hände entgegen. Weil Martin kein Geld bei sich hatte, aber Mitleid mit dem **Bettler** empfand, zog er kurz entschlossen sein Schwert, zerschnitt seinen Mantel in zwei Teile und gab einen davon dem Bettler, ohne sich um den Spott seiner Kameraden zu kümmern, die den Offizier mit dem halben Mantel kräftig verlachten. In der Nacht erschien ihm **Christus**, der mit dem Mantelstück bekleidet war, und sagte: „Martin, der noch nicht Christ ist, hat mich bekleidet." Daraufhin ließ sich Martin 334 in Amiens taufen.

Simone Martini (1284–1344), Martin nimmt vor dem Kaiser Abschied vom Militärdienst, um 1325

Martin gibt den Beruf des Soldaten auf

Bald stand er vor dem Problem, ob er als Christ noch den Beruf des Soldaten ausüben könne, dessen Aufgabe es ist, Krieg zu führen. Er entschied sich – anders als andere Christen – dagegen und gab seine Offizierskarriere auf. Um diesen Entschluss seinen Eltern mitzuteilen, ging er noch einmal in seine Heimat. Er konnte seine **Mutter** bewegen Christin zu werden, während sein **Vater** wohl zornig darüber war, dass er den Soldatenberuf aufgegeben hatte.

Auf der Suche nach dem richtigen Lebensweg

Weil er in aller Ruhe darüber nachdenken wollte, was er im Leben tun sollte, ging er auf eine einsame Insel, aß nur Beeren, Kräuter und Früchte und lebte als strenger Asket. Nach einiger Zeit ging er nach **Poitiers** im heutigen Frankreich, wo es berühmte Lehrer der Theologie gab. Er lernte eifrig, aber auch hier lebte er als ein genügsamer Einsiedler, der vielen Menschen half und guten Rat geben konnte. Darum wollte das Volk der nahe gelegenen Stadt **Tours** ihn zum Bischof haben. Die Priester lehnten ihn eher ab, weil er ihnen für die Würde dieses Amtes zu ungepflegt und zu wenig vornehm zu sein schien. Auch er selbst wollte nicht Bischof werden.

Ökumenisches Martinsfest in Erfurt (→ S. 194)

Die Flucht in den Gänsestall

Da soll er sich in einem Gänsestall versteckt haben, wo er warten wollte, bis ein anderer für das Bischofsamt gefunden war. Als man ihn überall suchte, verrieten die Gänse durch ihr Geschnatter sein Versteck. In Erinnerung daran essen viele Familien am Martinstag einen köstlichen Gänsebraten.

Der Bischof von Tours

Tatsächlich setzte sich das Volk durch. 371 wurde Martin in **Tours** zum Bischof geweiht. Er nahm sein Amt ohne jeden Prunk wahr, setzte sich für Recht und Gerechtigkeit auch beim Kaiser ein, stand auf Seiten der Armen und Schwachen und wurde ein beliebter Seelsorger. Selbst anderen Bischöfen widersprach er heftig, wenn sie gegen das Evangelium verstießen. Als er zum Sterben kam, legte er sich am Boden auf Asche, weil er meinte, das sei für den Christen ein richtiges Zeichen. Er starb in Tours am 11. November 397 und dort wurde er auch begraben. Sein Grab ist bis heute ein beliebtes Wallfahrtsziel.

L Als **Martin** (316–397) lebte, war das Christentum schon nach Gallien, das heutige Frankreich, gekommen und hatte dort großen Anklang gefunden. Martin selbst fand den christlichen Glauben so überzeugend, dass er sich taufen ließ. Bald danach wurde er Bischof von Tours. Immer hat man seine Bescheidenheit und Liebe zu den Armen bewundert.
Schon kurz nach seinem Tod breitete sich sein Ruhm in weiten Teilen Europas aus. Bis heute werden viele schöne Legenden von ihm erzählt.
Er wurde zum Patron der Bettler, Schneider und Wehrdienstverweigerer.
Zu seinen Ehren veranstalten noch heute die Kinder an vielen Orten um den **11. November** herum einen Lichterzug.

! **Amiens, Tours und Poitiers:** damals und heute wichtige Städte in Gallien, heute Frankreich
Asket: einer, der zugunsten eines einfachen Lebens auf Annehmlichkeiten verzichtet, z.B. bei der Kleidung und der Wohnung

2. Im Schnee saß, im Schnee saß, im Schnee, da saß ein armer Mann,
hatt' Kleider nicht, hatt' Lumpen an:
„O helft mir doch in meiner Not,
sonst ist der bittre Frost mein Tod!"

3. Sankt Martin, Sankt Martin, Sankt Martin zieht die Zügel an,
sein Ross steht still beim armen Mann.
Sankt Martin mit dem Schwerte teilt
den warmen Mantel unverweilt.

4. Sankt Martin, Sankt Martin, Sankt Martin gibt den halben still,
der Bettler rasch ihm danken will.
Sankt Martin aber ritt in Eil'
hinweg mit seinem Mantelteil.

Text und Melodie: Volkslied vom Niederrhein

A
1 Für Bastelfreunde: Fertigt eine **Martinsfackel** an, die ihr in einem Martinszug mitnehmen könnt. Welche Ideen habt ihr?
2 Berichtet, welche **Bräuche** zu Ehren von Sankt (von lateinisch „sanctus" = „heilig") Martin in eurer Gegend lebendig sind.
3 Zeigt auf, worin „**Martin** ist ein guter Mann, der uns vieles geben kann", wie es in einem anderen Martinslied heißt.

3. Bonifatius gewinnt die Germanen für das Christentum

L Das Christentum kam schon früh zu den **Germanen**. Zuerst waren es einzelne römische Soldaten, die hier als Christen hinkamen. Seit dem 5. Jahrhundert brachten Wanderprediger das Evangelium zu unseren Vorfahren. Die erfolgreichste Gestalt bei der Bekehrung der Germanen war **Bonifatius** (672/75–754). Er hat große Teile Germaniens missioniert.
Weil die vielen germanischen Stämme nun einen gemeinsamen Glauben hatten, konnte Karl der Große (768–814) sie nur wenig später zu einem starken Reich zusammenführen. Kaum jemand ist für die frühe Geschichte Deutschlands wichtiger gewesen als Bonifatius. Darum wird er „**der Apostel der Deutschen**" genannt. Sein Gedenktag ist der **5. Juni**.

Der Missionar bei den Germanen

Winfried – der ursprüngliche Name des Bonifatius – stammte aus einer angelsächsischen Adelsfamilie, wurde Mönch in einem Kloster der **Benediktiner** und zeigte schon früh eine herausragende Begabung.
Im Jahr 715 entschloss er sich mit zwei Freunden auf Wanderschaft zu gehen und den Germanen auf dem Festland das Evangelium zu bringen. Zuerst kam er zu den **Friesen**, hatte aber dort keinen Erfolg. 718 machte er sich auf den Weg zum Grab des Petrus (→ S. 109) in **Rom**, um sich dort vom Papst Weisungen für seine Arbeit bei den Germanen geben zu lassen. Der Papst sandte Winfried offiziell zu den Germanen und gab ihm den neuen Namen „**Bonifatius**" (lateinisch: „Wohltäter"). Bei einem zweiten Besuch in Rom wurde er 722 zum **Bischof** geweiht. Er gründete zahlreiche **Klöster** und gewann die Stammesherrscher für den Aufbau von **Bistümern**.

A

1 Erzählt, was ihr von der **Religion der Germanen** wisst und welche Götter und Göttinnen ihr kennt. Findet heraus, welche in den Namen in unserer Wochentage weiterleben. Ein paar Einzelheiten findet ihr wohl in eurem Geschichtsbuch. Anregungen für diese Arbeit: → V2.
2 Stelle dir vor, du wolltest heute – ähnlich wie Bonifatius damals – **andere Menschen zum Christentum** bewegen. Was würdest du tun und den Leuten sagen?
3 Überlege, welche Einstellung aus den **letzten Worten des Bonifatius** spricht. Vergleiche sie mit einem der sieben letzten **Worte Jesu am Kreuz**: → S. 136, Lk 23,34.

Oben: Bonifatius tauft einen Germanen.
Unten: Bonifatius wird in Friesland erschlagen. Fulda, um 1000

Der Sieger über die Donareiche

In Hessen vollbrachte Bonifatius 723/24 seine wohl berühmteste Tat. In dem kleinen Ort **Geismar** stand eine heilige **Eiche, die dem Germanengott Donar geweiht war**. Donar gebot über Wind und Wetter, über Blitz und Donner. Mit seinem Hammer konnte er furchtbar zuschlagen. Die Germanen glaubten, dass die Kraft des Baumes und die Kraft des Gottes viel miteinander zu tun hätten. Bonifatius wusste, dass er mit seiner Botschaft nur Erfolg haben würde, wenn er sich mit seinem Christengott als der Stärkere erwies. Um die Ohnmacht des Germanengottes zu beweisen, machte sich Bonifatius mutig daran, die ehrwürdige Eiche eigenhändig zu fällen. Alle Anwesenden warteten in äußerster Spannung darauf, dass der Donnergott die Tat verhinderte. Aber ohne dass es blitzte und donnerte konnte Bonifatius seine Tat vollenden. Diesen Ausgang hatten die Leute von Geismar nicht erwartet. Nun hatten alle den klaren Beweis, dass Donar von Christus besiegt war. Bonifatius war mit einem Schlag berühmt. Er baute aus dem Holz der Donareiche eine kleine Kirche zu Ehren des Petrus. Viele Frauen, Männer und Kinder in Hessen ließen sich taufen. Ähnliche Erfolge hatte er bei anderen germanischen Stämmen.

Grabstein aus Moselkern/Cochem-Zell, um 700. In der oberen Figur kann man den gekreuzigten Jesus erkennen. Es ist die früheste uns bekannte Darstellung Jesu am Kreuz nördlich der Alpen.

Der Tod bei den Friesen

Im Alter von ca. 80 Jahren kehrte Bonifatius noch einmal zu den **Friesen** zurück, bei denen er zu Beginn seiner Missionstätigkeit nichts erreicht hatte. Während er am **5. Juni 754** bei Dokkum die Firmung spendete, wurde er von fanatischen Kerlen überrascht, die mit Lanzen und Beilen über ihn herfielen. Er und 52 seiner Gefährten wurden grausam **erschlagen**. Es nützte ihm nichts mehr, dass er im letzten Moment ein schweres Buch über seinen Kopf hielt, um sich vor den Hieben zu schützen. Wie er es selbst gewünscht hatte, wurde er in seinem Lieblingskloster in **Fulda** begraben.

Der Ragyndrudis-Codex (8. Jahrhundert). Mit ihm soll Bonifatius bei seinem Tod versucht haben, die Schwerthiebe aufzufangen.

Lasst ab vom Kampf!
Tötet nicht! Vergeltet nicht
Böses mit Bösem!
Seid stark in Gott!
Haltet alles aus!
Den Körper können sie töten.
Die Seele nicht.

Die letzten Worte des Bonifatius

!

Wanderprediger: Missionare, die umherzogen und deshalb oft keinen dauerhaften Erfolg hatten

Benediktiner: Mönche des Benediktinerordens, den Benedikt von Nursia (480–547) in Italien gegründet hat. Heute gibt es weltweit ca. 8000 Benediktiner.

4. Die Königstochter Elisabeth widmet sich den Armen

Kindheit und Jugend auf der Wartburg

Elisabeth, eine **Tochter des ungarischen Königs,** wurde – entsprechend den damaligen Sitten – als vierjähriges Kind mit Ludwig, dem Sohn des Landgrafen von Thüringen, verlobt. Darum musste sie schon in jungen Jahren auf die **Wartburg** nahe bei Eisenach ziehen. Sie war ein schönes und zugleich temperamentvolles Mädchen, das gern spielte, hervorragend tanzte und sattelfest beim Reiten war.

Am thüringischen Hof bemerkte man rasch zwei Eigenschaften des Mädchens, die für eine Königstochter nicht selbstverständlich waren. Sie zeigte einen tiefen **Gottesglauben** und hatte einen ausgeprägten **Sinn für Gerechtigkeit und Nächstenliebe**. Die zukünftige Landesherrin ging ohne persönlichen Schmuck in den Gottesdienst und trug so bescheidene Kleider, dass man sie mit einer Dienstmagd oder Nonne verwechseln konnte. Bei Tisch nahm sie nur solche Speisen zu sich, bei denen sie sicher war, dass sie nicht von armen Bauern erpresst waren. Einmal warf sie im Gottesdienst ihre goldene Krone zu Boden, weil sie sich damit vor dem dornengekrönten Jesus schämte. Über all diese Taten rümpften die Hofleute ihre Nasen. Nur **Ludwig**, ihr **zukünftiger Ehemann,** hielt zu ihr.

Die Wartburg außerhalb von Eisenach, Thüringen

Die glückliche Ehe mit dem Landgrafen Ludwig

Im Jahr 1221 heirateten Ludwig und Elisabeth. Er war damals 21 Jahre und sie gerade 14 Jahre alt. Die **Ehe** wurde sehr glücklich. Sie hatten **drei Kinder**, denen ihre ganze Liebe galt.

Ludwig gestattete ihr ungewöhnliche Wohltaten. Am Fuß der Wartburg wurden in einem Hospital täglich 900 Arme versorgt. Damit diese nicht immer abhängig blieben, bot sie ihnen tatkräftig Hilfe zur Selbsthilfe an. Sie sollten allmählich lernen, auf dem Feld zu arbeiten oder ein Handwerk auszuüben. Elisabeth selbst pflegte **Aussätzige** und sorgte für **Waisenkinder**.

1227 schloss sich Ludwig einem **Kreuzzug** des deutschen Kaisers Friedrichs II. (1220–1250) an. Unterwegs starb er an einer Seuche. Mit zwanzig Jahren war Elisabeth **Witwe**.

L **Elisabeth von Thüringen** (1207–1231) war eine Königstochter aus Ungarn. Da sie den Sohn des thüringischen Landgrafen heiraten sollte, wurde sie nach Deutschland geschickt. Sie war lebenslustig und fromm zugleich. Ihren Reichtum teilte sie mit den Armen und Kranken. Schon kurz nach ihrem frühen Tod breitete sich ihr Ruhm im ganzen Land aus.

Sie ist die **Patronin** der Waisenkinder und Witwen, der Bäcker und Bettler. Ihr Fest wird am **19. November** gefeiert.

Eine leidvolle Zeit

Am Hof stellte man sie nun vor die Wahl, ihren bisherigen Lebensstil aufzugeben oder auf ihr Hab und Gut zu verzichten. Weil sie ihrer Überzeugung nicht untreu werden wollte, wurden ihr **alle Güter abgenommen**. Mitten im Winter musste sie mit ihren Kindern die Wartburg verlassen. Niemand nahm sie auf, da jedem schwere Strafen angedroht waren, der ihr Unterkunft gewährte. Zuerst hat sie wohl in einem Schweinestall gehaust, bis sie ein armseliges Notquartier in einem Kloster fand.

Kölner Meister, Elisabeth pflegt einen Kranken, um 1380

Die Chance, Kaiserin zu werden

Als ihr Onkel Egbert, Bischof zu Bamberg, von ihrem Elend erfuhr, versuchte er, die tüchtige und angesehene Frau zu einer zweiten Ehe zu bewegen. Sie sollte die **Frau des Kaisers Friedrich II.** werden, der damals der mächtigste Mann der Welt war. Elisabeth lehnte das ungewöhnliche Angebot ab. Sie wollte auf ihrem einmal eingeschlagenen Lebensweg bleiben.

Ich habe immer gesagt, dass wir die Menschen fröhlich machen müssen.

Elisabeth von Thüringen

Der frühe Tod

Elisabeth ging nun nach Marburg, wo sie sich um die Ärmsten der Armen kümmerte. Am Karfreitag **1228** entschied sie sich, die radikalen Ratschläge Jesu zu **Armut und Ehelosigkeit** zu befolgen. Sie ließ sich alle Haare abschneiden und kleidete sich nur noch mit einem geflickten Rock, der mit einem Strick gegürtet war. Bis zum Tod bewahrte sie aber immer ihren heiteren Sinn. Sie starb am 17. November 1231 im Alter von 24 Jahren.

Die Rosenlegende

Einst ging Elisabeth zu den Armen. In ihrem Korb lag Brot, das sie ihnen bringen wollte. Darüber lag ein Tuch, so dass man das Brot nicht sehen konnte. Als ihr Schwager, der ihr nicht gewogen war, sie sah, fragte er: „Was trägst du in deinem Korb?“ Sie antwortete bescheiden: „Rosen, mein Herr!“ Ungläubig schaute der Mann in den Korb und fand darin lauter frische Rosen. Da ging er nachdenklich weg. Elisabeth aber konnte den Armen die „Rosen“ bringen.

A

1. Ergänze die Sätze:
   - An Elisabeth gefällt mir ...,
   - Ich verstehe nicht, weshalb Elisabeth ...
   - Ihr Mann Ludwig verhielt sich zu ihr ...
   - Wie die Hofleute mit Elisabeth umgingen ...
2. Versucht, eine oder mehrere Szenen aus dem Leben der Elisabeth zu zeichnen/malen oder auch in der Klasse zu spielen (→ V9).
3. Deute die Legende (→ M2a) von dem Rosenwunder.
4. Zeige an Beispielen auf, wie Elisabeth in ihrem Leben Jesus gefolgt ist.

Was wir können

Wissen

1 Da könnt ihr euch wohl daran erinnern

- Der heilige ? versteckte sich in einem Gänsestall.
- Die heilige ? wurde von ihrer Sklavin für das Christentum gewonnen.
- Die heilige ? heiratete schon mit 14 Jahren.
- Der heilige ? nahm an einem Konzil teil.
- Der heilige ? hat eine Donareiche gefällt.
- Der Name Nikolaus bedeutet ... ?
- Der Name Martin bedeutet ... ?
- Die heilige Elisabeth lehnte eine Ehe mit einem ? ab.
- Der erfolgreichste Missionar der Germanen war der heilige ... ?

- Ergänze die Sätze.

2 Eine Legende erzählen

Erzähle eine Legende von einem Heiligen und deute sie mit deinen Worten. Eine Hilfe ist dabei → M2a.

3 Die Heimat der Heiligen

Nennt die Orte und Länder, wo Sabina, Martin, Nikolaus, Bonifatius und Elisabeth gewirkt haben. Unterscheidet davon die Geburtsorte (-Länder).

Anwenden – Urteilen – Handeln

4 Mein liebster Heiliger – meine liebste Heilige

- Jeder sucht sich einen Lieblingsheiligen bzw. eine Lieblingsheilige aus. Das kann der Namenspatron bzw. die Namenspatronin sein, aber auch jemand anders. Trage dazu in dein Religionsheft (→ V1) Folgendes ein:

(1) eine kurze Lebensbeschreibung
(2) eine Legende und deren Deutung (wenn es eine Legende gibt)
(3) ein kurzes Wort des/der Heiligen
(4) Namenstag bzw. Festtag (→ S. 180 f.)
(5) Schutzpatron/Schutzpatronin für ...
(6) ein Bild/Foto des Heiligen bzw. der Heiligen, das du suchst oder selbst malst.

Zu vielen Heiligen findest du Angaben im Internet: www.heiligenlexikon.de

Wie du etwas über deinen Heiligen/deine Heilige herausfinden kannst: → V2.

5 Deute den Satz:

Heilige sind Menschen, die es uns möglich machen, an Gott zu glauben.

6 Einen Namenstagskalender eurer Klasse anfertigen

Alle Schüler/innen und auch die Religionslehrer/innen vermerken auf einem Blatt Papier (DIN A4-Format) jeweils Folgendes über ihren Namenspatron/Namenspatronin:

(1) ihren Vornamen und das Datum ihres Namenstags z. B. Benedikt von Nursia, 11. Juli
(2) die Wortbedeutung des/der Heiligen, z. B. der Gesegnete
(3) die Bedeutung des Namenspatrons/der Namenspatronin, z. B. Gründer des Benediktinerordens
(4) ein Bild oder ein Wort des/der Heiligen, z. B. „Bete und arbeite“
(5) ein Passfoto von euch und ein Bild des/der Heiligen, z. B. Benedikt mit seiner Schwester Scholastika

Sammelt diese Blätter und tragt sodann die Namenstage in einen Jahreskalender ein, der in der Klasse hängen soll, z. B. Benedikt, 11. Juli. So denkt ihr im Laufe des Jahres an alle eure Namenstage und habt viele Tage im Schuljahr, an denen ihr jemandem zum Namenstag gratulieren könnt.

- Wer Namenstag hat, sollte ein paar Sätze über seinen Namenspatron bzw. seine Namenspatronin erzählen. Wer einen Namen hat, von dem es keinen Heiligen gibt (z. B. Hella oder Thorsten), möge sich selber einen Heiligen aussuchen, der sein Patron werden könnte. Auch dessen Name kann im Kalender eingetragen werden, z. B. am Geburtstag des Betreffenden.

7 Heilige der Heimat

Es gibt nicht nur die weithin bekannten Heiligen, die in der ganzen Kirche verehrt werden, sondern auch Heilige, die nur in einzelnen Gegenden bekannt sind, z. B. Franziska Schervier in Aachen, Gereon in Köln, Kilian in Würzburg, Pauline von Mallinckroth in Paderborn usw. Findet heraus, welche Heilige in eurer Gegend verehrt werden und was von ihnen erzählt wird. Wie wird ihr Andenken gefeiert? Wann ist ihr Fest?

8 Heiligen-Bilder

Es gibt viele Bilder und Bildchen von den Heiligen. Manche werden in der Kirche zur Kommunionfeier oder zu Ostern verteilt, andere liegen im Gebetbuch der Großeltern, einige finden sich im Lexikon und Internet, in Geschichts- oder Religionsbüchern. Wenn jeder von euch auch nur ein Heiligenbild(chen) mitbringt, könnt ihr eine interessante Ausstellung machen. Auf den Bildern gibt es viel zu entdecken und zu vergleichen. Manche Bilder werden euch gefallen, andere nicht. Auch diese könnt ihr mitbringen und dann erklären, warum sie euch nicht gefallen.

Das Gesicht der Heiligen ... auf frommen Bildern

Maria Hilf, Bayern, 1866. Christen, die von einem schweren Leiden befreit worden waren, stifteten solche Bilder für Kirchen und Klöster. Links unten eine Frau mit Rosenkranz, die das Bild in Auftrag gegeben hat.

St. Georg, Ende 18. Jahrhundert. Das Bild zeigt den Heiligen als Ritter, der einen Drachen, Symbol des Bösen, tötet.

Heilige Barbara, 19. Jahrhundert. Barbara soll am Ende des 3. Jahrhundert als Märtyrerin im Gebiet der heutigen Türkei gestorben sein. Vorher wurde sie lange in einem Turm gefangen gehalten. Ihr Festtag ist der 4. Dezember.

... auf zeitgenössischen Fotos

Damian Deveuster (1840–1889) ging als Priester freiwillig auf die Hawaii-Insel Molokai, wo 800 Leprakranke ausgesetzt waren. Er war ihnen Freund und Helfer, bis er selbst an der Lepra starb.

Edith Stein (1891–1942) wurde in einer jüdischen Familie in Breslau geboren. Sie war schon eine herausragende Philosophin, als sie Christin wurde. 1933 trat sie in den strengen Orden der Karmeliten in Köln ein. 1942 wurde sie nach Auschwitz verschleppt, wo sie den Tod fand.

Oscar Romero (1917–1980), Erzbischof von San Salvador im lateinamerikanischen Land El Salvador. Er stand auf der Seite der Armen gegen eine Regierung, die sie unterdrückte. Er wurde von einem Unbekannten am Altar erschossen.

9 Eine einzigartige Gemeinschaft

Ein unbekannter Künstler hat dem Bild den Titel gegeben: „Ich suche dein Gesicht“, 1989. Dieses Bild befindet sich in der Sammlung des Israel Museums, Jerusalem.

Was wir lernen

Die **Kirche** geht auf Jesus Christus zurück. Sie soll das **Zeichen Gottes in der Welt sein** und **Himmel und Erde verbinden**. Allen soll sie helfen, sich für das Reich Gottes (→ S. 127 ff.) einzusetzen. Darum ist sie mit nichts anderem in der Welt vergleichbar.
Es wäre nützlich, wenn ihr euch schon vorher mit den Kapiteln über **Jesus** (→ S. 92–145) befasst hättet. Das Kapitel über die **Ökumene** (→ S. 186 ff.) sollte später in den Blick kommen.

1 Zum Bild: → M3. Findet in Partnerarbeit heraus, was das Bild im **Vordergrund**, was es im **Hintergrund** zeigt. Vergleicht euren Befund mit den Ergebnissen der anderen Gruppen.

2 Diskutiert darüber, wie man den **Titel** des Bildes deuten kann und fragt euch, um **wessen Gesicht es** geht.

3 Suche dir eine oder zwei **der vielen Personen im Vordergrund** des Bildes aus und lasse sie in einer **Sprechblase** etwas Passendes zum Bild und zum Thema Kirche sagen. Vergleicht eure Sprechblasen. Wenn du selbst auf dem Bild wärest – was würdest du in einer Sprechblase sagen oder fragen?

M4 An einem Projekt arbeiten

Ein **Projekt** ist eine größere Gemeinschaftsarbeit. Alle Schüler/innen sind daran beteiligt, aber nicht jeder hat die gleiche Aufgabe. Oft könnt ihr mit anderen Schulfächern zusammenarbeiten („**fächerverbindend**"), z.B. mit dem evangelischen Religionsunterricht oder der Geschichte. Am Ende soll ein **Produkt** stehen, das aus den Arbeiten vieler Schüler/innen erwachsen ist. Es kann ein kleines Buch, eine Bildmappe, eine Ausstellung, ein Gottesdienst, ein Spiel, eine Feier o.Ä. sein.
Für den Erfolg eines Projekts ist ein guter **Plan** wichtig, den ihr selbst entwerfen, aus dem ihr aber auch aus den folgenden Anregungen etwas **auswählen** könnt:

(1) **Vorbereitung**
Was ist das **Ziel** des Projekts? Welche **Schritte** sind dazu nötig oder hilfreich? Welche **Leute** kann man um Hilfe bitten? Welche **Hilfsmittel** („Medien") muss man suchen? Welche **Gruppen** sollen sich für die Arbeit bilden? Welche **Zeit** steht zur Verfügung?

(2) Durchführung
Die Kontakte mit wichtigen **Leuten** herstellen. Die **Medien** auswerten. Das **Produkt** herstellen und vorstellen.

(3) Auswertung
Ergebnisse diskutieren, Fehler besprechen. Verbesserungsvorschläge machen. Den Personen, die geholfen haben, **danken**.

Ein Beispiel: Wie eine christliche Gemeinde heute lebt

(1) **Vorbereitung**
Das **Ziel** des Projekts: z.B. eine kleine **Zeitung** herstellen, einen Titel dafür suchen, eigene Berichte und Fotos, Interviews mit Pfarrangehörigen, Texte aus Pfarrzeitungen, das Ergebnis einer Meinungsumfrage (→ **V9**) aufnehmen usw.
Ihr könnt aus dem Material auch eine kleine **Ausstellung** (→ **V8**) oder **eine Fotoschau** oder ein großes **Plakat** (→ **V7**) für die Gemeinde machen.
Je nach Umfang der Zeitung werdet ihr dafür 3–6 Wochen brauchen.

(2) Durchführung
Dazu einige **Vorschläge**, aus denen ihr auswählen könnt:

- Das **Äußere**: Lasst Turm, Hahn, Glocken, Uhr, Portale usw. von sich selbst erzählen. Ihr könnt z.B. Fotos anfertigen und den Glockenklang mit einem Handy aufnehmen.
- Das **Innere**: Zu Altar, Tabernakel, ewigem Licht usw. kurze Sätze bilden
- Andere kirchliche **Gebäude**: Kindergarten, Jugendheim usw.
- Besuch eines **Gottesdienstes**: die Feier, Texte und Gebete, Priester und Diakon, Vorleser/in, Besucher, Predigt, Lieder usw.
- Andere kirchliche **Aktivitäten**: Bibelkreise, Basar zugunsten der Dritten Welt usw.
- Kirchliche **Gruppen**: Caritas, Messdienergruppen, Chor usw.
- Gespräch mit dem **Pfarrer/Kaplan** und evtl. auch mit Diakon und Gemeindehelferin usw. Themenvorschläge: Eigenart der Gemeinde, Offenheit für das Wort Gottes, Themen, die gut ankommen und die nicht interessieren, Bereitschaft zur Mitarbeit; die Zahl der aktiven und nicht aktiven Gemeindemitglieder, das Alter der Leute usw.
- Besuch beim **Pfarrgemeinderat**: Wie wird man Mitglied? Welche Aufgaben und Rechte hat der PGR? Wie läuft eine Sitzung ab?
- Welche Rolle spielen **Jungen und Mädchen** in der Gemeinde? Gibt es Kontakte zu **Randgruppen**: Drogenabhängige, Asylanten, Migranten, usw.?
- Wie ist das Verhältnis zur **evangelischen Nachbarkirche** (Ökumene: → S. 186 ff.), zu **Muslimen** (→ S. 198 ff.), **Juden, Nichtgläubigen**?
- Die **Geschichte** der Kirche: Alter, wichtige Ereignisse; dazu eine Zeitleiste erstellen
- **Die wichtigste Frage**: Wo ist die Quelle, aus der alle Aktivitäten entspringen? Was gibt den Leuten die Freude und die Kraft für ihr Tun?
- Welche **Vorschläge** habt ihr, die das Gemeindeleben verbessern könnten?

Das ganze Material werdet ihr kritisch sichten und prüfen, was in die Zeitung oder auf das Plakat kommt und was nicht. Dann werdet ihr eure Materialien gut gliedern und verteilen. Dabei wird euch gewiss eure Religionslehrerin/euer Religionslehrer helfen.
Wenn das **Endprodukt** vorliegt, müsst ihr überlegen, was ihr damit macht. Den Eltern mitbringen? In der Klassenkonferenz verteilen? In der Gemeinde vorstellen und auslegen? ...?

St. Nikolaus – Pfarrbrief

Werktagsmesse Mo–Mi–Fr 8.15 Uhr
Öffnungszeiten des Pfarrbüros Mo und Fr 9.30–12 Uhr

Samstag 18 Uhr	Vorabendmesse
Sonntag 10 Uhr	Familienmesse mit dem Chor der „Kleinen Kirchenmäuse"
ab 9.30–13 Uhr	Verkauf von Eine-Welt-Waren im Pfarrheim
15 Uhr	Taufe: Maria Dörnenburg, Heinrichstr. 96
Montag 20 Uhr	Treffen der Lektor(inn)en und Kommunionhelfer(innen) mit Kaplan Klaus Müller im Jugendheim
Dienstag 15 Uhr	Jesus von Nazaret für junge Leute – Bibelkurs mit Pastoralreferentin Silke Meier
20 Uhr	Probe des Kirchenchores St. Cäcilia in der Pfarrkirche
20 Uhr	Sitzung des Kirchenvorstandes: Beschlussfassung zur Instandsetzung des Kirchturms
Mittwoch 15 Uhr	Treffen der Ministrant(inn)en Gruppe A und B mit Manfred Lutz im Jugendheim
20 Uhr	Themenabend: Nikolaus von Myra – Der Mann hinter dem Weihnachtsmann. Referent: Monsignore R. Mense
17–21 Uhr	Pfarrbibliothek – Ausleihe: Frau Claudia Krülls-Atlas
Donnerstag 15 Uhr	Kinderchor „Kleine Kirchenmäuse" und
17 Uhr	Jugendchor „Songs today" mit Organist Udo Drews
Freitag 20 Uhr	Sitzung des Pfarrgemeinderats TOP 1: Vorbereitung des Firmgottesdienstes TOP 2: Organisation des Zeltlagers für 10–14-Jährige in den nächsten Sommerferien TOP 3: Neues aus unserer brasilianischen Partnergemeinde in Belo Horizonte TOP 4: Verschiedenes

Thema der Woche: Die Aufgaben der Kirche

Die Kirche ist eine **einzigartige Gemeinschaft.** Sie hat mehrere **Aufgaben**, die keine andere Gemeinschaft der Welt wahrnimmt.

- Sie verkündet die **frohe Botschaft von Jesus Christus** (→ S. 112 ff.), damit die Erinnerung an sein Leben und seine Lehre, an sein Kreuz, seine Auferweckung und Wiederkunft nicht verloren geht.
- Sie begleitet alle Christen auf ihrem **Lebensweg zu Gott** und lässt ihnen ihre guten Dienste von der Geburt bis zum Tod, vor allem durch ihren **Gottesdienst** und die **Sakramente** (→ S. 176 ff.) zukommen. Sie tut dies, indem sie mit den Menschen lebt, feiert und betet, singt, lacht und weint, sie tröstet, aufrichtet und ihnen die Vergebung der Schuld durch Gott zuspricht.
- Sie setzt sich dafür ein, dass der **Glaube** an Gott bewahrt, die **Hoffnung** auf Ewiges Leben gestärkt und die **Liebe** zu Gott und den Menschen gelebt wird.
- Sie zeigt durch ihre Taten, dass sie einen wichtigen biblischen Auftrag für die Christen, das Gebot der **Gottes- und Nächstenliebe** (→ S. 128 f.), beachtet. Mit der Caritas (→ S. 32) kümmert sie sich auch hier in Deutschland und in der ganzen Welt um die Armen und Schwachen, die Notleidenden und Trauernden, die Kranken und die, die im Leben benachteiligt sind und ungerecht behandelt werden. Auch dadurch verkündet sie die Botschaft Jesu.

Alex (10): Wenn ich manchmal sonntags in die Kirche gehe, finde ich es da meistens langweilig.

Lukas (11): Ich finde die Kirche gut, weil sie den Menschen so viel Gutes tut.

Katrin (11): Seit einiger Zeit haben wir einen zu langen Weg zur Kirche, da unsere frühere Gemeinde mit einer anderen zusammengelegt wurde.

Ulla (11): Mein Vater hat gesagt, dass in der Kirche manchmal schlimme Dinge passieren.

Maria (10): Bei uns gibt es einen tollen Pfarrer. Mit dem ist es immer interessant. Der kann gut predigen. Wir Kinder verstehen ihn.

A

1. Besorgt euch den **Wochenplan** eurer Gemeinde und vergleicht ihn mit dem Plan von St. Nikolaus.
2. Überlegt, was ihr an den Plänen **gut** findet und was ihr gern **anders** hättet.
3. An welchen Veranstaltungen könnt ihr **teilnehmen**? An welchen **mitwirken**? Wer kann von einer Veranstaltung erzählen?

2. Weltweite Kirche

Wer? Kleine Leute und große Stars

Alle, die getauft wurden, sind Christen. Unter den Christen gibt es weltbekannte Politiker, gescheite Nobelpreisträger, umjubelte Stars, erfolgreiche Sportler/innen, originelle Künstler/innen. Es gibt reiche und arme, gebildete und ungebildete Christen. Die meisten sind kleine Leute. Nicht wenige haben nie eine Schule besucht und sind Analphabeten.

Wie viele? Mehr als eine Zwei mit neun Nullen

Keine Gemeinschaft der Welt hat mehr Mitglieder. Insgesamt gibt es um das Jahr 2015 mehr als 7 Milliarden Menschen auf der Welt, davon sind ca. **2,2 Milliarden Christen**, das sind 34 Prozent der Weltbevölkerung. Davon sind ca. **1,2 Milliarden Katholiken**. Wenn man über die ungeheuerliche Zahl einen Moment nachdenkt, kann einem ganz schwindelig werden. Eine Milliarde – das ist eine Eins mit neun Nullen: 1 000 000 000. Das sind tausend mal eine Million Menschen.

Wo? „In der Kirche gibt es keine Ausländer"

Die Christenheit ist **weltweit verbreitet** („Universalität"). Wohin man auch kommt – in Europa, Amerika, Afrika, Asien und Australien –, leben Christen. Jesus selbst hat diese Universalität gewollt. Zu Recht wird gesagt: **„In der Kirche gibt es keine Ausländer."**
Übrigens: „**katholisch**" (griechisch) heißt „allumfassend".

Schon 2000 Jahre alt und immer auch jung

Wie alt?

Kaum eine andere heute bestehende Gemeinschaft ist so **alt** wie die Kirche. Sie besteht schon seit 2000 Jahren. Insofern ist sie schon alt und zeigt auch einige Altersspuren. Aber da sie eine große Zukunft vor sich hat, ist sie zugleich **jung**. Zu ihrem Geburtstag: → S. 111.

Kein Verein wie jeder andere

Was?

Die Kirche ist **nicht ein lockerer Verein**, der nur begrenzte Ziele (Sport, Musik o.Ä.) verfolgt und nur wenig von seinen Leuten fordert. Mit einem Mitgliedsbeitrag und gelegentlichen Aktivitäten ist es nicht getan. Sie ist keine Facebook-Gemeinde, in der alle Freunde sind, ohne etwas dafür tun zu müssen. Die Kirche ist das **Volk Gottes,** dem alles geschenkt wurde, was für Zeit und Ewigkeit wichtig ist. Sie ist das **Licht der Welt**, das in der Dunkelheit des Lebens leuchtet. Sie eine **Gemeinschaft für das Leben**. Sie schenkt allen viel, aber sie stellt auch hohe **Ansprüche** an jeden Einzelnen.

Zwischen mangelhaft und sehr gut

Wie?

Leider erfüllen viele Christen die Aufgaben, die sie wahrnehmen sollten, **mangelhaft**. Auch unter Christen gibt es Neid, Gehässigkeit, Eitelkeit, Geldgier, sexuellen Missbrauch, Gewalt und Hass. Viele sind an Gott und ihrem Glauben nur wenig interessiert. Sie alle verdunkeln das Bild der Kirche.

Allerdings leben unzählige Christen auch so **gut**, wie es Jesus von ihnen erwartet. Sie glauben an Gott, danken ihm und loben ihn. Viele bekämpfen wirkungsvoll Armut und Ungerechtigkeit. Viele setzten sich für die Menschenrechte, für Frieden und Bewahrung der Schöpfung ein. Viele drängen darauf, dass nicht Geld, Hass, Macht, Angst und Neid in **unserer Welt** regieren, sondern Achtung vor anderen, Barmherzigkeit, Versöhnung, Freude, Hoffnung und Liebe.

L Christ ist man nicht für sich allein. Christen leben in Gemeinschaft. Ihre Gemeinschaft heißt „**Kirche**". Das Wort bezeichnet zweierlei:
(1) die **Gemeinschaft** der Christen, z.B. „Die Kirche ist in fast allen Ländern der Erde verbreitet."
(2) den **Raum** und den **Bau**, in dem sich die Gläubigen versammeln, z.B. „Unsere Kirche St. Nikolaus in B. hat schöne Fenster."

3. Priester und Laien

L

- Die **Kardinäle**, die der Papst allein auswählt, sind seine engsten Berater in der Leitung der Kirche. Sie nehmen die wichtigsten Führungsaufgaben in der Weltkirche wahr. Den Kardinälen unter 80 Jahren steht das Recht zu, einen neuen Papst zu wählen. Heute (2015) gibt es weltweit 225 Kardinäle, davon wären 123 wahlberechtigt. Zur Zeit gibt es 10 deutsche Kardinäle, davon wären 4 wahlberechtigt.
- Der **Papst** versteht sich als Nachfolger des Apostels Petrus (→ S. 109). Er wird von den Kardinälen in einem **Konklave** in Rom gewählt. Der Papst ist Bischof von Rom, der oberste Priester, Gesetzgeber und Lehrer der Kirche und das Oberhaupt des kleinen Vatikanstaates mitten in Rom. Er sendet seine Diplomaten, die „**Nuntien**" (lateinisch: „Boten"), in die meisten Staaten der Welt. Seine feierlichen Entscheidungen in Fragen des Glaubens und Handelns gelten für alle katholischen Christen. Mit seinem hohen Amt repräsentiert er die ganze katholische Kirche. Zur Zeit ist der aus Argentinien stammende **Franziskus** aus dem Jesuitenorden Papst (seit 2013), der mit seinem bürgerlichen Namen Jorge Mario Bergoglio heißt.

!

Konklave: (lateinisch: „verschließbarer Raum"), Versammlung der wahlberechtigten Kardinäle zur Wahl eines neuen Papstes im Vatikan
Missio canonica: (lateinisch: „kirchliche Sendung"), offizielle kirchliche Beauftragung zur Erteilung des Religionsunterrichts
Pastoralteam: Gruppe von ausgebildeten Laien und Priestern zur Förderung der Gemeindearbeit
Vatikan: kleiner Kirchenstaat in Rom, wo der Papst Staatsoberhaupt ist und seine wichtigsten Mitarbeiter tätig sind
Zölibat: Ehelosigkeit der Priester und Ordensleute

Zum Dienst in der Kirche bestimmt

Mein Name ist Anneliese Fricke. Ich bin **Pastoralreferentin**, 44 Jahre alt, verheiratet, habe drei Töchter, mein Mann ist arbeitslos. Da mich schon immer religiöse Fragen interessierten, habe ich ein theologisches Studium aufgenommen. Das Examen war ganz schön schwer. In St. Peter und Paul in E. gehöre ich zum Pastoralteam und unterstütze den Pfarrer. Meine Aufgaben: Vorbereitung des Kindergottesdienstes, Kinderpredigt, Betreuung der Alten, Leitung eines Bibelkreises, Redaktion des Pfarrblatts. Das Geld, das ich verdiene, reicht so gerade für die Familie.

Ich heiße Angela Nelles, bin Hausfrau, 39 Jahre alt, verheiratet, zwei Kinder. Seit vier Jahren bin ich in S. **Mitglied des Pfarrgemeinderates**, der den Pfarrer berät. Dafür musste ich mich zur Wahl durch die Gemeinde stellen. Ich wurde gewählt, weil ich versprochen habe, mich für die Jugendarbeit einzusetzen. Meine Arbeit in unserem Jugendhaus ist ehrenamtlich. Der Pastor sagt oft: „Ohne euch Laien würde hier vieles nicht gehen. Wir könnten noch viel mehr von eurer Sorte gebrauchen."

Ursula Martin, **Religionslehrerin** an einer Hauptschule in H. Für meine Arbeit habe ich vor 14 Jahren in unserem Dom vom Bischof die „Missio" (lateinisch: „Sendung") erhalten. Da war es sehr feierlich. Seitdem erteile ich Religionsunterricht, der meistens große Freude macht. Ich sehe aber auch, dass viele Mädchen und Jungen heute lange nicht mehr so viel vom Glauben halten wie früher. Sie bekommen zu wenige Anregungen von der Familie und Gemeinde. Ihnen erzähle ich gern von Jesus, seinen Aposteln und der Christenheit.

A

1 Es gibt in einer Gemeinde **noch mehr Aufgaben**, z. B. Küster, Messdienerin, Kaplan, Diakon, Jugendleiter, Kindergärtnerin oder Organistin. Entwerft Sprechblasen, in denen sie sich kurz mit ihren Aufgaben vorstellen.

2 **Laien** sind Mitglieder der Kirche, die keine kirchliche Weihe haben. Sie können viel für das christliche Leben in der Kirche und in der Welt tun. Informiere dich über die Aufgaben der Laien.

Durch Weihe verliehene Ämter

Ich bin **Pastor** A. Hönter, 49 Jahre alt, seit 12 Jahren Pfarrer an St. Anna in S. Vor 24 Jahren wurde ich von meinem Bischof zum **Priester** geweiht. Als Priester habe ich eine dreifache Aufgabe: (1) das Wort Gottes verkünden, (2) die Eucharistie mit der Gemeinde feiern und Sakramente spenden, (3) die mir anvertraute Gemeinde leiten. Ich stehe dabei nicht über der Gemeinde, sondern in ihr. Bei der Priesterweihe habe ich mich mit den anderen Kandidaten vor dem Bischof auf den Boden gestreckt (→ S. 82). Damals legte der Bischof uns die Hand auf und erflehte die Gaben des Geistes Gottes auf uns herab. Jedem wurde ein Kelch überreicht. Wir Priester sollen ehelos leben („Zölibat"). Als Priester einer Diözese haben wir dem Bischof Gehorsam versprochen.

Ich bin **Bischof Andreas** von B, 66 Jahre alt. Mehrere Bischöfe haben mich vor 14 Jahren zum Bischof geweiht. In einem feierlichen Gottesdienst wurde mir das Evangelienbuch auf das Haupt gelegt. Als Zeichen für meine hohe Aufgabe erhielt ich einen Ring, die Mitra (Kopfbedeckung) und einen Hirtenstab. Der kirchliche Bezirk, für den ich verantwortlich bin, heißt „Diözese" oder „Bistum". Den jungen Kandidaten für das Priesteramt spende ich die Priesterweihe. Alle Bischöfe der Welt tragen gemeinsam für die ganze Kirche Verantwortung. Darum halten wir untereinander und mit dem Papst in Rom guten Kontakt.

A

3 Wenn die **Frauen** auch keine Weihe erhalten, so sind viele Frauen doch im Dienst der Kirche auch in führenden Positionen (z.B. im Vatikan) tätig. Sie sind für das Leben der Kirche unverzichtbar. Erkundige dich, welche kirchlichen Tätigkeiten sie ausüben.

4 Bittet einen **Pfarrer oder Kaplan** in den Religionsunterricht zu kommen. Er soll euch von seinen Aufgaben, von seinen Problemen und von seinem Lebensweg berichten.

5 Erkundigt euch, wie euer **Bischof** heißt und zu welchem Bistum der Ort eurer Schule gehört (→ V2). Besucht einmal eure Bistumskirche.

6 Manche von euch kennen vielleicht den Namen eines deutschen **Kardinals**. Teilt mit, was ihr über ihn gehört habt.

7 Tragt in der Klasse zusammen, was ihr über den derzeitigen **Papst** wisst.

8 Die **Wahl eines Papstes** in einem **Konklave** in Rom ist eine aufregende Sache, die nicht nur die Christen in aller Welt in Atem hält. Wer kann in der Klasse über Einzelheiten informieren (→ V2)?

Versammlung der Kardinäle mit dem Papst im Vatikan

4. An den Stationen des Lebens

L

Ein Kind wird durch die Geburt Teil der Menschheit. Durch die **Taufe** wird es in die Gemeinschaft aller Christen aufgenommen. Die Taufe ist gleichsam eine zweite Geburt („Wiedergeburt") und der Anfang des Christseins. Auch Erwachsene können die Taufe empfangen, wenn sie Christen werden wollen.

A

1 Zeichne ein paar nicht zu **kleine Kreise** in dein Religionsheft, in die du die einzelnen **Stationen** der Taufe mit wenigen Worten festhältst, z.B. „Salbung mit Öl". Entwirf dazu kleine **Symbole** (Zeichen; → S. 78, 114 f.) oder Bilder. Wie viele Stationen kannst du unterscheiden? Hebe die Station, die am wichtigsten ist, in deinem Heft farbig hervor. Du kannst auch noch den Taufbefehl Jesu hinzufügen. Du findest ihn am Ende des Matthäusevangeliums: → Mt 28,19 f.

Benedikt (14) erzählt von der Taufe seiner Schwester Martina

Am letzten Sonntag wurde meine kleine Schwester Martina getauft.
Der Priester, fast die ganze Familie sowie ein paar Freunde und Freundinnen versammelten sich am alten Taufbecken unserer Kirche. Meine Tante war Patin. Sie trug Martina auf ihrem Arm, der Pate stand neben ihr. Ich hatte eine dicke Kerze in der Hand und meinen feinsten Anzug an.
Zuerst begrüßte unser Pastor alle Anwesenden und begann dann die Taufhandlung. Er erklärte uns, warum die Taufe so wichtig ist. Er meinte, Martina werde damit in die Gemeinschaft der Kirche aufgenommen und erhalte für ihr ganzes Leben von Gott die Kraft, als Christin gut in dieser Welt zu leben.
Dann fragte er, welchen Namen das Kind erhalten solle. Die Paten antworteten laut: „Martina." Nun erzählte die Patin etwas über den heiligen Martin (→ S. 160 f.), den Namenspatron meiner Schwester. Danach forderte der Pastor alle auf, dem Bösen und dem Teufel eine Absage zu erteilen und das Glaubensbekenntnis (→ S. 86) zu sprechen.
Der Höhepunkt war da, als der Priester dem Kind das Taufwasser über die Stirn goss und dabei die Worte sprach: „Martina, ich taufe dich im Namen des Vaters und des Sohnes und des Heiligen Geistes." Martina, die zuerst noch schlief, fing genau in dem Augenblick, als das Wasser

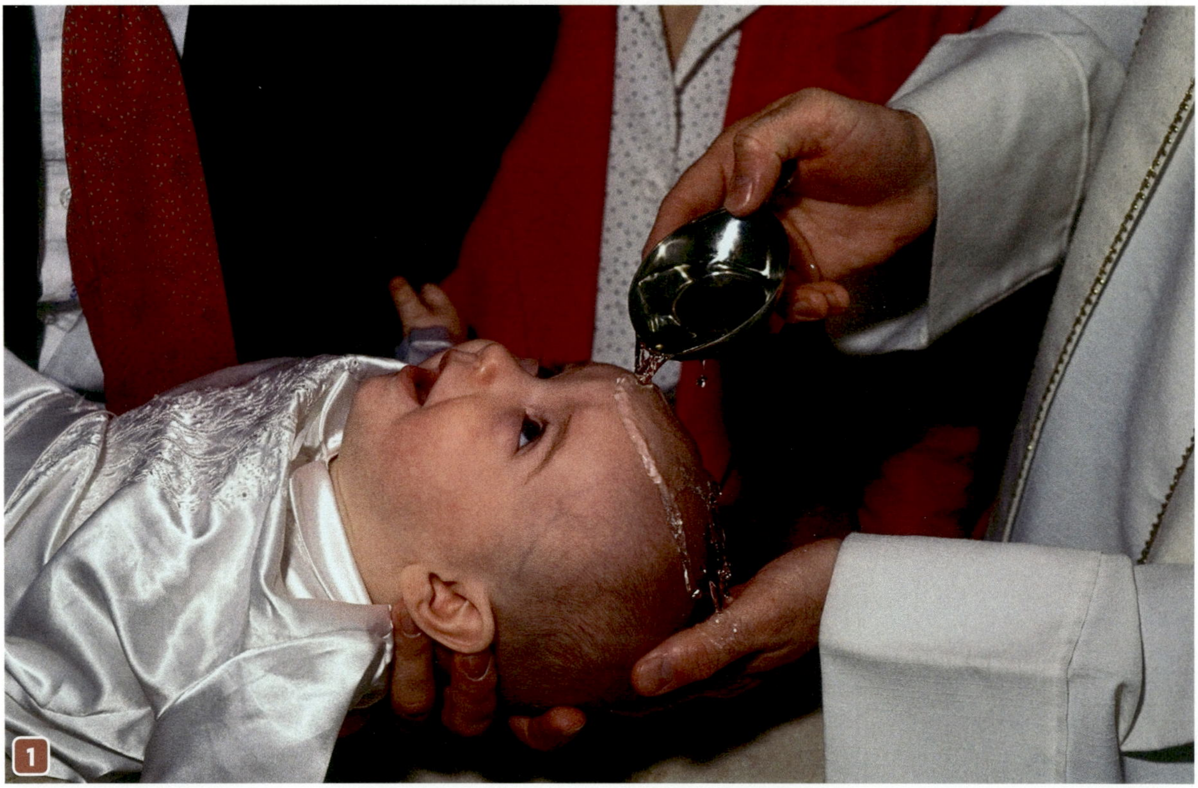

1

über ihre Stirn floss, laut zu schreien an. Wir allen lachten ein bisschen und der Pastor meinte: „Vielleicht merkt Martina in diesem Moment, dass etwas Wichtiges mit ihr passiert.“
Danach salbte er ihre Stirn mit geweihtem Öl („Chrisam“), wie Könige früher für ihr Amt gesalbt wurden. Er legte dem Kind das weiße Taufkleid an, um so zu zeigen, dass für das Kind ein neues Leben als Christin beginnt. Meine Mutter hat mir erzählt, dass ich dasselbe Kleid auch schon bei meiner Taufe getragen habe. Nun entzündete der Priester meine dicke Kerze am Licht der Osterkerze, die in der Osternacht festlich geweiht worden war. Wir alle merkten in diesem Augenblick, dass die Taufe etwas mit der Auferstehung Jesu zu tun hat. Zum Schluss dankten alle voll Freude für diese Taufe. Zuhause gab es bei fröhlicher Stimmung Kakao, Kaffee und leckeren Kuchen für alle Gäste.

2

L Die Kirche begleitet den Menschen an wichtigen Stationen seines Lebens. Dort hat sie heilige Zeichen, die ihn mit Gott verbinden. Sie heißen **Sakramente** (lateinisch: „heilige Geheimnisse“). Es sind dies:

1 die **Taufe**, wenn ein Mensch geboren wird oder wenn er als Erwachsener Christ werden will
2 die **Firmung**, wenn er heranwächst und selbstständig wird
3 die **Eucharistie**, wenn er am Abendmahl Jesu teilnimmt
4 die **Buße** (Beichte), wenn jemand vor Gott schuldig wird und Vergebung sucht
5 die **Krankensalbung**, wenn jemand schwer krank ist und der Stärkung bedarf
6 die **Ehe**, wenn Frau und Mann heiraten und sich versprechen, lebenslang zusammenzubleiben
7 die **Priesterweihe**, wenn ein Mann zum besonderen Dienst in der Kirche bestimmt wird.

A

2 Schreibe, wenn du getauft bist, den Satz, den der Priester bei der Taufe spricht, mit deinem Namen in schöner Schrift auf eine **Schmuckkarte** und zeichne dazu ein paar **Taufsymbole**. Vielleicht kannst du diese Karte zuhause an der Wand aufhängen, damit du gelegentlich an deine Taufe denkst.

3 Ergänze die Sätze:
- Die Taufe ist ...
- Durch die Taufe wird ...
- Die Taufe erfolgt auf den Namen des ...

4 Denkt über die Bedeutung des **Wassers** nach. Stellt in eurem Heft oder auf der Tafel zusammen, wo das Wasser in unserem Leben und in der Natur eine Rolle spielt. Sucht dazu passende Bilder aus Büchern, Heften und Zeitungen. Erzählt eine biblische Geschichte oder lest sie vor, in der das Wasser wichtig ist. Erklärt, wofür das Wasser Symbol sein kann.

5 **Zusatzfragen**, die ihr vielleicht nur mit Hilfe eurer Religionslehrerin oder eures Religionslehrers lösen könnt:
- Wer darf taufen?
- Erkennen Katholiken die Taufe der evangelischen Christen an? (→ S. 192).
- Wie denken Christen über Menschen, die nicht getauft sind?
- Was ist eine „Nottaufe“?

6 Die Firmung ist die Vollendung der Taufe. Sie stärkt mit dem Geist Gottes und soll den jungen Menschen befähigen, einen guten Lebensweg als Christ einzuschlagen. Wer weiß z. B. von seinen älteren Geschwistern, wie die Firmung vorbereitet und gespendet wird?

gemeindelied

steht auf vom tod
ihr seid geweckt
kommt her zu tisch
er ist gedeckt

kommt esst
das brot
das ist
mein leib

kommt trinkt
den wein
das ist
mein blut

steht auf vom tod
ihr seid geweckt
kommt her zu tisch
er ist gedeckt

geht und
verteilt
ihr seid
das brot

geht und
reicht rund
ihr seid
der wein

steht auf vom tod
ihr seid geweckt
kommt her zu tisch
er ist gedeckt

geht und
sagt rund
von mund
zu mund

geht und
sagt rund
ein neu
er bund

steht auf vom tod
ihr seid geweckt
kommt her zu tisch
er ist gedeckt

Wilhelm Willms (1930–2002)

Die Eucharistie – Brot des Lebens

3

L Christen feiern die **Eucharistie** (griechisch: „Danksagung“) als ein Geheimnis ihres Glaubens. Sie versammeln sich um einen Tisch („Altar“), hören Worte des lebendigen Gottes und danken ihm. Im Hauptteil spricht der Priester die Abendmahlsworte Jesu über Brot und Wein. Kurz darauf essen und trinken die anwesenden Christen die heiligen Gaben. Da empfangen sie den Leib und das Blut Christi. Beim Mahl erfahren sie sich als die neue Gemeinschaft Jesu.

3

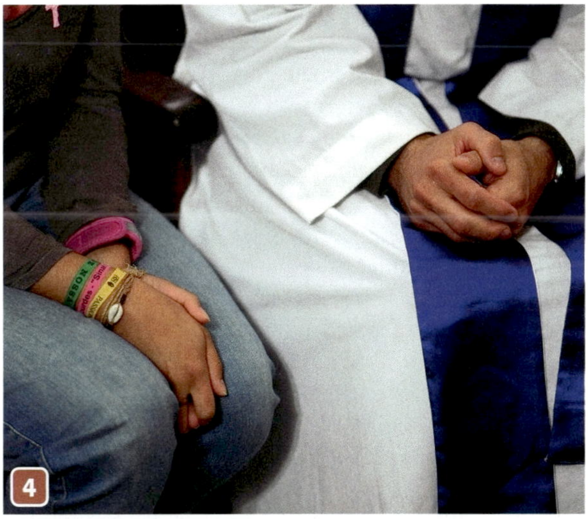

4

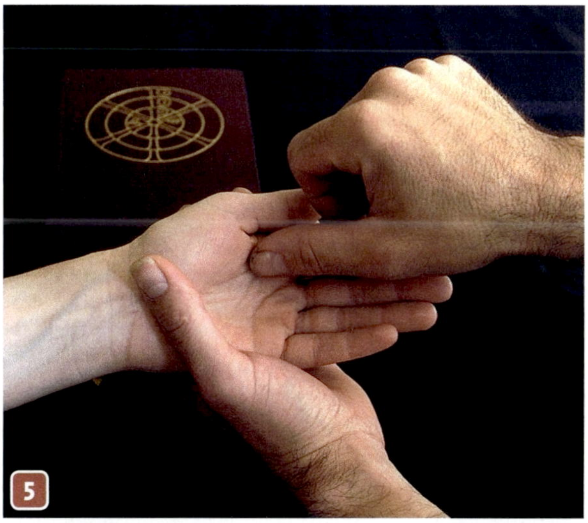

5

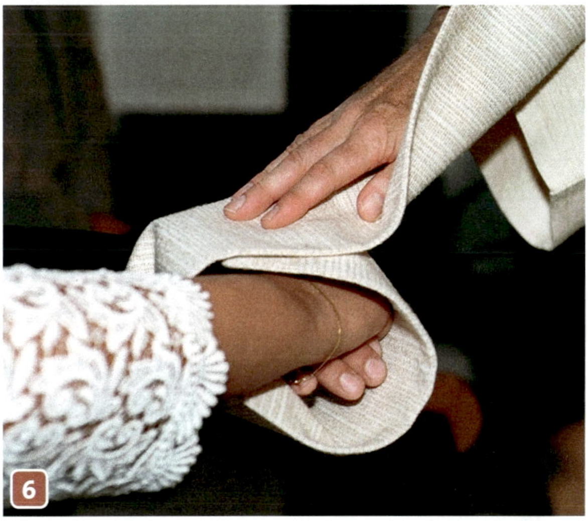

6

7

A

1 Wiederhole, was das Lukasevangelium über die **Eucharistie** erzählt: → S. 133.
Freiwillig: Wer liest auch der Klasse die Erzählung „Drei kritische Fragen" vor (→ S. 140; **V5**).

2 Der Priester sagt in der Eucharistiefeier, das Brot sei **die Frucht der Erde und der menschlichen Arbeit**. Denke über den Satz nach und erstelle eine kleine **Bildfolge** (Malen, Zeichnen, Fotos), die zeigt, **wie das Brot entsteht**. Fange mit den Körnern an, die der Bauer in den Ackerboden gibt. Erkläre in der Bildfolge, was alles durch wen geschehen muss, damit wir das Brot essen können. Eine ähnliche Bildfolge kann jemand anderes zum Thema „Wein" erstellen. Erläutere, warum dieser Prozess zum Verständnis der Eucharistie nützlich ist.

3 Bringt ein paar **unterschiedliche Brotsorten** oder selbstgebackenes Brot mit in den Unterricht, vergleicht sie miteinander und sprecht darüber, warum wir sie alle „Brot" nennen und zu den „Lebens-Mitteln" zählen. Lasst eure Mitschüler/innen von eurem Brot probieren und macht alle zusammen eine kleine Brotzeit. Esst ganz langsam und versucht zu spüren, wie das Brot schmeckt. Was fällt euch beim gemeinsamen Essen auf? Stellt auch Beziehungen zur Eucharistie her.

4 Zeigt auf, dass heute so viele Menschen nicht das nötige Brot haben und **hungern** (→ S. 30 f.) müssen. Wendet euch an ein kirchliches **Hilfswerk** (→ S. 32), wo ihr Einzelheiten über hungernde Kinder erfahren könnt. Ihr habt sicher Ideen, wie man helfen kann.

5. Das Kirchenjahr und seine Feste

L

- **Christen** haben guten Grund zum Feiern. Sie glauben, dass Gott die Welt gut geschaffen hat und vertrauen auf die Frohe Botschaft Jesu. Darum gibt es bei ihnen so viele Feste. Die **Christenheit** ist eine große **Festgemeinschaft**.
- Die Feste haben ihren Ort im **Kirchenjahr**. Im Kirchenjahr feiern die Christen besonders die wichtigen Ereignisse des **Lebens Jesu** (→ S. 112 ff.) und erinnern sich an viele **Heilige** (→ S. 156 ff.).
- Das Kirchenjahr beginnt nicht, wie **das bürgerliche Jahr**, mit dem Neujahrstag am 1. Januar, sondern mit dem ersten Adventssonntag. Es endet nicht mit Silvester am 31. Dezember, sondern mit dem letzten Samstag vor dem ersten Adventssonntag.

So versteht ihr das Kirchenjahr besser

- Höhepunkt des Kirchenjahres ist **Ostern**. In den drei Tagen vorher, am Gründonnerstag, Karfreitag und Karsamstag, feiert die Kirche das Leiden, den Tod und die Grablegung Jesu. In der Osternacht, dem feierlichsten Gottesdienst des Kirchenjahres, und an den beiden Ostertagen wird die Auferstehung Jesu gefeiert.
  Im Osterfestkreis gibt es keine festen Termine. Das **Datum des Osterfestes** wird für **jedes Jahr neu berechnet**. Es liegt immer am ersten Sonntag nach dem Frühlingsvollmond, also frühestens am 22. März, spätestens am 19. April. Danach richten sich alle anderen Termine dieses Festkreises. Zum Osterfest: → S. 138.
- Der zweite Höhepunkt des Kirchenjahres ist **Weihnachten**. Im **Weihnachtsfestkreis gibt es feste Termine**. Weihnachten wird immer am 25. Dezember gefeiert. Der vorausgehende Tag ist der „Heilige Abend". Zweiter Höhepunkt dieses Festkreises ist der 6. Januar, das Fest der heiligen „drei Könige" (Mt 2,1 ff.). Zum Weihnachtsfest: → S. 118 ff.
- Christen feiern jeden **Sonntag** als **Tag der Auferstehung** Jesu. Die Gemeinde versammelt sich am Sonntag zur Feier der Eucharistie (→ S. 133, 178). Die Sonntage zwischen den beiden Festkreisen bzw. an ihrem Ende werden als **„Sonntage im Jahreskreis"** bezeichnet. Ihre Zahl hängt davon ab, ob Ostern früh oder spät gefeiert wird. Sie sind in der Tafel aus Platzmangel nur teilweise eingezeichnet.
- Die **Gedenktage der Heiligen** sind auf das ganze Jahr verteilt. In der Regel ist der Festtag eines Heiligen sein Todestag. Das Fest des Petrus und Paulus wird am 29. Juni, das der Elisabeth am 19. November gefeiert. Diese Feste sind in der Tafel nicht eingezeichnet.

Osterfeuer in der Osternacht

Schulgottesdienst in weihnachtlich geschmückter Kirche

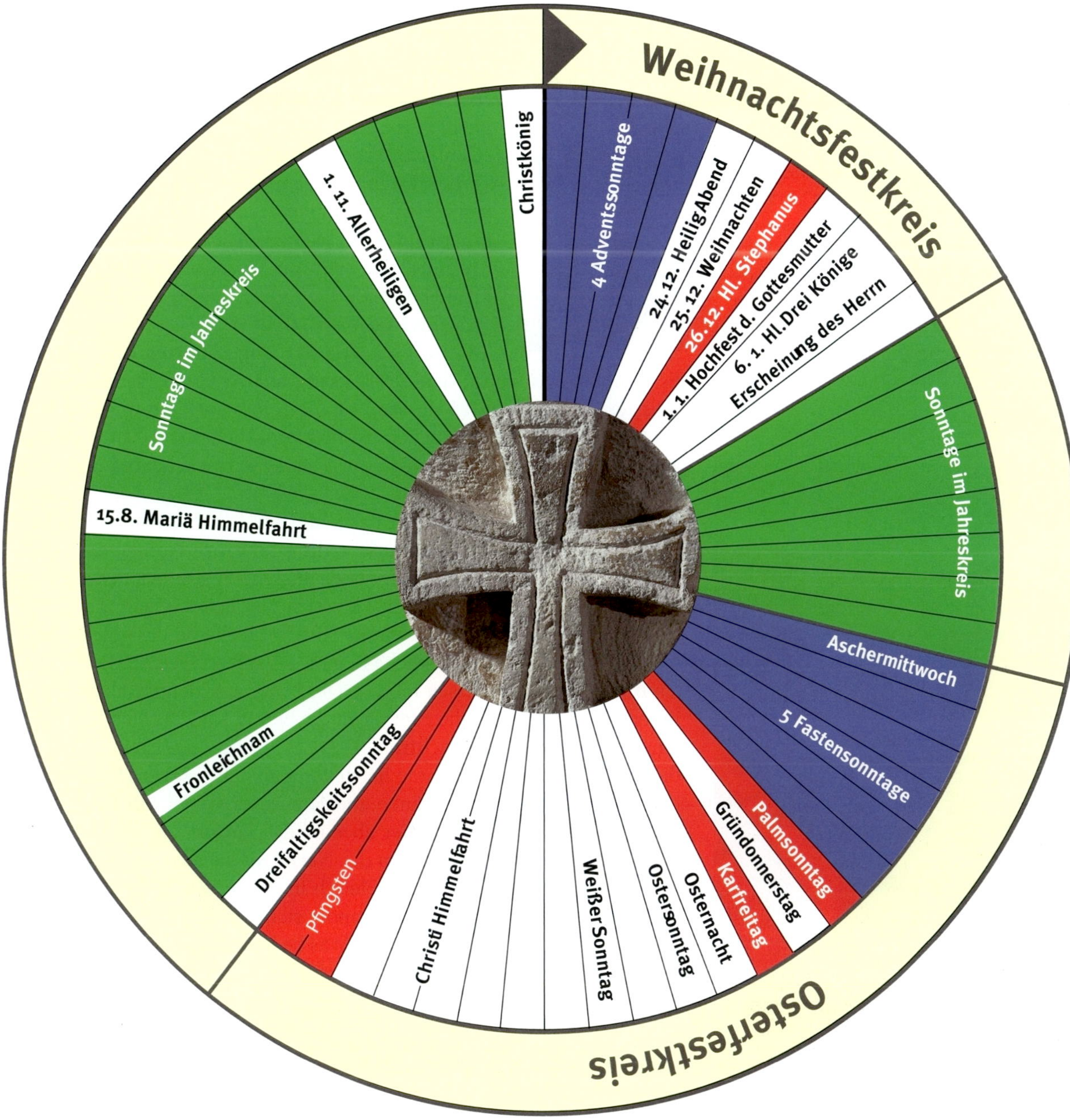

A

1 Um die **Kirchenjahrstafel** gründlich zu verstehen, ist es nützlich, ihre Umrisse zu **kopieren** und auf der Kopie die einzelnen Fest- und Sonntage sowie die Farben einzutragen.

2 Beschreibt, wie beide Festkreise **eingeleitet** werden und wie viele Wochen es jeweils gibt.

3 An den einzelnen Fest- und Sonntagen trägt der Priester im Gottesdienst Gewänder in unterschiedliche **Farben**, die ihr auch in der Kirchenjahrstafel entdecken könnt. Findet heraus, was diese Farben bedeuten.

4 Schreibe in dein Religionsheft (→ V1) alle Feste, die die Erinnerung an Stationen aus dem Leben Jesu (→ S. 116 ff.) festhalten, in richtiger Reihenfolge auf.

5 Warum steht das **Kreuz in der Mitte**?

6 Erzählt, wie ihr schon selbst einzelne Tage dieses Festkreises **erlebt** habt.

7 Für die Malfreunde: Erfindet für die Feste kleine Zeichnungen („Icons“).

8 Für die Schreibfreunde: Verfasst zu den Festen Elfergedichte (→ V10). Nehmt selbst eine Auswahl der Feste vor.

6. Juden und Muslime feiern

L Das **Pessachfest** erinnert die Juden daran, dass Gott ihre Vorfahren aus der Sklaverei Ägyptens befreit hat (→ S. 63). Das hebräische Wort „**Pessach**“ heißt „Vorübergang“. Es weist darauf hin, dass der Engel Gottes in der Pessachnacht in Ägypten an den Häusern der Israeliten vorüberging und sie schonte, während die Ägypter bestraft wurden.

Ein Christ erlebt das jüdische Pessachfest

Neulich war ich in einer jüdischen Familie in Jerusalem zum **Pessachfest** eingeladen. Schon die Tage vorher waren aufregend. Die Hausfrau reinigte das ganze Haus, vor allem das Essgeschirr. Nichts „Gesäuertes“ durfte bleiben. Alles, was gegoren oder mit Hefe zubereitet war, wurde entfernt. Kein Brotkrümel blieb.

„Warum ist das so?“, fragte ich.

„Weil wir das **Fest der Ungesäuerten Brote** feiern. Es erinnert uns daran, dass der **Auszug aus Ägypten** rasch erfolgen musste. Damals konnten unsere Vorfahren nur noch ein ungesäuertes Brot backen, das keinen langen Gärungsprozess braucht.“ In der Festwoche aßen auch wir tatsächlich nur „Mazzen“, trockene und ungesäuerte Brotscheiben.

Höhepunkt der Festwoche war das **Sedermahl** (hebräisch: Seder, d.h. „Ordnung“). Als es dunkel wurde, nahm die ganze Familie an einem großen Tisch Platz. Einige Gäste waren auch noch geladen, denn es sollen wenigstens **zehn Leute** sein, die sich zur Feier versammeln. Die brennenden Kerzen, das blitzblanke Silberbesteck und das gute Porzellan verliehen dem Tisch festliche Pracht. Da gab es Speisen, deren Sinn ich mir erst erklären lassen musste. Der Hausvater deutete alles. So erinnert ein **Bitterkraut** die Familie an die bittere Knechtschaft in Ägypten. Ein **rot-braunes Fruchtmus** lässt sie an die Ziegelsteine denken, die ihre Ahnen für den Pharao herstellen mussten. Und das **Salzwasser** ist für sie ein Symbol der Tränen, die damals vergossen wurden.

Die wichtigste Speise der Feier aber ist das **Lamm**. „Es erinnert uns daran, dass unsere Vorfahren in der Nacht, als sie aus Ägypten zogen, ein Lamm schlachteten und das Fleisch in aller Eile verzehrten.“

Als etwas Stille eingetreten war, wandte sich der **jüngste Sohn der Familie** an den Vater und fragte ihn: „Was bedeutet dies alles?“

Da begann der Vater von der Vergangenheit zu erzählen. „Sklaven sind wir gewesen bei dem Pharao in Ägypten. Da führte uns der Herr, unser Gott, von dort heraus. Und hätte er unsere Väter nicht aus Ägypten herausgeführt, so wären auch wir heute nicht hier …“

Über das Wort „**heute**“ musste ich noch den ganzen Abend nachdenken. Ich begann zu begreifen, dass die Juden hier ein Mahl feiern, bei dem sie selbst an dem **damaligen Mahl** teilnehmen. Es macht auch sie selber **frei**.

Pessachfeier

- Der **Ramadan** (→ S. 207) ist für Muslime der Monat, in welchem dem Propheten Mohammed von Gott der Koran zuerst offenbart wurde. Darum **fasten** die Muslime im Ramadan dreißig Tage lang. Während dieser Zeit essen sie von Sonnenaufgang bis Sonnenuntergang nicht eine Krume Brot und trinken keinen Tropfen Wasser. Erst nach dem Sonnenuntergang gibt es ein üppiges fröhliches Mahl.
- Kinder und schwangere Frauen, Alte und Kranke, brauchen im Ramadan nicht zu fasten, sollten aber doch auf das eine oder andere verzichten.

Mahlzeit der Muslime am Ende eines Tages im Ramadan in Medina (→ S. 202 f.)

Ein Muslim erzählt vom Fest des Fastenbrechens

Wenn wir den ganzen Ramadan lang tagsüber nichts gegessen und getrunken haben, warten wir sehnsüchtig auf das Ende dieses Monats. Natürlich auch deshalb, weil am Ende das Fest des Fastenbrechens gefeiert wird, das bei uns Türken auch „Zuckerfest" heißt. Es dauert drei Tage.
Vor dem Fest bringen wir das ganze Haus von oben bis unten in Ordnung. Die Frauen sind lange damit beschäftigt, köstliche Speisen zu kochen und zu backen. Am Feiertag ziehen wir dann unsere Festtagskleider an.
Am ersten Tag des Zuckerfestes gehen wir in der Frühe in die Moschee zum Pflichtgebet. Danach gibt es – zum ersten Mal nach einem Monat wieder – bei Tageslicht für alle ein festliches Frühstück. Wir schenken uns gegenseitig Bonbons, kandierte Früchte, Zuckermandeln und andere Köstlichkeiten. An diesen Tagen küssen die Jüngeren den Älteren die Hand. Wir alle begrüßen uns mit den Worten: „Gesegnetes Zuckerfest". Soweit es möglich ist, besuchen wir unsere Verwandten und Freunde. An den Tagen wird auch viel Kaffee, Tee und Wasser getrunken. Alkohol gibt es für uns Muslime aber auch heute nicht. Aber wir vermissen nichts. Wir feiern mit großer Freude, danken Gott und sind stolz darauf, Muslime zu sein.

A

Feste feiern – feste arbeiten

1 Euch sind zu Recht **die persönlichen Feste** wichtig, z.B. Geburts- und Namenstag, Hochzeitstag der Eltern usw. Erzählt in der Klasse, warum ihr euch darauf so lange freut, wie ihr die Feste vorbereitet, wo und wie ihr sie durchführt. Stellt euch auch vor, wie es denen ergeht, die nicht so aufwendig feiern können wie ihr und die nie oder nur selten eingeladen werden. Überlegt, was ihr da tun könnt.

2 Bringt **Fotos** mit, die zeigen, was und wie ihr **zuhause, im Freundeskreis und auch in eurer Gemeinde feiert**. Ergänzt zu den Bildern kurze Erklärungen.

3 An welche christlichen Feste erinnern euch Pessach und das Fest des Fastenbrechens? Was ist jeweils ähnlich, was verschieden? Zieht zum Judentum: → S. 63, 72, 99 mit heran, zu Ramadan, Pflichtgebet und Moschee: → S. 200, 206 f.

4 Berichtet, wie ihr ein christliches Fest, z.B. **Weihnachten oder Ostern**, feiert.

Was wir können

Wissen

1 Ein Kirchen-Alphabet

Ordnet möglichst vielen Buchstaben des Alphabets eine Sache, ein Amt, eine Person, einen Namen aus dem kirchlichen Bereich zu, z. B.

A – Altar, **B** – Bischof , **C** – Chor, **D** – ..., **Z** – Zölibat

2 Für Rätselfreunde

- Wenn ihr das Silbenrätsel richtig löst, ergeben die Anfangsbuchstaben eine treffende Beschreibung der Kirche. Schreibt die Antworten nicht in das Schulbuch, sondern in euer Religionsheft.

ber – cha – di – dienst – ein – en – eu – fe – gel – got – kar – kel – kra – lai – ment – na – nal – or– os – ris – sa – ta – tau – tern – tes – tie – ver

1. Die Kirche ist kein ...
2. Höchstes Fest im Kirchenjahr
3. Mitglieder der Kirche ohne eigene Weihe
4. Hoher Geistlicher, der zur Papstwahl berechtigt ist
5. Wichtige alltägliche Tätigkeit der Kirche
6. Musikinstrument in vielen Kirchen
7. Aufbewahrungsort der Eucharistie
8. Sakrament zur Aufnahme in die Kirche
9. Das wichtigste Sakrament der Kirche
10. Zeichenhandlung, die wirksam mit Gott verbindet

3 An die Lücken

Ein junger Katholik hat einen Aufsatz über die Kirche geschrieben, aber dabei viele erstaunliche **Lücken** gelassen, die zeigen, dass sein Wissen stark ergänzungsbedürftig ist. Wir zeigen, dass wir es besser können als er. Wenn ihr die fehlenden Worte in euer Religionsheft schreibt, solltet ihr nicht mogeln, indem ihr auf die vorhergehenden Seiten guckt. Ihr könnt den Text auch in **Partnerarbeit** aufteilen und bearbeiten.

Die Kirche geht auf ? zurück. Sie steht auf dem biblischen Fundament der ?. Heute ist sie schon ? Jahre alt und weltweit verbreitet. Zu ihr zählen ? Milliarden Christen, davon ca. ? Katholiken. Das Wort „katholisch“ bedeutet ?. In der Kirche gibt es heute geweihte ? und ?, die keine besondere Weihe haben.

Die Kirche hat viele wichtige Aufgaben. Sie verkündet das ?, wie Jesus es verkündet hat. Sie spendet den Christen an den wichtigen Stationen des Lebens die 7 ?, die gute Hilfen für das Leben auf Erden und für das ? Leben sind. Sie setzt sich für die ? und die ? ein, die in Not sind und leiden.

Das Jahr der Kirche stimmt nicht mit dem bürgerlichen Jahr überein. Es beginnt am ? und endet am ?. Im Laufe eines Jahres erinnern sich die Christen an die wichtigsten Ereignisse aus dem Leben ?. Es hat zwei ?, in deren Mitte zwei große Feste der Christenheit stehen. Das höchste und wichtigste Fest der Kirche ist ?, an dem wir die ? Jesu feiern. Das in Deutschland beliebteste Fest ist ?, an dem wir die ? Jesu feiern.

Das Gebiet der Kirche ist in Deutschland in ? aufgeteilt, an deren Spitze der ? steht. Unser gegenwärtiger Amtsinhaber heißt ? und residiert in ?. Seine Aufgabe ist es, für die Gemeinden und Pfarreien zu sorgen, die Priester zu weihen, ihnen ihre Aufgaben zuzuteilen u. v. a.

Ein hohes Amt in der Kirche bekleiden die ?, die allein das Recht haben, den ? zu wählen. Sie treffen sich zu seiner Wahl in der italienischen Stadt ?. Im ?, dem Sitz der Kirchenregierung, üben sie in einer Versammlung, die wir mit dem lateinischen Namen ? nennen, ihr Wahlrecht aus. Wenn ein Kandidat gewählt ist, steigt aus einem Kamin ? Rauch, der aller Welt zeigt, dass die Wahl erfolgreich war. Nun ist das Amt wieder besetzt, dessen Inhaber sich „Stellvertreter Christi“ und „Nachfolger des heiligen Petrus“ nennt. Er hat große Vollmachten und Aufgaben. Er ist der oberste Lehrer, Hirt und Richter der Kirche. Der gegenwärtige Amtsträger heißt ?, mit bürgerlichem Namen ?.

Zur Bewertung: 1–3 Fehler: sehr gut; 4–6 Fehler: gut; 7–9 Fehler: befriedigend, 10–12 Fehler: ausreichend, 13–20 Fehler: mangelhaft; 21 und mehr Fehler: ungenügend. Viel Glück und guten Erfolg. Blamiert euch nicht.

4 Sieben Zettel – Sieben Sakramente

Schreibt auf 7 kleine Zettel die Namen der 7 Sakramente und notiert auf jedem Zettel, wann das Sakrament gespendet wird und was es bewirkt. Zeichnet dazu ein Symbol oder eine typische Szene.

Anwenden – Urteilen – Handeln

5 Der Sonntag der Tiere

Eines Tages kamen unter einem großen Baum die Tiere zusammen, weil auch sie einen Sonntag haben wollten wie die Menschen. Der König der Tiere, der Löwe, erklärte: Das ist ganz einfach. Wenn ich eine Gazelle verspeise, dann ist für mich Sonntag. Das Pferd meinte: Mir genügt schon eine weite Koppel, dass ich stundenlang austraben kann, dann ist für mich Sonntag. Das Schwein grunzte: Eine richtige Drecksmulde und ein Sack Eicheln müssen her, dann ist für mich Sonntag. Das Faultier gähnte und bettelte: Ich brauche einen dicken Ast, um zu schlafen, wenn es bei mir Sonntag werden sollten. Der Pfau stolzierte einmal um den Kreis, zeigte sein prächtiges Federkleid und stellte höflich aber bestimmt fest: Nur ein Satz neuer Schwanzfedern, er genügt für meinen Sonntag.

So erzählten und erklärten die Tiere stundenlang, und alle Wünsche wurden erfüllt. Aber es wurde unter ihnen kein Sonntag. Da kamen die Menschen vorbei und lachten die Tiere aus:

Ja, wisst ihr denn nicht, dass es nur Sonntag wird, wenn man mit Gott wie mit einem Freund spricht?

Ein afrikanisches Märchen

- Erzählt, woran ihr denkt, wenn ihr vom **Sonntag des Löwen, des Pferdes usw**. hört.
- Was haltet ihr von **dem Sonntag der Menschen**?

6 Die weltweite Verbreitung der Christenheit

Besorgt euch eine **Weltkarte,** auf der ihr entdecken könnt, wo die Christenheit stark, wo sie weniger stark und wo sie kaum oder gar nicht verbreitet ist. Kopiert die Karte und markiert die Gegenden, in denen Christen/Katholiken leben. Benutzt dabei verschiedene Farben für Christenheit, Katholiken und andere Religionen.

7 Kirche der Märtyrer im 20. und 21. Jahrhundert

Nie war die Zahl **der Christen, die für ihren Glauben starben**, so hoch wie im 20./21. Jahrhundert. In den letzten 100 Jahren sind mehr Christen wegen ihrer Überzeugung ermordet worden als in allen 19 Jahrhunderten vorher. Wie erklärt ihr euch diese Tatsache? Informiert (→ **V2**) euch über einzelne **Märtyrer.** Bekannt sind Edith Stein (Deutsche, kath.), Dietrich Bonhoeffer (Deutscher, evgl.), Maximilian Kolbe (Pole, kath.), Martin Luther King (USA, Baptist), Bischof Romero (San Salvador, kath.). Sucht euch auch Informationen von **Ländern**, in denen Christen zur Zeit gefährdet sind, z. B. Syrien, Irak, Nigeria, China, Indien, Nordkorea, Ägypten.

8 Fehler und Schwächen

Überlegt, welche **Fehler und Schwächen** der Kirche ihr kennt und wie ihr sie euch erklärt. Stellt diese zusammen und teilt das Ergebnis eurem Pfarrer/Bischof in einem **Brief** mit. Achtet dabei auch darauf, dass ihr Fehler nicht mit **Vorurteilen** (→ S. 22) verwechselt.

9 Was wäre, wenn …

Ergänze die Sätze:

- Wenn ich **Papst** wäre, würde ich …
- Ich wünsche mir von der **Kirche** heute, dass …
- Ich bin der Kirche **dankbar** für …

10 Die Christen – Eine bunte Vielfalt

Was wir lernen

- Christen waren sich nicht immer in Fragen des Glaubens und des Lebens einig und gerieten darüber manchmal in erbitterten **Streit**. Aus den strittigen Auffassungen sind **unterschiedliche Kirchen** entstanden. Auch heute sind sie sich in Fragen des Glaubens nicht einig.
- Heute gehen die getrennten Kirchen in **ökumenischem** Geist wieder verständnisvoll und freundlich aufeinander zu.
- Vielleicht könnt ihr euch das Kapitel **zusammen mit den evangelischen Schülerinnen und Schülern** erarbeiten.
- Das vorherige **9. Kapitel** solltet ihr schon kennen.

8

9

1 Findet heraus, welche Bilder aus der Welt der **katholischen** und welche aus der Welt der **evangelischen oder orthodoxen Christen** kommen. Welche Bilder passen zu beiden?

2 Bringt auch selber **Bilder** mit, auf denen man etwas typisch Katholisches, typisch Evangelisches, typisch Orthodoxes und Gemeinsames entdecken kann.

1. Katholisch – Evangelisch

L

- Das Wort **„Konfession“** (lateinisch: „Bekenntnis“) bezeichnet eine gesonderte Gemeinschaft innerhalb der Christenheit, deren Mitglieder sich zu einem gemeinsamen Glauben und Handeln bekennen, z. B. die katholische, die evangelische oder die orthodoxe Kirche. Durch ihr Bekenntnis, ihren Gottesdienst und ihre Bräuche unterscheiden sich die Konfessionen voneinander, wenn sie auch alle zur gleichen **Religion** – zur **Christenheit** – gehören.
- In allen **anderen großen Religionen**, z. B. im Islam oder Buddhismus, gibt es vergleichbare Gruppierungen.

Was Schülerinnen und Schüler so meinen

Die Katholiken haben einen Papst. Die Evangelischen wollen so ein Amt nicht.

Elias (12)

Die evangelischen Kirchen sind nicht so schön wie die katholischen. Sie haben nicht so bunte Fenster und nicht so viele Bilder.

Emma (11)

Die Anzüge der Geistlichen gleichen sich und sehen doch anders aus. Der katholische Pfarrer hat oft einen weißen Stehkragen auf schwarzem Anzug. Der evangelische Pastor hat zwei weiße Beffchen, auch auf Schwarz. Die katholischen Bischöfe sehen bunter aus als die evangelischen.

Merle (10)

Die evangelischen Christen haben andere Lieder als die Katholiken. In ihren Gemeinden wird oft auch kräftiger gesungen. Berühmt sind ihre Posaunenchöre.

Maximilian (11)

Die katholischen Priester dürfen nicht heiraten, die evangelischen Geistlichen doch.

Sophie (10):

Es gibt eigentlich keine wichtigen Unterschiede zwischen Katholiken und Protestanten. Beide glauben doch an denselben Gott und haben dieselbe Bibel.

Mia (12)

Die Evangelischen gehen sonntags noch seltener in die Kirche als die Katholischen.

Johanna (11)

Die evangelischen Mädchen und Jungen werden mit 14 Jahren konfirmiert, die katholischen schon vorher. Ich glaube, sie nennen das anders.

Vinz (13)

A

1 Welche **Antworten** haltet ihr für zutreffend, welche nicht? Welche beruhen auf Vorurteilen? Was ein Vorurteil ist?: → M1.

2 Füllt auch selbst einen **Zettel** aus, auf dem in einer **Sprechblase** ein Satz zu „katholisch“ oder „evangelisch“ eingetragen wird. Prüft gemeinsam, welche Antworten zutreffend sind, welche nicht und welche auf Vorurteilen beruhen.

Projekt | Katholisch und Evangelisch

Damit ihr besser versteht, was Katholiken und Protestanten eint und trennt, könnt ihr ein Projekt – wenn möglich, zusammen mit den Schülerinnen und Schülern des evangelischen Religionsunterrichts – erarbeiten. Anregungen zur Projektarbeit: → M4.

Das **Thema**:
Das Leben einer katholischen und evangelischen Gemeinde heute
Zunächst solltet ihr den katholischen Pastor und den evangelischen Pfarrer um Hilfe bitten und auch mit Leuten aus beiden Gemeinden ein Gespräch suchen.

1 **Vorbereitung:** Das **Ziel**: Katholische und evangelische Christen sollen sich besser kennenlernen. Der **Weg** dazu: die beiden Gemeinden aufsuchen und dort Kontakte knüpfen. Das **Ergebnis:** ein kleines Handbuch mit dem Titel „Zwei christliche Gemeinden – Gute Nachbarschaft". Oder: Eine Wanderausstellung für beide Gemeinden, ein gemeinsamer Gottesdienst ...

2 **Durchführung**: Mögliche **Arbeitsformen**: einen Fragebogen entwickeln, Interviews durchführen, eine Liste ausfüllen, Zeichnungen anfertigen, Fotos und Postkarten sammeln, eine Ausstellung (→ V8) planen, einen Gottesdienst vorbereiten usw.

Ihr könnt z. B. folgende **Fragen** bearbeiten, diese aber auch ändern:

- Wie sieht die evangelische, wie die katholische Kirche außen und innen aus? Stellt die Gemeinsamkeiten und Unterschiede zusammen. Wie erklären sie sich?
- Wie feiern beide Gemeinden den Gottesdienst? Schreibt ein paar Handlungen, Lieder und Texte auf. Welche Personen sind besonders aktiv?
- Was tun die Gemeinden für Kinder und Jugendliche?
- Welche Sorgen haben die Gemeinden heute?
- Wie viele Mitglieder hat jede Gemeinde? Wie viele davon beteiligen sich am Gemeindeleben?
- Welche gemeinsamen Aktivitäten gibt es zwischen den evangelischen und katholischen Gemeinden? Was bedeutet ihnen die Ökumene (→ S. 194 f.)?

Weitere Anregungen für eure Fragen findet ihr in einem anderen, ähnlichen Projekt: → S. 170 f.

3 **Auswertung**: **Ergebnisse** diskutieren, Fehler besprechen. Verbesserungsvorschläge machen. Den Helfern **danken**.

L

- Das Wort „**Diaspora**" (griechisch: „Zerstreuung") bezeichnet eine Gegend, in der katholische oder evangelische Christen eine Minderheit bilden. Sie leben dort „verstreut" zwischen Menschen, die anders oder gar nicht glauben. In Deutschland ist z. B. Mecklenburg oder Hamburg für Katholiken, Bayern oder das Eichsfeld für Protestanten Diaspora.
- Für Christen gibt es in der Diaspora viele **Schwierigkeiten**, weil sie dort nur wenige Kirchen haben und selten Gottesdienste stattfinden. Heute helfen sich die Kirchen oft gegenseitig, indem sie der Minderheit Kirchenräume zur Verfügung stellen und sie zu ihren Veranstaltungen einladen.

Am Anfang ihrer Geschichte lebten die Christen in einer einzigen Gemeinschaft. So hatte es **Jesus** gewollt. Er hatte sich gewünscht, dass **alle, die an ihn glauben, zusammenhalten und einig sind**. Doch die **Einheit** des Anfangs hatte keinen langen Bestand. Im Lauf der 2000 Jahre, die das Christentum bis heute besteht, gab es – neben kleineren Trennungen – mehrere große Brüche in der Kirche, die man auch **Kirchenspaltungen** nennt.

Wie es zu der Trennung kam – Ein Blick in die Geschichte

(1) Eine große Trennung der Christenheit entstand im 11. Jahrhundert, als sich die **Ostkirche** („**Orthodoxe Kirche**") und die **Westkirche** im Abendland nicht mehr miteinander vertrugen. Damals zerbrach die eine Christenheit in zwei große Teile.

(2) Ein zweiter tiefer Bruch vollzog sich im 16. Jahrhundert in der Westkirche zuerst in Deutschland, später auch in anderen Ländern, als **Martin Luther** (1483–1546) gegen Missstände in der damaligen Kirche auftrat und eine Erneuerung („**Reformation**") der Kirche in Gang bringen wollte. Luther kämpfte gegen Geldgier und Habsucht, gegen Aberglaube und Herrschsucht. Er selbst war fromm, in der Frömmigkeit seiner Zeit verwurzelt und vertraute vor allem dem Wort der Bibel, konnte aber auch grob und beleidigend werden. Mit dem Papst und der römischen Kirche geriet er in einen bitteren Streit, an dessen Ende sich die **evangelische und die katholische Kirche** als zwei Konfessionen (Gemeinschaften) gegenüberstanden.

(3) Andere Reformatoren dieser Zeit waren **Johannes Calvin** (1509–1564) und **Huldrych Zwingli** (1484–1531). Auf sie geht die „**Reformierte Kirche**" zurück.

Links: Johannes Calvin, Gemälde eines Unbekannten

Rechts: Huldrych Zwingli, Gemälde von Hans Asper

Lucas Cranach d. Ä. (1472–1553), Luther predigt von der Kanzel der Stadtkirche in Wittenberg, 1547.
Links Luthers Frau Katharina von Bora mit ihrem Sohn Hans (in roter Jacke). Im Hintergrund ein Selbstporträt des Malers (mit langem Bart).

Drei junge Christen stellen sich vor

Ich heiße **Martin** und bin evangelisch. Das Wort **„evangelisch"** leitet sich ab von Evangelium (griechisch: „Frohe Botschaft", „Gute Nachricht") und bedeutet: „dem Evangelium folgend".
Manchmal nennen wir uns auch **„Protestanten"**. Dieser Name geht auf ein Ereignis in der Reformationszeit zurück. Als die Lutheraner auf dem Reichstag zu Speyer 1529 überstimmt wurden, „protestierten" sie gegen den Beschluss, weil sie der Auffassung waren, in religiösen Dingen dürfe man eine Minderheit nicht überstimmen. Da müsse es Gewissensfreiheit geben.

Ich bin **Petra**, katholisch. Das Wort **„katholisch"** (griechisch: „allumfassend", „ganz") bezeichnet die Kirche, die allumfassend („universal") ist. Sie soll das ganze Evangelium der ganzen Welt verkünden und für alle Menschen zu allen Zeiten da sein. Nach der Reformation wurde der Ausdruck zur Bezeichnung der mit dem Papst in Rom verbundenen Kirche, die deshalb auch **„römisch-katholisch"** heißt.

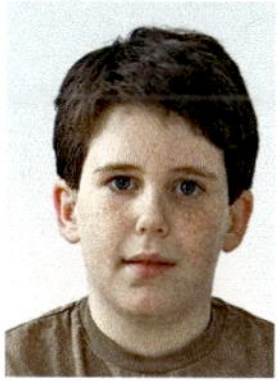

Ich heiße **Andreas** und bin orthodoxer Christ. Das Wort **„orthodox"** (griechisch: „rechtgläubig") bezeichnet die Kirche im Osten („Orthodoxie"). Wir Orthodoxe haben wie die Katholiken sieben Sakramente (→ S. 177) und das Priester- und Bischofsamt (→ S. 174 f.). Den Papst erkennen wir nicht an. In unserem Gottesdienst erklingen ehrwürdige alte Melodien. In unseren Kirchen und Häusern verehren wir herrliche religiöse Bilder („Ikonen").

Zahlen

- In **Deutschland** sind zur Zeit (um das Jahr 2016) von ca. 82 Millionen Einwohnern **ca. 23,8 Millionen Einwohner katholisch und ca. 22,3 Millionen evangelisch**. Zu den christlichen Gemeinden zählen auch die **orthodoxen** Kirchen mit schätzungsweise 1,5 Millionen Christen (ca. 2% der Gesamtbevölkerung), evangelische Freikirchen (300 000) und andere Kirchen (ca. 68 000). Das bedeutet, dass von 100 Einwohnern knapp 60 Prozent christlich sind und etwa **zwei von drei Bürgern** dieses Landes einer christlichen Kirche angehören.
- Dabei gibt es **erhebliche Unterschiede in den einzelnen Bundesländern**. In den östlichen Bundesländern ist der Anteil der evangelischen Christen niedriger, der der Katholiken sogar viel niedriger als in den westlichen Bundesländern. In den letzten Jahren ist der Anteil der Christen an der Gesamtbevölkerung stärker rückläufig.

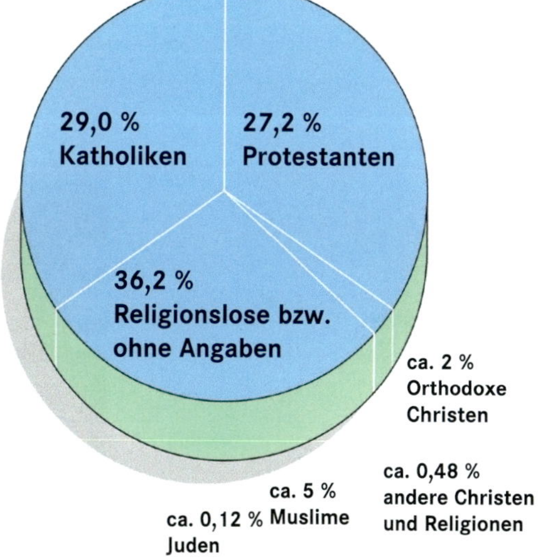

- Zum **letzten Drittel der Bevölkerung** gehören die Angehörigen anderer Religionen, so etwa 4,3 Millionen Muslime (ca. 5 %; → S. 198 ff.) und 110 000 (etwa 0,12 %) Juden. Der Rest der Bevölkerung, also mehr als ein Drittel, ist religionslos oder es gibt von ihm keine Angaben.

A

1 Stellt fest, was folgende Begriffe bezeichnen: Religion – Konfession – christlich – katholisch – orthodox – islamisch – jüdisch – protestantisch – sunnitisch – buddhistisch – schiitisch – evangelisch.

2 Die **Statistik** zählt alle Christen gleich, egal ob sie sich ihrer Kirche verbunden fühlen oder nicht. Für die Statistik zählen nur zwei Kennzeichen: (1) getauft und (2) nicht aus der Kirche ausgetreten. Beschreibt den Unterschied zwischen **„Statistik-Christen"** und **„Christen"**.

2. Getrennt und verbunden

Was Katholiken und Protestanten gemeinsam haben

- die **Bibel** (→ S. 34 ff., 48 ff., 92 ff., 112 ff.)
- das **Apostolische Glaubensbekenntnis** (→ S. 86). Da gibt es nur einen Unterschied. Die Katholiken sagen gegen Ende des Textes: „Ich glaube an den Heligen Geist, die heilige, katholische Kirche". Die Protestanten sagen nicht „katholische Kirche", sondern *„christliche" oder „allgemeine"* Kirche.
- die **Taufe** (→ S. 176 f.), die sie gegenseitig anerkennen
- die **Zehn Gebote** und das **Gebot der Gottes- und Nächstenliebe** (→ S. 64, 129)
- große **Feste** z. B. Weihnachten, Ostern und Pfingsten (→ S. 118 ff., 138 f.),
- viele **Gebete**, darunter die Psalmen (→ S. 80) und das „Vaterunser" (→ S. 81)
- viele **Lieder**, von denen nicht wenige aus der evangelischen Kirche stammen, z. B. „Wie schön leucht' uns der Morgenstern", „O Haupt voll Blut und Wunden", „Christ ist erstanden", „Lobe den Herrn, den mächtigen König der Ehren".

Der Vorsitzende des Rates der Evangelischen Kirche in Deutschland (EKD), Nikolaus Schneider, bei einem Besuch des Papstes Franziskus kurz nach seiner Wahl (2013) im Vatikan. Er überreicht dem Papst eine neue Bibelausgabe mit der Übersetzung Martin Luthers (→ S. 190).

Was Katholiken und Protestanten trennt

- Das **Kirchenverständnis** von Protestanten und Katholiken ist verschieden. Für Protestanten ist die Kirche meist die Versammlung der Gläubigen, die allein auf das Wort der Bibel gegründet ist. Die katholischen Christen sehen in der Kirche mehr als nur eine Versammlung der Gläubigen. Sie führt für sie das Werk Jesu Christi fort. Ihre Gläubigen sind durch das biblische Wort Gottes, das Glaubensbekenntnis und die Teilhabe an den sieben Sakramenten unter der Leitung der rechtmäßigen Hirten in der Nachfolge der Apostel verbunden.
- Katholiken sehen im **Papst** (→ S. 174) ihr Oberhaupt, Protestanten lehnen das Amt des Papstes in seiner heutigen Form ab, weil der Papst letztlich nicht allein für die Lehre und Gesetzgebung der Kirche zuständig sein soll. Andere kirchliche Gremien müssten ein größeres Mitspracherecht haben, die Glaubensfreiheit jedes Christen müsse gewahrt bleiben. Der Papst könne aber sehr wohl den Ehrenvorsitz der Kirchen haben.
- Katholiken haben **Priester**, die das Sakrament der Weihe (→ S. 174 f.) empfangen haben. Es beruft sie dazu, das Wort Gottes zu verkünden und mit der Gemeinde das Sakrament der Eucharistie zu feiern. Sie versprechen ehelos („Zölibat") zu leben. Protestanten kennen das Weihesakrament nicht, wohl die kirchliche „Ordination", d. h. eine feierliche Bestellung zur Verkündigung des Evangeliums und zur Spendung der Sakramente. Sie wird ähnlich wie die Priesterweihe durch Handauflegung und Gebet vollzogen. Ihre Geistlichen dürfen heiraten.
- **Frauen** sind in der katholischen Kirche nicht zum Priesteramt zugelassen. Die evangelischen Christen lassen auch Frauen zum Pfarr- und Bischofsamt zu.
- Protestanten lehnen eine Verehrung **Marias**, der Mutter Jesu (→ S. 106), nicht ab. Aber sie meinen, dass Katholiken in der Verehrung Marias gelegentlich zu weit gehen, wenn sie z. B. an die leibliche Aufnahme Marias in den Himmel glauben oder Marienerscheinungen (Lourdes, Fatima, Medjugorje) für wichtig halten.
- Katholiken lassen für geschiedene Eheleute eine neue **Ehe** (→ S. 177) nicht zu, wenn ein Partner noch lebt, Protestanten segnen auch die Ehe geschiedener Christen ein.

Die heutige Situation

Viele katholische und evangelische Christen verstehen heute manche der Unterschiede nicht mehr, die früher in der Kirche eine große Rolle gespielt haben. Sie kommen ihnen vor, als seien sie wie aus einer vergangenen Welt. Oder sie halten sie nicht mehr für so wichtig, dass Christen deshalb in getrennten Kirchen leben müssten. Viel bedeutsamer als der Streit über diese Unterschiede erscheinen vielen Christen heute die Probleme der modernen Welt: die weit verbreitete Unfähigkeit, an Gott zu glauben, die Bewahrung der Schöpfung, der Schutz der Menschenrechte, der Gegensatz zwischen reichen und armen Ländern, die Sorge um die Gefährdung der Kinder überall in der Welt (→ S. 30 f.), die Beseitigung des Krieges, die Ausrottung von Hunger und Krankheit, der Kampf gegen Arbeitslosigkeit. In diese Angelegenheiten müssten sich Christen heute gemeinsam einmischen. Hier falle die Entscheidung darüber, ob Menschen in Zukunft noch an die Kraft des Evangeliums glauben.

A

1. Nur in einigen Bundesländern ist an folgenden kirchlichen Feiertagen **schulfrei**: Drei Könige (6.1.), Mariä Himmelfahrt (15.8.), Reformationstag (31.10.), Fronleichnam, Buß- und Bettag. Wie ist das bei euch? Was wird an diesen Tagen jeweils gefeiert?
2. Hole noch einmal die **Kirchenjahrstafel** (→ S. 181) und deinen Jahreskalender (→ S. 167) hervor und prüfe,
   - welche Feste von allen Christen gefeiert werden
   - welche Feste nur die katholischen Christen feiern.

   Welche Feste feiern nur die evangelischen Christen?
3. Stelle in einer Liste zusammen, welche katholischen und evangelischen Kirchen es in deinem **Ort** oder in der Nachbarschaft gibt. Ein Blick in das **Telefonbuch** kann dir bei der Suche helfen. Stichwort im Telefonbuch: „Kirchen". Vergleicht eure Listen, korrigiert und ergänzt sie.
4. Die Katholiken haben soziale Aktivitäten wie „**Misereor**" oder die „**Caritas**": → S. 32), die evangelischen Christen „**Brot für die Welt**" oder „**Diakonie**". Fordert bei den betreffenden Stellen Materialien über deren Tun an und vergleicht die Arbeit der Hilfswerke miteinander. Adressen findet ihr im Internet.

3. Ökumenisch

- Wir nennen die Bewegung, die die Kirchenspaltung überwinden will, „**Ökumenische Bewegung**". Das Wort **„Ökumene"** (griechisch: „die bewohnte Erde") bezeichnet die Zusammenarbeit aller Kirchen, also der katholischen Kirche, der Kirchen der Reformation und der orthodoxen Kirchen.
- Diese Bewegung hat schon **beachtliche Erfolge** erzielt, weil katholische und evangelische Christen davon überzeugt sind, dass es so, wie es jetzt mit ihren Kirchen steht, nicht weitergehen darf. So stimmen Katholiken und Protestanten heute darin überein, dass der Mensch sein Heil allein Gott verdankt und dass die Taufe beider Kirchen gültig ist.
- Doch gibt es auch heute noch manche **ungelöste Probleme**. Darum kann zur Zeit niemand sagen, ob und wann es einmal zu einer Einheit der Christen kommt.

Aufruf der Kirche zur Ökumene

*Das **2. Vatikanische Konzil** hat neben anderen wichtigen Reformschritten auch ein **Dekret über den Ökumenismus** verabschiedet, das für die Zukunft wegweisend wurde. Der Text ist vielleicht für euch schwer zu verstehen, aber mit Hilfe eurer Religionslehrer/innen wird es euch schon gelingen. Die Mühe lohnt sich.*

1. Die Einheit aller Christen wiederherstellen zu helfen ist eine der Hauptaufgaben des Heiligen Ökumenischen Zweiten Vatikanischen Konzils. Denn Christus der Herr hat eine einige und einzige Kirche gegründet, und doch erheben mehrere christliche Gemeinschaften vor den Menschen den Anspruch, das wahre Erbe Jesu Christi darzustellen; sie alle bekennen sich als Jünger des Herrn, aber sie weichen in ihrem Denken voneinander ab und gehen verschiedene Wege, als ob Christus selber geteilt wäre. Eine solche Spaltung widerspricht aber ganz offenbar dem Willen Christi, sie ist ein Ärgernis für die Welt und ein Schaden für die heilige Sache der Verkündigung des Evangeliums vor allen Geschöpfen.

2. Vatikanisches Konzil (1962–1965)

Ökumenischer Kirchentag in München im Jahr 2010

Schritte aufeinander zu

- sich gegenseitig besser kennenlernen
- die Gründe für das, was gemeinsam und verschieden ist, verstehen
- gemeinsam Gottesdienst feiern
- sich gegenseitig zu evangelischen Kirchen- und Katholikentagen einladen
- miteinander die Bibel lesen
- den vielen Menschen, die heute schwer oder gar nicht an Gott glauben, zeigen, wie gut der christliche Glaube ist
- gemeinsam gegen Not und Armut bei uns und überall in der Welt kämpfen

Konfessionsverbindend – Steffi und Daniel

Steffi und Daniel leben in einer konfessionsverschiedenen Ehe. Steffi kommt aus einem evangelischen Elternhaus, Daniels Eltern sind katholisch. Die Eltern beider Eheleute wissen, dass die Verbindung evangelisch-katholisch kein Unglück ist, sondern ihr Gutes haben kann.

Bei der feierlichen Hochzeit in einer evangelischen Kirche waren ein evangelischer Pfarrer und ein katholischer Kaplan anwesend. Alle Hochzeitsgäste sangen Lieder, die in katholischen und evangelischen Gesangbüchern stehen. Als sich die beiden Brautleute das Eheversprechen gaben und den Ring ansteckten, kamen manchen Alten die Tränen in die Augen. Der Kaplan erklärte allen, warum diese Ehe für Katholiken ein Sakrament (→ S. 177) ist, ohne damit die Protestanten zu verletzen.

Bei der Vorbereitung auf die Ehe hatte der Kaplan den Brautleuten gesagt, was die katholische Kirche von dem katholischen Partner erwartet. Er soll in der Ehe als katholischer Christ leben und sich nach besten Kräften für die Erziehung der Kinder im katholischen Glauben einsetzen. Aber die Kirche wisse auch, dass die Erziehung der Kinder Sache beider Eltern ist und keiner gegen seine Überzeugung erziehen kann. So könne es richtig sein, dass in einer konfessionsverschiedenen Ehe eine evangelische Mutter ihre Kinder evangelisch erzieht. Ähnliches hatten die beiden von dem evangelischen Pfarrer gehört.

Wenn Steffi und Daniel mit ihren Kindern Lucas, Ester und Benjamin beten, kann man gar nicht merken, ob die Gebete katholisch oder evangelisch sind. Und wenn sie ihnen Geschichten aus der Bibel erzählen, fühlen sie sich in voller Übereinstimmung. Ihre Ehe ist zugleich konfessionsverschieden und konfessionsverbindend. Sie ist ein gutes Zeichen der Ökumene.

A

1 Geht den **Konzilstext** langsam durch und überlegt gemeinsam, was jeder einzelne Satz bedeutet. Überlegt auch, warum der Text für die katholische Kirche so wichtig ist.

2 Ihr habt sicher gute Ideen, was **Mädchen und Jungen für ein besseres Verständnis der Konfessionen** tun können.

Was wir können

Wissen

1 Vorsicht „Fehler“ – Drei Test-Arbeiten

Nach der Bearbeitung dieses Kapitels wurde in der Klasse ein Test geschrieben. Die Schülerinnen und Schüler sollten wahlweise etwas zu einem der drei Stichworte „katholisch“, „evangelisch“ oder „ökumenisch“ schreiben. Hier liegen drei Arbeiten vor:

Bärbel (12): Das Wort **„katholisch“** bedeutet „wahr“. Typisch für die Katholiken ist es, dass sie einen Papst haben, der von den Bischöfen gewählt wird. Die Bischöfe leiten eine eigene Diskothek. Die Priester sind selten verheiratet, haben aber dann gute Pfarrfrauen. In ihren Gottesdiensten sprechen die Katholiken das Glaubensbekenntnis und singen viele Lieder. Die Verehrung Mariens spielt bei ihnen eine große Rolle. Auch haben sie andere Heilige wie Nikolaus oder Martin Luther.

Max (11): Das Wort **„evangelisch“** bedeutet „am Evangelium orientiert“. Die evangelischen Christen sollen jeden Sonntag in die hl. Messe gehen. Auch sie sprechen dort das Glaubensbekenntnis, das sich in keinem Wort von dem der Katholiken unterscheidet. Auch das Vaterunser beten sie oft. Bevor sie zur Kommunion gehen, sollten sie wenigstens gelegentlich das Sakrament der Beichte empfangen haben. Sie glauben fest, dass sie durch die Fürsprache der Heiligen bei Gott Erlösung und Gnade finden.

Peter (12): Das Wort **„ökumenisch“** bedeutet „gleichberechtigt“. Die ökumenische Bewegung ist schon weit fortgeschritten. So finden regelmäßig gemeinsame Bibelkreise und soziale Hilfsaktionen beider Konfessionen statt. Inzwischen verlaufen auch die Gottesdienste gleich, und dort wird mit Zustimmung beider Kirchen allen Christen das Abendmahl gereicht. Die Kirchen erkennen die Taufe aber immer noch nicht gegenseitig als gültig an.

- **Sieh die Arbeiten gründlich durch.** Prüfe, was richtig und was falsch ist. Solltest du Fehler entdecken, schreibe die richtige Formulierung mit rotem Stift in dein Religionsheft, damit Bärbel, Max und Peter erkennen, was sie nicht richtig gemacht haben. Welche **Note** schlägst du vor?

2 Was Katholiken und Protestanten gemeinsam ist und trennt

Zeichne **einen katholischen (mit Hahn) und einen evangelischen (mit Kreuz) Kirchturm** in dein Religionsheft. Schreibe drei Begriffe, die für katholische Christen wichtig sind, neben die katholische Kirche, z. B. Messe ... Verfahre entsprechend mit den evangelischen Begriffen, z. B. Lutherbibel ... Verbinde beide Kirchtürme unten an ihrem Fundament und schreibe darunter, was beiden Kirchen gemeinsam ist, z. B. das Vaterunser.

Anwenden – Urteilen – Handeln

3 Für Briefmarkensammler

Viele **Briefmarken** zeigen evangelische, katholische und ökumenische Motive. Die Briefmarkensammler unter euch werden gern ein paar Exemplare mitbringen und erklären.

4 Einsicht

- Überlegt, was das Foto mit dem Thema zu tun haben könnte. Macht Vorschläge, wie ihr es einordnen wollt.

5 Nun danket all und bringet Ehr

Paul Gerhardt, evangelischer Theologe und Dichter beliebter Kirchenlieder, hat diesen Text im 29. Jahr des Dreißigjährigen Krieges (1618–1648) geschrieben, in dem sich Katholiken und Protestanten blutig bekämpften. Große Teile Deutschlands wurden damals durch die Soldaten der feindlichen Konfessionen verwüstet. Unzählige Menschen wurden getötet oder verwundet, zahlreiche Orte niedergebrannt. Die Pest raffte zusätzlich viele Überlebende nieder. Überall gab es Angst, Schrecken und Tod. In dieser Situation wurden fast überall nur Trauerlieder gesungen, wenn überhaupt noch gesungen wurde. Es zeugt von einem unerschütterlichen Gottesglauben, wenn Paul Gerhardt gerade jetzt ein Dankeslied anstimmt und um ein fröhliches Herz, Frieden und Glück bittet. Es gelang ihm, auch das Gute in dieser bösen Zeit zu sehen Der Text wurde von **Johann Crüger**, dem Cantor der Nikolaikirche in Berlin, wunderbar vertont. Heute wird das Lied in ökumenischem Geist auch von **Katholiken** gern gesungen.

2 Ermuntert euch und singt mit Schall Gott, unserm höchsten Gut, der seine Wunder überall und große Dinge tut;
3 Er gebe uns ein fröhlich Herz, erfrische Geist und Sinn und werf all Angst, Furcht, Sorg und Schmerz in Meerestiefe hin.
4 Er lasse seinen Frieden ruhn auf unserm Volk und Land; er gebe Glück zu unserm Tun und Heil zu allem Stand.

Text: Paul Gerhardt (1607–1676) 1647. Melodie: Johann Crüger (1598–1662) 1653.

- Zeigt auf, warum es so schwierig ist, in einer katastrophalen Situation, wie sie zur Zeit Paul Gerhardts bestand, solche Gedanken zu fassen. Warum ist es notwendig?
- Zeigt an den einzelnen Strophen auf, warum auch **Katholiken** dieses Lied singen können. Welche Gemeinsamkeiten lassen sich hier für evangelische und katholische Christen entdecken?

6 Der Häuptling und der Missionar

Vor einiger Zeit ging ein afrikanischer Häuptling zu einem christlichen Missionar, den er sehr verehrte, weil er andere nie schlecht machte. Besorgt sagte er zu ihm: „Was soll ich davon halten? Ihr Christen kommt in unser Land und wollt uns den rechten Glauben bringen. Aber ihr seid euch ja selbst nicht einig darüber, was der rechte Glaube ist. Zu uns kommen Katholiken, Lutheraner, Reformierte sowie noch weitere Missionare, die anderen christlichen Konfessionen angehören. Alle beteuern, ihr Glaube sei der rechte. Nur ihr Weg führe sicher zu Gott. Woran sollen wir uns denn da halten?“ Der Missionar zögerte nicht lange und sagte: „Du hast schon recht. Es ist schwer, da einen Durchblick zu finden. Nur auf eines kommt es an: Du sollst Gott lieben und die Schöpfung lieben und den Nächsten lieben wie dich selbst. Daran kannst du dich halten. Darauf kommt es letztlich an.“

- Sprecht miteinander darüber, ob die **Antwort des Missionars** richtig ist.

11 Der Islam und die Muslime

Was wir lernen

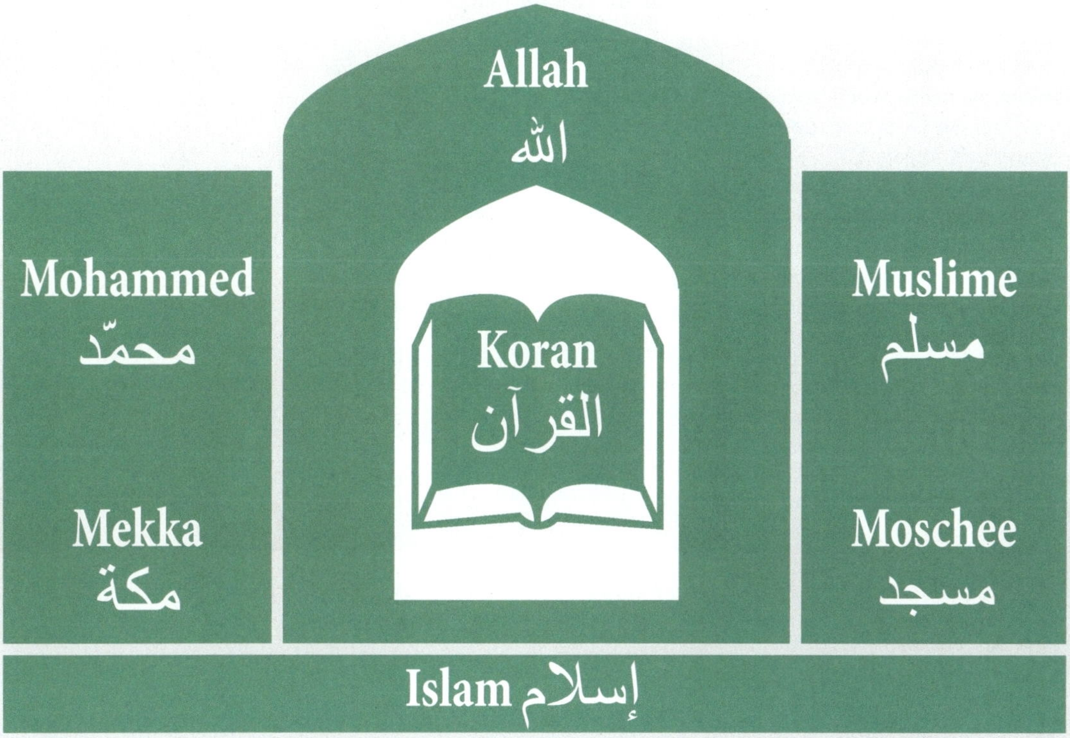

Neben dem Christentum gibt es auch andere große Religionen in der Welt. Die zweitgrößte Religion ist der **Islam**, der auch in Deutschland viele Anhänger hat. In diesem Kapitel werdet ihr euch mit dem Islam befassen. Das wird euch helfen, sowohl das Christentum als auch die religiöse Situation in Deutschland und in der Welt besser zu verstehen.

1 Beschreibt, was ihr auf den **Fotos** vom Leben der Muslime seht. Unterscheidet dabei Personen und Sachen.

2 Notiert **Fragen und Themen** zum Islam, über die ihr im Unterricht Näheres erfahren wollt. Überprüft am Ende, was geklärt wurde und was noch offen ist.

1. Eine große Religion

L

- „**Islam**" (arabisch) heißt „Hingabe an Gott" oder „Gehorsam gegenüber Gott". „**Muslim**" (auch: „**Moslem**"; weiblich: **Muslima**) ist, wer Gott gehorcht.
- Es gibt mehrere Richtungen im Islam. Die größte Gruppe (ca. 90%) bilden die **Sunniten** (arabisch: „Sunna", d.h. Brauch, Herkommen), die sich in der Nachfolge des ersten Kalifen (Oberhaupt der Muslime) sehen.
- Die zweitgrößte Gruppe (ca. 10%) bilden die **Schiiten**, die der Richtung (arabisch: „Schia") des Ali (→ S. 203), des Vetters Mohammeds, folgen.
- Der **Islam** ist nach dem Christentum die **zweitgrößte Religion der Welt**. Verlässliche Schätzungen sprechen von insgesamt mehr als **1,4 Milliarden Muslimen**. Das **Christentum** hat, wenn man alle Kirchen und Konfessionen mitzählt, 2,2 Milliarden Anhänger (→ S. 172).

Arabische Zahlen

A Notiert während der Arbeit mit diesem Kapitel, was ihr im **Fernsehen, Radio oder in der Zeitung** über den Islam erfahrt. Welches Bild ergibt sich dabei vom Islam? Prüft, ob es dem Islam gerecht wird oder auf Vorurteilen (→ M1) beruht.

Die Moschee

- Die **Moschee** (arabisch: „Ort der Niederwerfung") ist für die Muslime kein Gotteshaus, in dem Gott auf besondere Weise nahe wäre. Sie ist das Gebäude, in dem sich Muslime versammeln, gemeinsam beten, sich treffen und auch Geschäfte machen. Wer eine Moschee betritt, muss seine Schuhe ausziehen und sollte sich nach Möglichkeit vorher an einem Reinigungsbrunnen waschen. Für Muslime ist es eine Ehrenpflicht, für die Ausstattung, den Erhalt und die Sauberkeit der Moschee mit Ideen, Geldmitteln und Arbeitsleistungen zu sorgen.

- Der **Mihrab** ist eine Nische in der Wand. Er gibt die Richtung nach Mekka an, wohin sich die Muslime beim Gebet wenden.
- Der **Minbar** ist die Kanzel, auf der der **Imam** (Vorbeter, manchmal ein Religionsgelehrter) predigt.
- Ein **Minarett** (arabisch: „Leuchtturm") ist ein Turm bei der Moschee.
- Vom Minarett aus ruft der **Muezzin** fünfmal am Tag zum Gebet. Heute hört man von vielen Minaretten die Stimme des Muezzin mit elektronischer Lautverstärkung.
- In den Moscheen gibt es wegen des **Bilderverbots** (→ S. 64) keine Statuen und Malereien mit figürlichen Darstellungen. Als Elemente des Schmucks findet man **Koranverse**, die oft in kunstvoller Schrift aufgezeichnet sind.

Wörter und Sachen, die von den Muslimen – von Arabern, Persern und Türken – zu uns gekommen sind

Alkohol, Aprikose, Atlas, Basar, Banane, Beduine, Benzin, Bluse, Bohne, Chemie, Fanfare, Gips, Giraffe, Gitarre, Harem, Haschisch, Ingwer, Jacke, Jogurt, Kabel, Kadi, Kaffee, Kamel, Kandis, Karawane, Karussell, Kiosk, Kittel, Koffer, Kuppel, Lack, Laute, Limonade, Lila, Marzipan, Maske, Massieren, Matratze, Mokka, Mütze, Orange, Papagei, Rasse, Reis, Risiko, Schach, Schal, Scheck, Sofa, Spinat, Talisman, Tasse, Tulpe, Watte, Ziffer, Zimt, Zucker, Zwetschge.

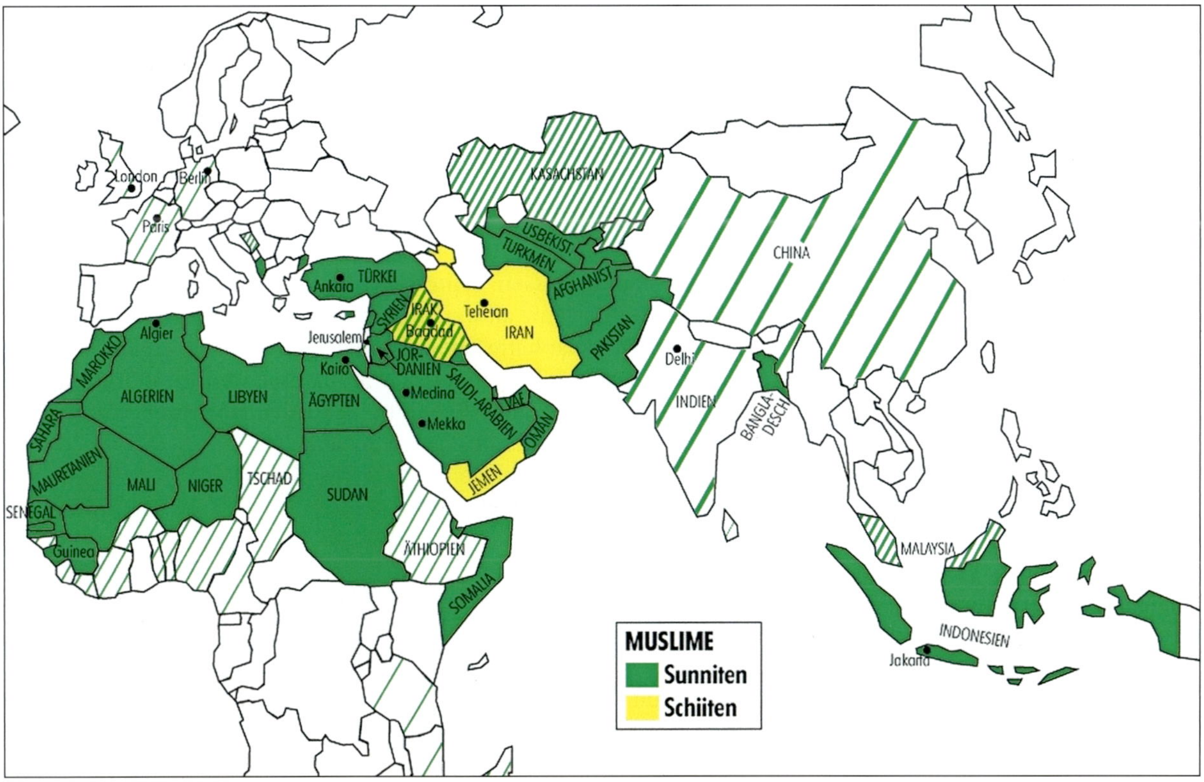

Projekt | Wir besuchen eine Moschee

Wenn es in eurer Stadt oder in eurer Umgebung eine Moschee gibt, könnt ihr Kontakt mit den Muslimen aufnehmen und sie bitten, euch einen Besuch zu gestatten.
(1) **Vorbereitung: Das Ziel** des Projektes: Christen und Muslime lernen sich gegenseitig besser kennen und bauen vorhandene Vorurteile ab. **Anregungen** für das Projekt: → M4. Nützlich ist es, einzelne Schritte aus einem ähnlichen Projekt zur Kirche (→ S. 170) oder zur Ökumene (→ S. 189) in eure Überlegungen einzubeziehen. Auch der „Perspektivenwechsel" (→ M1) bietet sich häufig an.
Das **Ergebnis** könnte eine kleine **Zeitung** sein mit dem Titel „Muslime in unserer Stadt" und/oder eine **Ausstellung** (→ V8) zum Thema „Moschee und Kirche – Ein Vergleich" mit selbst angefertigten Bildern, Fotos und Text bzw. eine Präsentation.
Eure muslimischen Mitschülerinnen und Mitschüler und deren Eltern werden euch bei der Projektarbeit wahrscheinlich gern helfen.
(2) **Durchführung:** Einige Aufgaben, die ihr selbst ergänzen oder ändern könnt:

- Notiert, was es im **Inneren und Äußeren** der Moschee zu sehen gibt. Haltet fest, was die Moschee von einer christlichen Kirche unterscheidet und auch, wo es Gemeinsamkeiten gibt.
- Erkundigt euch, ob ein **Muezzin** zum Gebet aufruft. Sind ein **Reinigungsbrunnen** und ein **Minarett** vorhanden? Wenn ja, beschreibt deren Aussehen und Zweck.
- Stellt fest, zu welchen **Zeiten** sich die Muslime hier treffen und was sie hier **tun**. Erkundigt euch, wer das Gebet leitet und wie die Hauptgebete lauten.
- Besprecht mit einem Muslim, welche **Sorgen und Probleme** die Muslime in Deutschland haben.
- Erkundigt euch, ob es Kontakte **zu christlichen Gemeinden** gibt und wie die Muslime zum **Christentum** stehen.
- Findet heraus, was die **deutsche Umwelt** auf die Moschee und die Muslime reagiert.

(3) **Auswertung**: Prüft, ob und wie weit der Besuch der Moschee Ergebnisse erbracht hat. Wie sind Zeitung oder Ausstellung aufgenommen worden? Was hätte besser laufen können? Überbringt den Muslimen eine **Gegeneinladung in eine christliche Gemeinde**. Diese solltet ihr vorher mit dem Pfarrer absprechen. Allen Helfern danken.

2. Mohammed – Der Prophet

L

- Die Stadt **Mekka** (arabisch: „die Ehrwürdige") liegt in der Mitte der arabischen Wüste. Die Beduinen und die Karawanen kamen schon vor der Entstehung des Islam gern hierhin. An diesem Ort verehrten die Araber ihre vielen Götter und Göttinnen, hier schlossen sie die meisten Geschäfte ab. Typisch für die Zeit: Gastfreundschaft, Blutrache, Vielehe, kaum Rechte der Frau.
- Die **Kaaba** (arabisch: „Würfel") ist ein würfelartiger Steinbau (11 x 12 x 13 Meter) in Mekka. In ihrer Mauer ist ein großer schwarzer Meteorit eingelassen, den Gott selbst am Anfang der Zeit vom Himmel auf die Erde geworfen haben soll. Nach muslimischem Glauben wurde die Kaaba von **Abraham** und **Ismael**, dem Sohn seiner Nebenfrau **Hagar** (Gen 21,14–20), in der Wüste neu entdeckt und wieder aufgerichtet. Mohammed hat die Kaaba zum Zentralheiligtum des Islam gemacht. Bis heute pilgern die Muslime hierhin.
- **Jathrib**, eine Oasenstadt im Norden Arabiens, hatte damals ca. 3000 Einwohner. Die Stadt nahm bald den Namen **Medina** (arabisch: „Stadt des Propheten") an. Hier wurde der Islam zur **universalen Religion**, weil Mohammed seine Botschaft nicht mehr nur arabischen Landsleuten, sondern auch Fremden und Andersgläubigen verkündete. Weil Mohammed hier begraben wurde, ist die Stadt nach Mekka der wichtigste Pilgerort der Muslime.

Ali, ein Muslim, erzählt von Mohammed

Die ersten 40 Jahre

Von Mohammed spreche ich gern. Er ist unser großer Prophet. Keinen Menschen verehren wir Muslime so wie ihn.

Im Jahr **570** nach christlicher Zeitrechnung wurde er in **Mekka** geboren. Er gehörte zu einem alten arabischen Stamm, dessen Leute sich für die Nachkommen Abrahams hielten. Als er 25 Jahre alt war, heiratete ihn die reiche Kaufmannswitwe **Chadidja**. Das Paar hatte 2 oder 3 Jungen und 4 Mädchen und war sehr glücklich. Schon früh wandte sich Mohammed mit Empörung gegen die **Vielgötterei** der Stadt. Er verabscheute den **Hochmut**, mit dem die reichen Leute der Stadt die Armen behandelten.

Die Berufung zum Propheten

Der Prophet auf dem Berg Hira bei Mekka, Türkei, 16. Jahrhundert
Eigentlich verbietet der Islam die Darstellung des Propheten. Der türkische Maler setzt sich über das Verbot hinweg, verhüllt aber immerhin das Gesicht.
Mohammed steht in einer Feuerflamme, die auf Gottes Nähe hinweist.

Mohammed zog sich damals oft aus der Stadt in die Einsamkeit der Berge in der Umgebung von Mekka zurück. In einer Höhle am **Berg Hira** hatte er im Jahr **610** das große Erlebnis, das sein Leben völlig veränderte. Hier empfing er die **erste Offenbarung**. Er sah den Engel Gabriel, der ihn aufforderte, die Worte Gottes zu lesen, die auf einem kostbaren Tuch aufgeschrieben waren. Mohammed sagte dem Engel voller Angst, dass er nicht lesen könne. Es gelang ihm aber doch. Er wehrte sich zuerst heftig gegen seine Berufung zum Propheten, stimmte aber schließlich zu. Dieses Ereignis verstörte ihn so, dass er sich fragte, ob er noch bei Sinnen sei. Eine Zeit lang bangte er um sein Leben.

Sein Geheimnis teilte er zunächst nur Chadidja und wenigen Freunden mit. Sie glaubten fest an seine Berufung und wurden auch seine **ersten Anhänger**. Später empfing er von Gabriel viele weitere Offenbarungen. Erst nach drei Jahren wandte sich Mohammed an die Öffentlichkeit und forderte die Leute von Mekka auf, von der Vielgötterei abzulassen und an den einen Gott zu glauben, der zu ihm durch den Engel Gabriel gesprochen hatte. Damals lehnten ihn die Bewohner Mekkas noch entschieden ab. Die Leute empfanden ihn als geschäftsschädigend, lästig und verrückt. Als ihre Feindschaft für ihn gefährlich wurde, fasste er den Plan, seine Heimatstadt zu verlassen.

Der Prophet in Medina

Nun zog Mohammed heimlich mit etwa 70 Freunden von Mekka weg. Am 24. September **622** kamen sie in **Jathrib** an. Wir nennen dieses Ereignis **„Hidschra"**, was man weniger gut mit „Flucht", besser mit „Auswanderung" übersetzen kann. In diesem Jahr beginnt unsere Zeitrechnung, so wie die Christen die Jahre nach Christi Geburt zählen. In Medina war die Lage der Ausgewanderten zunächst alles andere als glücklich. Die meisten Bewohner nahmen den Islam nicht an. Da die Versorgung der Muslime schwierig wurde, scheuten sie sich nicht, ihren Lebensunterhalt durch Raubzüge auf Karawanen und durch einen **„heiligen Krieg"** gegen Mekka sicher zu stellen. Einen Sieg im Jahr 624 schrieb Mohammed Gott zu. Bei diesem Kampf fielen 24 Muslime. Wir verehren sie als Märtyrer, die sofort nach ihrem Tod ins Paradies eingehen. In Medina wurde Mohammed zum **Politiker**, der eine neue Gemeindeordnung verfasste. Er legte fest, dass **anstelle der Blutsverwandtschaft der Islam** zur Grundlage der Gesellschaft wurde. So legte er den Grundstein für den Islam als universale Religion.
Als es in Mekka einen Sinneswandel gab, konnte Mohammed **630** nach **Mekka** zurückkehren. Auf einem Kamel ritt er zur **Kaaba** und zerstörte dort sofort mit seinem Vetter **Ali** alle Götterbilder. Der Islam wurde nun die neue **Religion der Araber**. Vor allem mahnte er sie, die Ehe würdig zu leben, niemanden zu betrügen und auf die Blutrache zu verzichten. Er starb **632** in den Armen seiner Lieblingsfrau Aischa.

Mohammed und sein Vetter Ali, beide verschleiert und mit goldener Flamme ausgezeichnet, vor der Kaaba. Auf Mohammeds Schulter stehend beginnt Ali damit, die Götterbilder von der Kaaba zu entfernen. So wurde das alte arabische Heiligtum für die Verehrung des Einen Gottes gereinigt. Buchmalerei, Persien, Ende 16. Jahrhundert

Der Blinde und der Vornehme

Einst kam ein armer Blinder mit Namen Abdallah zu Mohammed und bat darum, ihm von Gott zu erzählen. Da der Prophet sich gerade mit einem vornehmen Mann aus Mekka unterhielt, fühlte er sich durch den Blinden arg gestört und wandte sich unwirsch von ihm ab. Doch mit einem Mal fühlte er, wie Gott ihn in seinem Herzen dafür tadelte. Er wusste auf der Stelle, dass er falsch gehandelt hatte, weil er einen Menschen missachtet hatte. Darum schämte er sich und nahm sich vor, niemals mehr so zu handeln. Wenn er dem Blinden später begegnete, begrüßte er ihn: „Willkommen der Mann, um dessentwillen mich mein Herr tadelte." Die Erzählung warnt die Muslime davor, Höhergestellte mehr zu achten als kleine Leute.

aus der islamischen Überlieferung

A

1 Stellt eine **Zeitleiste** mit den wichtigsten Lebensdaten Mohammeds zusammen, z.B. 570 – Mohammed wird in Mekka geboren.

2 Wer liest die Überlieferung von Mohammed und Abdallah laut vor (→ **V3**) und erklärt näher, was die Begebenheit über Mohammed aussagt. Was ist an seinem Verhalten vorbildlich?

L

- Für den Islam ist **Mohammed** der Mensch, der alle anderen Menschen überragt. Die Muslime glauben, dass er **der letzte Prophet** ist, den Gott zu den Menschen gesandt hat. Abraham (arabisch: „Ibrahim"), Mose („Musa"), David („Dawud"), Salomon („Sulaiman") und Jesus („Isa") sind seine Vorläufer. Den Muslimen ist Mohammed **Vorbild und Wegweiser** für ihr Leben. Wer Mohammed beleidigt, beleidigt alle Muslime. Doch wird Mohammed **nicht als Gottes Sohn** verehrt. Er ist für alle Muslime Mensch und nicht Gott.
- Deshalb nennen die Anhänger des Islam sich selbst auch nie „Mohammedaner". Für sie steht nicht Mohammed, sondern Gott im Mittelpunkt ihrer Religion. Auch wir sollten aus Respekt vor ihnen diese Bezeichnung meiden und nur von **Muslimen/Moslems** sprechen.

3. Allah und der Koran

L

- „**Allah**" ist das arabische Wort für Gott. Manche Muslime halten „Allah" auch für einen **Eigennamen** Gottes.
- Kennzeichnend für den Islam ist der **Monotheismus** (griechisch: „Glaube an den Einen Gott"), der sich entschieden gegen den **Polytheismus** (griechisch: „Glaube an viele Götter") wendet.
- Der **Koran** ist das heilige Buch des Islam. Sein Text wurde Mohammed vom Engel Gabriel offenbart. Er ist ganz und gar Gottes Wort. Darum ist für Muslime kein einziger Vers im Koran falsch. Muslime sollen ihn in allen Einzelheiten befolgen und ihm gehorchen. **Christen** stützen ihren Glauben auf die **Bibel,** halten sie aber nicht in jedem einzelnen Wort für irrtumsfrei. Sie glauben, dass die Bibel Gotteswort im Menschenwort ist (→ S. 43).
- Muslime und Christen stimmen in ihrem **Gottesglauben** nicht völlig überein. Christen glauben an den **dreifaltig-einen Gott**: den Vater, den Sohn und den Heiligen Geist (→ S. 86). Muslimen ist dieser Glaube fremd. Fälschlicherweise unterstellen sie den Christen oft, sie hätten drei Götter.

Eine muslimische Schülerin und der Koran

Eine 6. Klasse spricht im Religionsunterricht über die Bibel (→ S. 34 ff.). Mitten in der Stunde fragt Lukas Fatima, eine muslimische Mitschülerin aus Marokko:

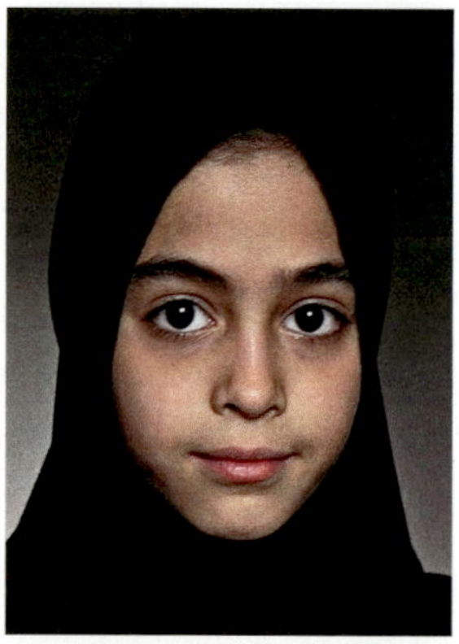

„Fatima, gibt es eigentlich in eurer Religion so etwas Ähnliches wie die Bibel?"
Fatima blickt auf die Lehrerin und als diese ihr freundlich zunickt, antwortet sie begeistert: „Ja, wir haben den Koran mit seinen 114 Suren."
„Das musst du erklären, das verstehen wir nicht", rufen einige aus der Klasse.
„Der Koran ist das ganze Buch und die Suren sind die einzelnen Kapitel. Der Prophet Mohammed hat sie alle in Mekka und Medina gehört und seinen Schülern mitgeteilt."
Nun meldet sich Claudia zu Wort: „Wie war das denn?"
Fatima freut sich, dass sie erzählen kann: „Ja, das war eine aufregende Sache. Der Engel Gabriel, der ja auch in der Bibel vorkommt, ist ihm mehrmals erschienen und hat ihm alles ganz genau – Wort für Wort – diktiert."
„Diktiert? Woher hatte Gabriel denn das, was er diktierte?"
„Der Originalkoran ist im Himmel. Daraus hat Gabriel dem Propheten alles mitgeteilt. Und dieser hat alles ganz genau in sein Herz aufgenommen."
Nun will Christine wissen: „In welcher Sprache hat der Engel denn gesprochen?"
„Natürlich in Arabisch. Arabisch ist für uns die Sprache Gottes."
„Verstehst du denn Arabisch?", wollen nun einige aus der Klasse wissen.
„Ja, das ist meine Muttersprache. Die Suren lerne ich in einer Koranschule."

Koranschule in Pakistan

„Koranschule? Was ist denn das?"
„Koranschulen gibt es in allen Ländern, in denen Muslime wohnen, also auch in Deutschland. In diesen Schulen lernen die Kinder die Suren in arabischer Sprache auswendig."
Alle staunen und Jörg möchte wissen: „Macht das denn Spaß?"
Fatima lächelt und dann fährt sie fort: „Anstrengend ist das schon. Aber ein guter Muslim soll viele Suren in sein Herz aufnehmen. Ein paar Suren kann ich schon. Das macht mir viel Freude. Denn jeder Koranvers ist ganz und gar Gottes Wort. Nichts anderes."

Die 99 Namen Gottes

Der Koran nennt 99 Namen Gottes. Wer diese kennt, kommt ins Paradies. Den 100. Namen Gottes kennt kein Mensch. Der Name „Vater" ist nicht unter den 99 Namen. Die Muslime meinen, wenn Gott Vater sei, müsse er auch einen Sohn haben, wie es die Christen glauben. Das widerspreche ihrem Glauben. So werde die Einheit Gottes zerstört. Hier eine Auswahl:

Der Erbarmer – der König – der Heilige – der Friede – der Schöpfer – der Vergebende – der Allweise – der Allhörende – der Allsehende – der Richter – der Gerechte – der Langmütige – der Liebevolle – der Wahre und die Wahrheit – der Starke – der Schöpfer des Todes – der Allmächtige – der Erste und der Letzte – der Eine und Einzige – der Sichtbare – der Verborgene – der Rächer – das Licht – der Ewige – der auf den geraden Weg führt – der Erste und der Letzte.

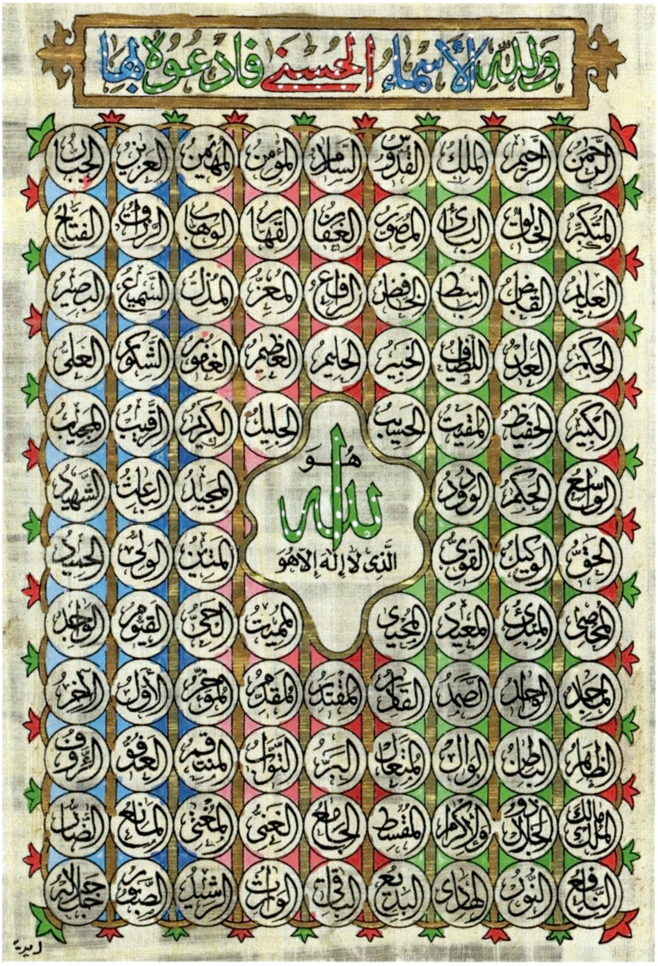

Die 99 Namen Gottes, Ägypten, nach einer älteren Vorlage, Papyrusblatt (→ S. 42), um 2000

Abraham findet zum Glauben an den Einen Gott

Als Fatima ein andermal gefragt wurde, welche Stelle im Koran ihr besonders gut gefalle, nannte sie die 6. Sure, in der erzählt wird, wie Abraham (→ S. 50 ff.), der aus einem Land mit vielem Göttern („Polytheismus") stammte, zum Glauben an den Einen Gott („Monotheismus") kam und so zum ersten Muslim wurde. In diesem wunderbaren Text sind z.B. Nacht und Morgen nicht wörtlich zu verstehen, sondern symbolisch (→ S. 78) zu deuten. Diese Art der Erzählung war in alten Zeiten, auch in der Bibel, beliebt. Sie ist es bei orientalischen Völkern bis heute.

Fatima: Einmal hatte Abraham in einer tiefen Nacht ein Erlebnis, das ihn verwandelte. Er sah einen wunderschönen **Stern**, der der Nacht etwas Licht gab, und meinte, wie manche damalige Völker: „Dieser Stern ist mein Gott." Doch als er am Morgen sah, dass der Stern verlosch, wusste er: Dieser Glaube an die Sternenwelt ist nicht haltbar. Gott verlöscht nicht.

Als er abends den **Mond** aufgehen sah, der heller als die Sterne die Nacht erleuchtete, meinte er wieder, wie andere Religionen seiner Zeit, der Mond sei sein Gott. Doch als am nächsten Morgen auch der Mond unterging, wusste er: Der Mond ist nicht mein Gott. Gott geht nicht unter.

Als Abraham die **Sonne** aufgehen sah, die am meisten Licht spendet und von der alles Leben abhängt, erinnerte er sich, dass sie von großen Völkern als göttlich verehrt werde. Er sprach wieder: „Die Sonne ist mein Gott; sie ist am größten." Als jedoch auch sie unterging, war er gewiss: „Auch sie ist nicht mein Gott. Jetzt weiß ich, dass Sterne, Mond und Sonne von dem abhängig sind, der sie erschaffen hat: von dem Einen Gott, dem Schöpfer des Alls. Ihm wende ich mein Antlitz zu."

frei nacherzählt nach Sure 6,76–79

A

1. Überlege, wie Christen den letzten Satz **Fatimas** über den Koran für die Bibel abwandeln müssen. Erkläre, warum dieser Unterschied für das Verständnis von Koran und Bibel wichtig ist.
2. Wer traut sich zu, die Erzählung zur **Sure 6,76–79** vor der Klasse laut vorzulesen (→ V3) und die einzelnen Schritte der Erzählung zu deuten (→ M2). **Oder:** Wen reizt der Text zu einer kleinen selbst angefertigten **Bildfolge**?
3. Prüfe, welche der 99 Namen Gottes auch ein **Christ** bejahen kann und begründet eure Meinung.

4. Die fünf Säulen

Schahada

1. Säule
Das Glaubensbekenntnis
(arabisch: „Schahada“)

Im **Glaubensbekenntnis** (→ S. 86) sprechen die Muslime in nur zwei Sätzen über die beiden wichtigsten Themen ihres Glaubens. Sie flüstern es Neugeborenen und Sterbenden ins Ohr. Man spricht es immer wieder im Leben und bei der Beerdigung, damit der Tote ins Paradies kommt. Wer Muslim werden will, spricht das Bekenntnis vor Zeugen aus, worüber diese eine Urkunde anfertigen. Damit ist der **Übertritt zum Islam** vollzogen.

Es gibt keine Gottheit außer dem einzigen Gott (arabisch: „Allah“).
Mohammed ist der Gesandte (Prophet) Gottes.

L

- **Fünf Pflichten** sind für den Islam in besonderer Weise kennzeichnend. Man nennt diese Pflichten „Säulen“, weil sie den Islam tragen wie Säulen einen Tempel.
- **Andere Pflichten** der Muslime: nicht töten, nicht stehlen, nicht lügen, nicht betrügen, kein Schweinefleisch essen, keinen Zins nehmen, keine Drogen nehmen, keinen Alkohol trinken, gastfreundlich sein, für die Eltern sorgen, auf Sauberkeit achten, für Mädchen: unberührt in die Ehe gehen.

Salat

2. Säule
Das Pflichtgebet
(arabisch: „Salat“*)

Ein Muezzin ruft die Muslime fünfmal täglich von einem Minarett aus zum **Pflichtgebet** auf. Alle Muslime müssen das Gebet vom 12. Lebensjahr an sprechen. Jeder kann es da verrichten, wo er sich gerade befindet. Am Mittag des Freitag, dem wöchentlichen Feiertag des Islam, und an Festen soll er es in der Moschee beten. Durch das häufige Beten wird der Muslim immer daran erinnert, dass sein Leben in der Hand Gottes ist und dass er Gott gegenüber mit all seinem Tun verantwortlich ist.

Gott (Allah) ist am größten.
Gott ist am größten.
Ich bezeuge, dass es keine Gottheit außer Gott gibt.
Ich bezeuge, dass Mohammed der Gesandte Gottes ist.
Auf zum Gebet! Auf zum Heil!
Gott ist am größten.
Es gibt keine Gottheit außer Gott.

* Betonung auf der letzten Silbe, die kurz gesprochen wird.

Mohammed hat für das Gebet ***bestimmte Haltungen*** vorgeschrieben. Der Muslim steht dabei, verneigt sich tief, wirft sich nieder, küsst den Boden, berührt ihn mit der Stirn und richtet sich wieder auf (teils mehrfach). Beim Gebet zieht er die Schuhe aus und stellt sich, wenn er nicht in einer Moschee ist, auf einen Teppich. Das Gebet wird auf die Kaaba nach Mekka ausgerichtet. Der Teppich macht auch in der Umgebung der Ungläubigen aus dem Boden „heiliges Land“.

Zakat

3. Säule
Die Pflichtabgabe
(arabisch: „Zakat“)

Die **Pflichtabgabe/Almosensteuer** hat eine doppelte Aufgabe:

(1) Die Abgaben dienen zur Unterstützung der Armen, Witwen und Waisen.

(2) Der Muslim soll lernen, sein Herz nicht an irdischen Besitz zu hängen.

(3) Sie sind gute Werke und werden am Tag des Gerichts böse Werke des Menschen tilgen.

Als religiöse Steuer sollen die Muslime den Zehnten des Einkommens spenden. Vom Barvermögen sind wenigstens 2,5 % zu zahlen. Wer 40 Schafe oder Kamele hat, soll eines davon abgeben.

Saum

4. Säule
Fasten im Ramadan
(arabisch: „Saum“)

Das **Fasten** (→ S. 183) hat für die Muslime einen dreifachen Sinn:

(1) Es erinnert sie daran, dass es nicht selbstverständlich ist, genug zum Essen und Trinken zu haben. Durch das Fasten werden sie dazu angeleitet, Gott für die Speisen **dankbar zu sein**.

(2) Das Fasten ist ein **Werk der Buße**, das die Muslime darin übt, sich zu beherrschen, indem sie auf etwas verzichten, was an sich gut und erlaubt ist.

(3) Heute wird auch der **gesundheitliche Wert** des Fastens gesehen.

Der neunte Mondmonat des Jahres, der Ramadan, ist die **Zeit des Fastens**. Vom Morgengrauen bis zum Sonnenuntergang dürfen die Muslime nichts essen und trinken. Sie sollen nicht einmal einen Tropfen Wasser zu sich nehmen, was in südlicher Hitze einen schweren Verzicht bedeutet. Alte und Kranke, Kinder, Reisende und Schwangere sind vom Fasten befreit.

Hadsch

5. Säule
Die Wallfahrt nach Mekka
(arabisch: „Hadsch“)

Die **Wallfahrt nach Mekka** erinnert alle Pilger an die Anfänge des Islam bei Abraham und Mohammed. Hier erfährt sich jeder Muslim als gleichberechtigtes Mitglied einer großen Gemeinschaft, ganz gleich, aus welcher Nation oder Rasse er stammt und welchem Stand er angehört. Die Wallfahrt, die sehr teuer sein kann, zählt zu den Höhepunkten im Leben eines Muslim/einer Muslima. Wer daran teilgenommen hat, darf den Ehrennamen „**Hadsch**“ (weiblich: „**Hadscha**“) tragen.

Einmal im Leben soll jeder Muslim nach Mekka pilgern und dort die vorgeschriebenen Riten vollziehen.

Mekka mit der Kaaba im Hof der Hauptmoschee

A

1 Lasst euch von euren muslimischen Mitschüler/innen oder anderen Muslimen erzählen, wie sie die **fünf Pflichten** erfüllen. Überlegt, ob es fünf vergleichbare Pflichten der **Christen** gibt.

2 Fragt sie auch, welche **Feste** sie im Lauf eines Jahres feiern. Vergleicht diese Feste mit den Festen der Christen (→ S. 180–183).

5. Islam in Deutschland

L

- In Deutschland leben gegenwärtig (2015) ca. **4,3 Millionen Muslime** (ca. 5 Prozent der Bevölkerung). Davon haben ca. 2 Millionen die deutsche Staatsbürgerschaft. Sie kommen aus ca. 40 Ländern. Etwa zwei Drittel kommen aus der Türkei, andere aus Bosnien, Iran, Irak, Marokko, Afghanistan, Pakistan, Syrien usw. Unter ihnen sind Arbeitssuchende, Kriegsflüchtlinge und religiös Verfolgte.
- Man schätzt, dass etwa 20–25 Prozent gläubige Muslime sind. Etwa die Hälfte von ihnen findet sich regelmäßig in der Moschee zum gemeinsamen Gebet ein, während die Zahl der im Ramadan Fastenden leicht darüber liegt und in letzter Zeit auch wächst.
- Einige islamistische Gruppen (→ S. 211) und neuerdings auch einzelne Muslime sind gewaltbereit. Muslimische Jugendliche randalieren gelegentlich in der Öffentlichkeit, greifen Personen an und beschädigen Eigentum, das ihnen nicht gehört. Darüber hinaus lassen sich einige von Dschihadisten (Krieg führende Islamisten, → S. 211) anwerben, ziehen in islamische Länder zu Terrorgruppen, die mit ihren brutalen Gewalttaten große Ängste verursachen und ausgedehnte Gebiete erobern wollen. Mit ihnen in Verbindung standen die Selbstmordattentäter, die Anschläge in Paris (2015) und Brüssel (2016) mit vielen Todesopfern und Verletzten verübten.

Probleme in deutschen Schulen

- Ca. **700 000 junge Muslime und Muslimas** besuchen deutsche Schulen.
- Manche muslimische Schüler/Schülerinnen beherrschen kaum die **deutsche Sprache**. Sie haben es nicht nur mit dem Lernpensum schwer, sondern müssen gelegentlich auch den Spott von Mitschülern ertragen, wenn sie etwas nicht korrekt aussprechen oder falsch betonen.
- Muslimische Schülerinnen mit **Kopftuch** sind in deutschen Schulen keine Seltenheit mehr. Das Bundesverfassungsgericht hat muslimischen **Lehrerinnen** seit 2015 durch ein Urteil erlaubt, den Schleier im Unterricht zu tragen, wenn der Schulfriede nicht gestört und die religiöse Neutralität dadurch nicht gefährdet wird. Das **Kopftuch** erregt oft Ablehnung oder Spott. Viele Muslimas tragen das Kopftuch, weil es zu ihrem religiösen Brauchtum gehört und ihrem Geschmack entspricht. Andere tragen es aber in der Öffentlichkeit nicht, weil sie darin keine religiöse Pflicht sehen oder weil sie nicht verlacht werden wollen.
- Manche muslimische Eltern wollen nicht, dass ihre **Töchter** am **Sport- und Schwimmunterricht** teilnehmen, wenn auch Jungen dabei sind. Das Bundesverfassungsgericht hat die Teilnahme aber zur Pflicht gemacht und vorgeschlagen, dass die Mädchen dabei Burkinis (weite, zweiteilige Badekleider für Frauen) tragen können. Muslime und Muslimas müssen in der Regel bei **Klassenfahrten** mitkommen, obwohl ihre Eltern besorgt sind, wenn Mädchen und Jungen zugleich an der Fahrt teilnehmen.
- In Deutschland gibt es noch immer nicht an allen Schulen islamischen Religionsunterricht, weil geeignete Lehrer/innen dafür noch nicht da sind.

!

Bundesverfassungsgericht: kann in strittigen Rechtsfragen in der Bundesrepublik die letztgültige Entscheidung treffen

Religiöse Neutralität: In Schulen dürfen Lehrer/innen – außer im Religionsunterricht – nicht für ihre Religion werben. Sie müssen religiös neutral bleiben.

Probleme für Muslime in Deutschland

- Für muslimische Familien ist es oft schwer, eine **Wohnung** zu finden. Manche deutsche Vermieter wollen keine Ausländer bei sich wohnen lassen, andere verlangen von ihnen überhöhte Mieten, weil „die ja sonst doch nichts finden".
- Das **Fasten im Ramadan** ist für muslimische Arbeiter in Deutschland hart. Schwere körperliche Arbeiten in Fabriken, im Bergwerk oder im Verkehr werden dadurch erheblich beeinträchtigt, wenn nicht gar unmöglich. Tragisch sind die Unglücksfälle, die sich im Ramadan als Folge des Fastens ereignen.
- In Deutschland gibt es zur Zeit über 200 **Moscheen** und über 2600 einfache Bethäuser, die sich oft in Hinterhöfen befinden, Tendenz steigend. Der Bau der Moscheen wird in der Regel von den Kirchen unterstützt. Manchmal regt sich aber in der Bevölkerung Unmut und Ablehnung, weil man in den Moscheen Machtsymbole und Zeichen der Überfremdung sieht. Man möchte nicht, dass die Moscheen ganze Stadtteile überragen, während gleichzeitig Kirchen geschlossen werden. Eine Einigung über den Bau ist aber meistens erzielt worden. Es sind aber auch Angriffe auf Moscheen zu verzeichnen.

A

1 Sammelt in eurer Klasse ein paar Euro ein und bittet Kinder aus der Türkei, dafür **Döner, Gyros, Humus, Oliven und Fladenbrot** zum Probieren mit in die Klasse zu bringen. Sprecht über eure unterschiedlichen Essgewohnheiten und Geschmäcker.

2 Schreibe **folgende Wörter** untereinander auf eine Liste: Guten Morgen, guten Abend, guten Tag, Bitte, Danke, auf Wiedersehen, Verzeihung, Wie geht es dir? Gut, normal, schlecht? Fragt eure türkischen Mitschüler/innen, wie diese **Ausdrücke auf Türkisch** heißen und ausgesprochen werden. Trage die türkische Bezeichnung in die Liste ein und lerne einige fremde Ausdrücke auswendig.

3 Sucht Gründe auf, warum es muslimische Jungen und Mädchen manchmal **in deutschen Schulen schwer** haben. Geht dabei auf Familie, Beruf der Eltern, Sprache, Religion, Essen, Freundeskreis, Taschengeld usw. ein. Überlegt, was ihr da tun könnt: → M1.

4 In Deutschland veranstalten die Muslime jährlich am Tag der Deutschen Einheit (3. Oktober) einen **„Tag der offenen Moschee"**. Plant an diesem Tag einen Besuch in einer Moschee oder einer islamischen Schule.

Projekt | Was bestimmt den Alltag einer muslimischen Familie?

Zur Vorbereitung des **Projekts,** zu Planung, Verlauf und Details etc.: → M4.

Besucht einzeln oder in kleinen Gruppen **eine muslimische Familie.** Wenn das nicht möglich ist, dann lässt sich vielleicht das Projekt mit **muslimischen Schülerinnen und Schülern** in eurer Schule durchführen.

Ihr könnt dabei **Fragen** wie diese stellen:

Was bedeutet der Islam der Mutter, dem Vater und den Kindern? Was ist ihre Muttersprache? Welche Gebete werden täglich gesprochen? Was kommt auf den Esstisch, was nicht? Wann wird gefastet? Wann sind die Mahlzeiten üppig? Gibt es für Frauen und Männer bestimmte Kleidervorschriften? Was hat es mit dem Schleier für Frauen auf sich? Wo wohnt die Familie? Welche Feiertage gibt es? Welche Themen werden zur Zeit besonders diskutiert? Nehmen die Mädchen und Jungen am Koranunterricht und/oder am christlichen Religionsunterricht teil? Sind sie Ausländer oder Deutsche? Welche Gefühle haben sie als Muslime in Deutschland? Welche Einstellung haben sie zum Christentum?

Vereinbart auch gegenseitig Einladungen für den Alltag oder für Feiertage.

Eine **Adresse**, die euch Informationen liefern und weiterhelfen kann: Zentralrat der Muslime in Deutschland (ZMD), Postfach 26 02 30, 50515 Köln, e-mail: sekretariat@zentralrat.de

6. Muslime und Christen

L Obwohl das Christentum und der Islam in wichtigen Punkten verwandt sind, haben die Muslime schwerwiegende Einwände gegen das Christentum. Umgekehrt machen auch die Christen den Muslimen wegen ihrer Lehren und Taten Vorwürfe. Diese **Streitigkeiten** haben seit 1500 Jahren die Geschichte beider Religionen belastet. Heute gibt es auf beiden Seiten ernsthafte **Bemühungen um ein Neuverständnis**. In der katholischen Kirche hat besonders seit dem 2. Vatikanischen Konzil (1962–1965) eine Neubewertung des Islam begonnen.

Judentum, Christenheit und Islam leiten sich alle, wenn auch auf verschiedene Weise, von Abraham (→ S. 57) ab. Sie heißen darum auch „abrahamische Religionen". Ihr wichtigstes gemeinsames Fundament ist der Glaube Abrahams an Einen Gott („Monotheismus"). Aber wie es auch sonst zwischen Geschwistern oft Streit und Ärger gibt, waren sich auch diese drei Religionen im Lauf ihrer Geschichte oft uneins und bekämpften sich sogar blutig. Manchmal ging es um Lehren des Glaubens, oft auch nur um Macht und Einfluss.

A Fragt eure **muslimischen Mitschüler/innen**, was sie vom christlichen Glauben und Leben wissen wollen. Versucht, ihre Fragen zu beantworten. Fragt sie auch selber danach, was ihr vom Islam wissen wollt.

Mohammeds Einstellung zum Christentum

Mohammed hatte die Christen zunächst **bewundert**, weil sie – anders als die damaligen Araber – an Einen Gott glauben, in der Bibel ein heiliges Buch haben und auf das Gericht Gottes am Ende der Zeit warten. Er erkannte die biblischen Propheten als seine Vorläufer an und verehrte Jesus und seine Mutter Maria. Hochachtungsvoll nannte er die Christen „Volk der Schrift" (d.h. der Bibel). Als die Christen aber bei ihrem Glauben an Jesus Christus blieben, kam es zum **Bruch**.

Christliche Einwände gegen den Islam

- Christen erkennen den **Anspruch** des Islam, die allein richtige Religion zu sein, nicht an. Für sie steht der Koran nicht über der Bibel und Mohammed nicht über Christus.
- Christen glauben an den Einen Gott in drei Personen (→ S. 86, 204). Sie lehnen den Verdacht ab, dass ihr Gottesglaube nicht dem Monotheismus entspricht.
- Christen halten manche Gesetze der Muslime für ein Unrecht gegenüber der **Menschenwürde**, z.B.: Ein Muslim, der **vom Islam abfällt**, kann mit dem Tod bestraft werden. Einem **Dieb** kann die Hand abgeschlagen werden. Die **Frauen** haben in Ehe, Beruf und Rechtsprechung nicht die gleichen Rechte wie die Männer.
- In mehreren islamischen Ländern sind auch heute **Christen in der freien Ausübung ihrer Religion** eingeschränkt. Sie dürfen nicht alle Berufe ausüben. Der Bau eigener Schulen und Kirchen ist ihnen untersagt, während Muslime in christlichen Ländern Moscheen und Schulen haben dürfen. In den letzten Jahrzehnten wurden Millionen von Christen in islamischen Ländern verfolgt.

Anknüpfungspunkte

Trotzdem gibt es in beiden Religionen heute Bemühungen, alte Wunden zu heilen. Wichtige **Anknüpfungspunkte** sind:

- der gemeinsame Glaube an Gott, den Allmächtigen, der Himmel und Erde erschaffen hat
- die Anerkennung von Abraham, Mose und den Propheten
- die Hochschätzung von Jesus und Maria im Koran und im Alltag der Muslime
- die Bedeutung von Glaube, Gebet, Fasten und religiösen Pflichten
- die Pflicht, den Armen und Schwachen zu helfen
- der Kampf gegen Verfallserscheinungen der heutigen Zeit, z.B. Unglaube, Geldgier, Vergnügungssucht und ausschweifende Sexualität

Gegenwart und Zukunft

- **Gegenwärtig** suchen christliche Gemeinden in Deutschland gute nachbarliche Kontakte zu den Muslimen. Im Religionsunterricht wird sachlich über den Islam gesprochen. Der Vatikan hat gute Beziehungen zu wichtigen islamischen Ländern und Einrichtungen. Papst Franziskus spricht oft mit Muslimen.
- In der **Zukunft** wird viel davon abhängen, dass beide Religionen friedlich miteinander umgehen. Das wird den Gottesglauben, die Gerechtigkeit für die Völker, den Schutz der Natur und den Frieden auf Erden fördern.

7. Gewalt im Namen Gottes?

Terroristen oder Märtyrer?

In den letzten Jahren haben einflussreiche muslimische Politiker, Prediger und radikale Gruppierungen zur Gewalt aufgerufen. Sie meinen, sich auf den Koran stützen zu können und den Willen Gottes zu befolgen. In Medien und selbst in Moscheen und Schulen kann man Hasspredigten gegen die „Ungläubigen" hören. So wurde in unserer Zeit zum Krieg gegen die USA oder Israel aufgerufen. **Terroristische Gruppierungen** in islamischen Ländern setzen immer wieder Muslime, gelegentlich auch Muslimas, zu **Todeskommandos** ein, die sich in Autos, Lastwagen oder auch nur mit einem Sprenggürtel auf öffentlichen Plätzen, in Omnibussen, in Kaufhäusern oder in der Nähe von wichtigen Gebäuden in die Luft sprengen und dabei auch viele Frauen und Kinder mit sich in den Tod reißen oder lebensgefährlich verletzen. Unter den Attentätern sind auch Kinder und junge Menschen, die wenig Ahnung vom Koran haben. Allen, die sich bei ihren tödlichen Aktionen selbst umbringen, verspricht man, sie würden zu **Märtyrern**, d.h. Menschen, die ihr Leben für die Religion opfern und sofort nach dem Tod ins Paradies zu kommen, wo große Freuden auf sie warten. Den zurückgebliebenen Familien, die oftmals stolz auf ihre Märtyrer sind, werden große Belohnungen in Aussicht gestellt. Nicht selten werden unwissende Muslime unfreiwillig zu Tätern.

Ein Beispiel – Angriff auf Christen im Irak

Die schon frühere furchtbare Situation der Christen im Irak hat sich im Jahr 2014 noch einmal stark verschlechtert, als eine islamistisch-sunnitische Terrorgruppe, die sich „Islamischer Staat" (Abkürzung: IS) nennt, aus Syrien in den Irak einfiel und rasch große Gebiete des Landes eroberte. Ihr Anführer ernannte sich eigenmächtig zum „Kalifen", d.h. zur höchsten islamischen Autorität, ohne im weltweiten Islam Anerkennung zu finden. Mit höchster Grausamkeit ging er gegen andere Religionen und andere islamische Gruppen vor. Tausende wurden gefoltert und brutal ermordet. Zahlreiche Unschuldige wurden gekreuzigt oder öffentlich enthauptet. Auch die Christen in Mossul, dem ehemaligen Ninive, hatten unter dem „Islamischen Staat" zu leiden. Schon bald nach dem Fall der Stadt stand auf ihren Türen ein „N", das „Nasrani" (d.h. „Nazaret-Leute"-Christen) bedeutete. Mit Lautsprechern wurden sie aufgefordert, entweder den Islam anzunehmen oder eine unerschwinglich hohe Sondersteuer zu zahlen. Wenn sie dem nicht nachkämen, sollten sie innerhalb kürzester Frist die Stadt verlassen, ansonsten würden sie den Tod durch das Schwert finden. Die meisten Christen flohen panikartig. In vielen Fällen wurde ihnen das Geld, der Schmuck und das Auto, das sie auf der Flucht mit sich hatten, entwendet. Ihre Kirchen wurden zerstört. Jetzt befinden sich in der Region kaum noch Christen. Das alles geschah da, wo das Christentum seit 1600 Jahren beheimatet war.

A

1 Wer kann von einem **Attentat** berichten, bei dem durch Islamisten andere Menschen in den Tod gerissen wurden? Erklärt, warum diese Täter von den einen als **Märtyrer** verehrt und von den anderen als **Verbrecher** angesehen werden.

2 Was hältst du von der **Bezeichnung „Gotteskrieger"** für islamistische Terroristen? Begründe deine Meinung.

L

- In Deutschland kann man oft hören, der Islam sei eine unfriedliche Religion. Die Muslime seien verpflichtet, die Botschaft Mohammeds gewaltsam zu verbreiten. Diese Auffassung wird durch zahlreiche blutige Aktionen von **Islamisten** (d.h.: Muslime, die bereit sind, den Islam auch mit Gewalt überall in der Welt durchzusetzen) bestätigt. Durch sie wurden in den letzten Jahren viele Menschen umgebracht. Diese Untaten jagen Menschen Angst vor dem Islam ein und bereiten den Politikern Sorgen.
- Die Gefahr, die von Islamisten ausgeht, darf nicht unterschätzen werden. Der Islam selbst ist aber keine terroristische Religion. Er versteht sich als eine friedliche Religion. Viele anerkannte muslimische Gelehrte weisen darauf hin, dass schon im Namen „Islam" das Wort „Salam" (arabisch: **„Frieden"**) steckt. Man verstehe den Koran falsch, wenn man daraus Gewalt für heute ableite. Die weitaus meisten Muslime sind friedliche Leute, die jede Form ungerechter Gewalt verurteilen. Sie tragen schwer daran, dass der Islam durch Islamisten in einen schlechten Ruf kommt.

Von Islamisten zerstörte Kirche in Homs (Syrien)

Was wir können

Wissen

1 Ein Silbenrätsel
Wenn ihr das Silbenrätsel richtig löst, ergeben die ersten Buchstaben der gefundenen Wörter eine Gestalt, deren Bedeutung für den Islam hoch ist. Alle Wörter kommen in diesem Kapitel vor. Tragt die Lösung nicht in das Schulbuch, sondern in euer Religionsheft ein.
a – bar – bra – di – drei – er– fal – ge – ham – hi – ka – keit – me – mek – mer – mo – na – o – ra – ran – schee – tig

1. Wichtigster Wallfahrtsort der Muslime
2. Südfrucht, die durch Muslime zu uns gekommen ist
3. Höhle, in der der Engel Gabriel zu Mohammed sprach
4. Erster Muslim
5. Islamisches Gebets- und Versammlungshaus
6. Stadt mit dem Grab Mohammeds
7. Einer der 99 Namen Gottes
8. Christlicher Gottesbegriff, der von den Muslimen abgelehnt wird

2 Die Christen und die Muslime
Zähle drei Dinge auf, die Muslime an Christen und Christen am Islam kritisieren.

3 Erkläre kurz folgende Begriffe
Macht ein kleines Wettraten in der Klasse, in dem ihr die folgenden Begriffe erklären lasst. Gegeneinander antreten kann die rechte gegen die linke Seite oder die Mädchen gegen die Jungen. Wählt auch einen unparteiischen Schiedsrichter (Religionslehrer/in?), der/die feststellt, wer zuerst die Hand erhoben hat. Ist die Antwort richtig, erhält die Gruppe einen Punkt. Überlegt euch noch genauer die Regeln für das Spiel.
Muezzin – Sure – Hagar – Medina – Hadsch – Minarett – Ali – Chadidja – Ismael – Koran – Monotheismus – Allah – Gabriel – Kopftuch – 5 Säulen – Ramadan – Kaaba – Sunniten – Islamist – Imam

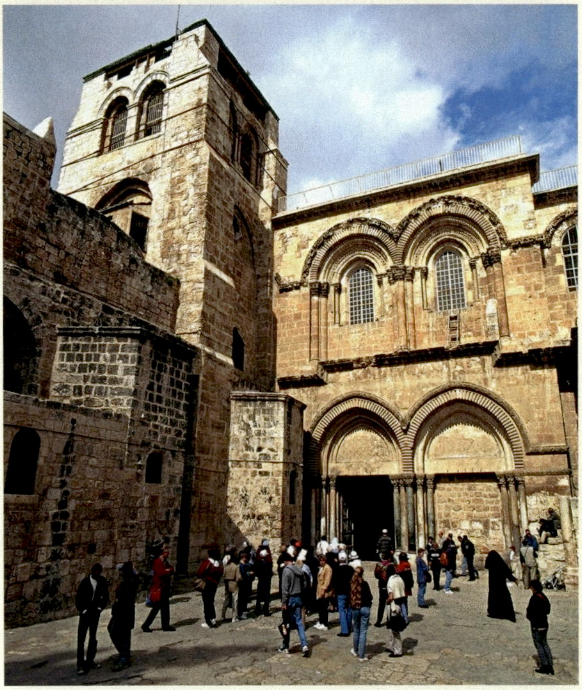

Jerusalem: jüdisch, die Westmauer des zerstörten jüdischen Tempelbezirks (→ S. 92)
Jerusalem: christlich, die Grabeskirche Jesu (→ S. 92, 97)
Jerusalem: islamisch, der Felsendom, von dem aus nach dem Glauben der Muslime Mohammed seine Himmelsreise antrat (→ S. 92)

Anwenden – Urteilen – Handeln

4 Jerusalem

Suche Fotos von **Jerusalem** (→ V2) und klebe sie in dein Religionsheft (→ V1). Ergänze kurz, was darauf zu sehen ist. Sprecht darüber, warum diese Stadt Juden, Christen und Muslimen heilig ist und warum es in Jerusalem trotzdem so viel **Streit** zwischen diesen drei Religionen gibt.

5 Vergleich: Jesus und Mohammed

- Übertrage die **Tabelle** in dein Religionsheft (→ V1) und fülle sie aus.
- Trage darunter ein, in welch wichtigen Punkten Jesus für Christen unvergleichbar mit Mohammed ist.

Ein Vergleich:	Jesus	Mohammed
Geburtsort:		
Geburtsjahr:		
Volk:		
verheiratet mit:		
Alter beim öffentlichen Auftreten:		
wichtige Aufenthaltsorte:		
2 Themen der Botschaft:		
Todesart:		
Todesjahr:		
Alter beim Tod:		
Name der Anhänger:		
In welchen Punkten sind Jesus und Mohammed unvergleichlich?		

6 Mitleid mit dem Kätzchen

Die folgende Geschichte handelt von **Abu Bakr Schibli** (gest. 945) aus Damaskus, der – wie die Leute meinten – auf verrückten Wegen Gott suchte.

Nach seinem Tod sah einer seiner Freunde ihn im Traum und fragte: „Wie hat Gott dich behandelt?" Er sagte: „Er hat mich vor sich gestellt und gefragt: Abu Bakr, weißt du, warum ich dir vergeben habe? Ich sagte: Wegen meiner guten Werke. Er sagte: Nein. Ich sagte: Wegen meiner Pilgerfahrt und meines Fastens und meiner Pflichtgebete. Er sprach: Nein, nicht deswegen habe ich dir vergeben. Ich sagte: Wegen meiner Reisen, um Wissen zu erwerben und weil ich zu den Frommen ausgewandert bin. Er sagte: Nein. Ich sagte: O Herr, dies sind die Werke, die zur Rettung führen; die habe ich über alles gestellt und bei denen habe ich gedacht, dass Du mir ihretwegen vergeben würdest. Er sprach: Doch nicht um all dieser Dinge wegen habe ich dir vergeben. Ich fragte: O Herr, weshalb denn dann? Er sprach: Erinnerst du dich, wie du durch die Gassen von Bagdad gingst und ein Kätzchen fandest, das vor Kälte ganz schwach geworden war und von Mauer zu Mauer lief, um Schutz vor der schneidenden Kälte und dem Schnee zu suchen, und du hast es aus Mitleid aufgehoben und in deinen Pelz gesteckt und hast es so vor der Qual der Kälte geschützt? Ich sagte: Ja, ich erinnere mich. Er sprach: Weil du mit dieser Katze Erbarmen hattest, darum habe ich mich deiner erbarmt."

Islamische Erzählung

- Sucht und erklärt die **islamischen Elemente** im Text, die euch bekannt sind.
- Sprecht miteinander über den Gott, von dem in der Erzählung die Rede ist. Überlegt, ob er auch der Gott der Christen sein könnte.

7 Eine schwierige Frage

Manche von euch werden denken: Warum soll ich mich mit einer **fremden Religion** befassen, wo ich meine **eigene Religion** kaum kenne? Was könntet ihr diesen Mädchen und Jungen sagen? Schreibt die verschiedenen Antworten auf eure Tafel oder Pinnwand und diskutiert (→ V5) sie.

Vorschläge zum Lernen

L

- In eurem bisherigen **Leben** habt ihr schon viel gelernt. Ihr habt gelernt zu laufen, zu sprechen, euch anzuziehen und Fahrrad zu fahren. Dabei habt ihr wohl über das Lernen selbst nicht nachgedacht. Es klappte auch ohne dieses Wissen. Jetzt aber steht ihr vor der Frage: Was ist das – das **Lernen**?
- In der **Schule** lernt ihr etwas über Länder und Städte, Pflanzen und Tiere, Personen und Situationen. Im Religionsunterricht verschafft ihr euch Kenntnisse über Kanaan und Galiläa, über Mose und Jesus, über den Auszug aus Ägypten und über Pfingsten, über das Bilderverbot und – soweit das möglich ist – über Gott. All das und die vielen anderen Themen nennt man die „**Inhalte**“ des Unterrichtes.
- Ihr lernt aber auch etwas darüber, **wie** ihr eure Kenntnisse und Fähigkeiten erweitert. So lernt ihr z. B., wie ihr rechnen oder schreiben sollt. Im Religionsunterricht lernt ihr, was man tun muss, um einen biblischen Text zu verstehen, um ein Bild deuten zu können, um die Perspektive zu wechseln. Das sind „**Lernwege**“, die euch helfen, immer wieder neue Einsichten und Fähigkeiten zu gewinnen. Sie sind gleichsam Gebrauchsanweisungen zum Lernen. Wir benennen die Lernwege mit dem griechischen Wort „**Methoden**“. In der „Zeit der Freude“ sind es vier Methoden (Abkürzung: „**M1**“): → S. 8.
- Ihr habt darüber hinaus noch viele andere Möglichkeiten, euer Können zu erweitern, das Lernen anzuregen, eure Fehler zu verbessern, eure Erfahrungen zu erweitern usw. Einige Ideen dazu findet ihr hier in den **„Vorschlägen zum Lernen“.** Auch sie helfen euch, leichter und besser zu lernen sowie die Methoden praktisch einzuüben. Sie werden in den Kapiteln mit „**V**“ abgekürzt und zusätzlich nummeriert, also **V1**, **V2** usw.

V1 – Ein Religionsheft anlegen

Ein Religionsheft sollte von Anfang an den Unterricht begleiten. Es könnte sozusagen **euer „Gedächtnis“** werden, weil es für euch das festhält, was im Unterricht wichtig oder interessant war. Es bleibt verlässlich, selbst wenn ihr einiges aus dem Unterricht vergesst. So wird das Religionsheft zu eurem persönlichen Nachschlagewerk. Als **Religionsheft** eignet sich ein Ringbuch oder Hefter in der Größe DIN A 4 oder DIN A5, weil ihr da Blätter leicht auswechseln und einfügen könnt. Im Heft könntet ihr z. B. festhalten: das **Thema** der Stunde, einen typischen **Satz**, ein wichtiges **Wort**, neue **Begriffe**, **Fremdwörter**, **Hausaufgaben,** einen Hinweis auf die entsprechende **Seite im Religionsbuch usw.**

V2 – Material für ein Thema suchen

Manchmal werdet ihr zu Hause ein Thema des Religionsunterrichts selbstständig vor- oder nachbereiten und darüber vor der Klasse sprechen („**Referat**“). Dazu müsst ihr meistens neues Material suchen, z. B. Texte oder Bilder. Ihr könnt dafür Folgendes tun: in **Schulbüchern** stöbern, **sachkundige Leute** befragen, Berichte aus **Zeitungen** und **Zeitschriften** sammeln, in einer **Bibliothek** nach Sachbüchern, Bildbänden oder einzelnen Artikeln suchen, **Lexika** befragen, zum Thema passende **Filme, Musik, Folien oder Fotos** in kirchlichen oder städtischen Bildstellen besorgen, im **Internet** surfen, wenn ihr die richtigen Links kennt usw.
Ein **Beispiel:** → S. 166

V3 – Einen Text laut lesen und gut vortragen

Einen Text der Klasse gut vorzutragen gelingt am ehesten, wenn ihr bei der **Vorbereitung** auf Folgendes achtet:

- Den Text mehrmals **laut** lesen, damit ihr euch nicht versprecht und die Lesung „glatt" verläuft.
- Auf die richtige **Betonung** der Wörter und der Satzteile achten, die für das Verständnis des Satzes wichtig sind.
- **Nicht zu schnell und nicht zu leise sprechen**, damit die Hörer alles verstehen können.
- An den richtigen Stellen eine **kleine Pause** einlegen, damit alle die Chance haben, den Zusammenhang zu erkennen.

Ein **Beispiel**: → S. 125

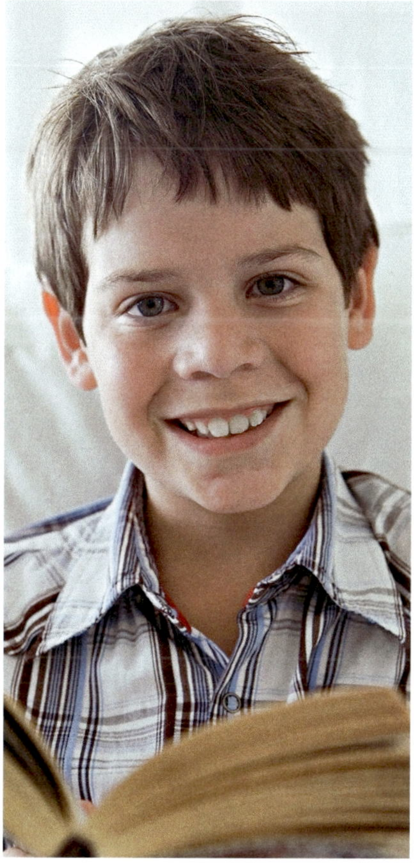

V4 – Mit einem Partner/einer Partnerin oder in kleinen Gruppen arbeiten

Eine gestellte Aufgabe ist manchmal besser zu bewältigen, wenn ihr nicht allein seid, sondern euch **mit dem Nachbarn/der Nachbarin** zusammen tut. Zwei sehen und können oft mehr als nur einer. Ihr werdet euch dabei gegenseitig helfen, eure Stärken nutzen und eure Schwächen ausgleichen. – Ihr könnt auch **in kleinen Gruppen** arbeiten. Da ist es ganz nützlich, einen Sprecher zu bestimmen, der dafür sorgt, dass jeder zu Wort kommt und der das Ergebnis zusammenfasst.

Hilfreich dabei ist:

- erste Eindrücke und Fragen sammeln
- nützliche Materialien suchen
- auf Fehler aufmerksam machen
- euch gegenseitig verbessern
- einen Lösungsvorschlag entwickeln
- das Ergebnis schriftlich oder mündlich formulieren.

Beispiele: Einen biblischen Text befragen: → M2; ein Bild deuten: → M3

V5 – Mit anderen diskutieren

Im Religionsunterricht kommen viele Fragen und Themen vor, zu denen Schülerinnen und Schüler unterschiedliche Auffassungen haben. Diese sollten auf jeden Fall im Unterricht ihren Platz haben. Um das zu ermöglichen, könnt ihr unterschiedlich vorgehen. Ihr könnt die jeweiligen Auffassungen an die Tafel oder eine Pinnwand schreiben und ordnen. Nicht gut wäre es, wenn ein Schüler/eine Schülerin oder der Lehrer/die Lehrerin einfach festlegt, welche Auffassung richtig ist. Meistens solltet ihr über die verschiedenen Auffassungen in der Klasse sprechen, euch die Begründungen dafür anhören und für euch entscheiden, welche Begründung euch am ehesten einleuchtet. Es kann auch sein, dass ihr keine Begründung akzeptiert und dass das Problem nicht gelöst werden kann. Vielleicht nehmt ihr euch dann vor, das Problem später wieder zu besprechen.
Ein **Beispiel**: → S. 76

V6 – Eine Zettellawine in Gang setzen

Ihr schreibt **eine vorgegebene Aufgabe** oben auf ein größeres Blatt. Dann schreibt jeder für sich eine kurze Antwort dazu, macht die Antwort durch Verdecken (Falten) der Antwort für die weiteren Schüler/innen unsichtbar und gebt das Blatt an den Nachbarn/die Nachbarin ab. Diese (r) geht auf die Frage mit einem weiteren Satz ein. Der Vorgang wird einige Male wiederholt. Am Ende wird die Seite in der Klasse ausgewertet. So kann man gut auf ein Thema einstimmen, viele Hinweise zum Thema finden usw.
Ein **Beispiel**: → S. 122

V7 – Eine Wandzeitung oder ein Lernplakat erstellen

Zu einem Kapitel, aber auch zu einzelnen Abschnitten, könnt ihr eine **Wandzeitung**, gegebenenfalls mit mehreren Doppelseiten, erstellen. Wenn ihr ein **Lernplakat** macht, sollten Texte und Bilder übersichtlich angeordnet und ausreichend groß sein, damit man sie auch noch aus einiger Entfernung lesen kann. Besprecht gemeinsam jeden Schritt und einigt euch darüber, wer dafür verantwortlich ist, z. B.:

- Informationen sammeln, gewichten und auswählen
- Bildmotive suchen. Wer kopiert? Wer zeichnet?
- Eine passende Schrift auswählen: Größe, Farbe usw.
- Geeignetes Material besorgen: festes Papier, Tapete, Pappe, ...
- Das Layout (d. h. die Gestaltung der Zeitung/des Plakats) festlegen. Wer sucht den Platz auf den Seiten aus? Wer schreibt? Wer klebt?
- Die Wandzeitung/das Plakat vorstellen, z. B. in der Klasse, bei einem Elternabend, für die Schülerzeitung u. a.

Ein **Beispiel**: → S. 93

V8 – Eine Ausstellung planen

Zu manchen Themen des Religionsunterrichts könnt ihr **Bilder/Fotos** sammeln, eine **Collage*** herstellen oder auch Bilder/Comics **selbst malen/zeichnen** und mit diesen Bildern auf einer Pinnwand oder auf Plakaten eine kleine **Ausstellung** in der Klasse oder Schule planen. Die Ausstellung braucht einen zugkräftigen Titel. Zu den Bildern solltet ihr kleine Texte schreiben. Die besten Bilder werden prämiert. Eltern und Gäste freuen sich bestimmt über eine Einladung zur Eröffnung. Vielleicht zahlen sie ein kleines Eintrittsgeld für die Aufbesserung der Klassenkasse.

* Eine **Collage** (französisch: „kleben") ist ein Bild, das aus verschiedenen Materialien wie Papierfetzen, Fotos, Streifen, Pflaster, Pappe, Baumblättern usw. hergestellt und auf einen Papierbogen aufgeklebt wird.

Ein **Beispiele**: → S. 170

V9 – Ein Standbild oder ein Rollenspiel einüben

In einem **Standbild** stellt ihr mit eurer Körperhaltung und eurem Gesichtsausdruck, manchmal auch noch mit einigen Gegenständen (Kleider, Taschen, Lampen usw.), eine einzelne Szene wie ein Denkmal dar. Ein Bild oder eine Situation aus dem Leben können euch Anregungen dazu geben. Zu einem Thema sind manchmal auch mehrere Standbilder möglich, so dass sich verschiedene Gruppen ergänzen können. Interessant ist es auch, wenn eine Gruppe ein Standbild einübt und die anderen raten sollen, was es darstellt.

Ein biblisches **Beispiel**: In der Zachäusszene (Lk 19,1–10) versammeln sich Schülerinnen und Schüler auf einem Platz in der Klasse oder auf dem Schulhof, um Jesus zuzuhören, der gerade etwas zu sagen hat. Zachäus, der von kleiner Gestalt ist, steht auf einer Leiter, die mit etwas Laub als Baum erscheinen kann. So kann er Jesus sehen und hören. Vorsicht, dass die Leiter nicht umkippt.

Oder (etwas schwerer): Das Standbild ist eine Vorstufe zum **Rollenspiel.** In einem Rollenspiel führt ihr eine kleine Szene in der Klasse oder vor einem anderen Publikum auf. Rollenspiele müsst ihr gut vorbereiten. Anregungen dazu können geben:

- ein **Problem**, z. B. eine Szene zwischen Eltern und Kindern: → S. 24 f.
- eine (**biblische) Erzählung**, z. B. Mose im Binsenkästchen: → S. 60

Für ein **Rollenspiel** sind die folgenden Punkte zu bedenken:

- Ihr braucht ein kleines **Drehbuch**, in dem die einzelnen Szenen und der Text festgelegt werden.
- Verteilt die einzelnen **Rollen**. Um mehr Schülerinnen und Schüler zu beteiligen, als in der Textvorlage vorkommen, könnt ihr ein paar zusätzliche Rollen erfinden, z. B. Zuschauer, Zeitgenossen, Clowns, Kinder usw.
- Überlegt, in welchen **Kostümen** die Spieler/innen auftreten. Was ist sonst nötig: Kleider, Besen, Schwert, Lampe usw.?
- Entwerft ein kleines **Bühnen-/Szenenbild**. Manchmal reicht es, auf einem großen Plakat den Ort der Handlung aufzuschreiben: z. B. „Wald", „Jerusalem" usw.
- Jemanden suchen, der für die **Regie** verantwortlich. Das ist oft eine Aufgabe für die Religionslehrerin oder den Religionslehrer.

Ein **Beispiel**: → S. 66

V10 – Ein Elfergedicht schreiben

Ein **Elfergedicht** („**Elfchen**") ist ein kurzes Gedicht aus elf Wörtern, die auf fünf Zeilen verteilt sind. In der ersten und fünften Zeile steht je ein Wort, in der zweiten stehen zwei, in der dritten drei, in der vierten vier Wörter. Die vierte Zeile soll, muss aber nicht mit „Ich" beginnen. **Zwei Beispiele:**

ein Wort:	*Reli*	*Kinder*
zwei Wörter:	*im Stundenplan*	*heißen Kids*
drei Wörter:	*bringt uns viel*	*mit tollen Ideen*
vier Wörter:	*Ich mag die Themen*	*man unterschätze sie nicht*
ein Wort:	*Wunderbar*	*Originale*

Weitere **Beispiele** sind möglich zu Bibel, Abraham, Mose, David, Petrus, Judas, Paulus, Betlehem, Pfarrei, Weihnachten usw.

V11 – Eine Meditation vorbereiten

Das lateinische Wort **Meditation** bedeutet „Zur Mitte finden". Es wird auch mit „Besinnung" oder „Betrachtung" übersetzt. Von einer Meditation sprechen wir, wenn Menschen ganz ruhig werden, sich innerlich sammeln und das Herz auf etwas Gutes richten. Religiös bzw. christlich ist die Meditation, wenn sie sich innerlich Gott zuwendet. Es gibt Klassen, die manchmal im Religionsunterricht eine **Meditation** versuchen. Beim Meditieren könnt ihr Erfahrungen machen, die im Alltag kaum vorkommen. Wenn ihr eine Meditation versuchen wollt, solltet ihr mit eurer Religionslehrerin/eurem Religionslehrer überlegen, welche Schwierigkeiten zu erwarten sind. Den meisten Mädchen und Jungen bedeutet das Meditieren nach einigen Übungen so viel, dass sie es gern tun.

Mögliche Schritte der Meditation

(1) Zuerst sucht ihr euch einen **Gegenstand zur Meditation** aus. Meditieren könnt ihr über viele Gegenstände und Situationen: über eine Blume oder ein Tier, das Wasser oder das Feuer, die Sonne, den Mond und die Sterne, das Weltall, einen Computer, ein Bild, ein Lied, ein Wort aus der Bibel, über einen Heiligen, über Jesus und nicht zuletzt über Gott.

(2) Voraussetzung für das Gelingen der Meditation ist es, dass ihr ganz **still werdet**. Für viele Schüler/innen ist es oft am Anfang schwer, die Unruhe des Tages hinter sich zu lassen und die Gedanken zu sammeln. Dazu braucht ihr meistens einige Übungen und Erfahrungen. Misserfolge sollten euch aber nicht von neuen Versuchen abhalten. Notwendig ist es, alle störenden Geräusche **von außen** (Radio, Handy usw.) so weit wie möglich auszuschalten. Ebenso solltet ihr alle Vorstellungen, Gedanken, Überlegungen **im Inneren** zurückstellen. Nur so könnt ihr für die Meditation einen Raum der Stille schaffen.

(3) Jetzt könnt ihr euch langsam **fragen**: Warum ist der Gegenstand der Meditation so wie er ist? Worin unterscheidet er sich von anderem? Was bleibt und ändert sich? Was ist daran wichtig? Was bedeutet er für sich, was für andere, was für mich? In welchen Zusammenhängen steht er? Was hat er mit Gott zu tun?

Ein **Beispiel**: → S. 121

Zur Abwechslung empfohlen – Weitere Ideen

- Sprechblasen ausfüllen
- einen Song neu texten
- ein Schmuckblatt gestalten
- ein Rätsel anfertigen
- einen Flyer oder ein Flugblatt anfertigen
- ein Bild verändern
- ein Puzzle zusammenlegen

- eine „Wäscheleine" als Zettelwand für eure Gedanken und Worte benutzen

Begriffe

Auf dieser Seite stehen die wichtigsten Begriffe, die im Lernwissen dieses Bandes vorkommen. Vereinzelt sind auch Begriffe aus anderen Textteilen berücksichtigt. Zu den wichtigsten Themen könnt ihr rasch Auskunft finden. Das ist auch bei manchen Aufgaben nützlich.

Bildthemen

Hier sind die Themen zusammengestellt, die auf den Bildern des Bandes zu sehen sind. Auch dieses Register kann euch beim Nachschlagen und als Hilfe bei manchen Aufgaben nützlich sein.

Text- und Liedverzeichnis

11: Franz Wittkamp, zitiert aus: Hans-Joachim Gelberg (Hg.), Überall und neben dir, Verlag Beltz & Gelberg, Weinheim und Basel 1989, S. 98. – Joachim Ringelnatz, Freude. Das Gedicht darf unter Angabe des Autoren frei kopiert und veröffentlich werden. In Joachim Ringelnatz, Sämtliche Gedichte, Diogenes Tabu 2005, S. 45. – **13:** Hans Manz, zitiert aus: Hans-Joachim Gelberg (Hg.), Überall und neben dir, Verlag Beltz & Gelberg, Weinheim und Basel 1989, S. 55. – Max Bolliger, © beim Autor bzw. Rechtsnachfolge. – **17:** Papst Franziskus, Apostolisches Schreiben Evangelii gaudium, Nr. 1. http://w2.vatican.va/content/francesco/de/apost_exhortations/documents/papa-francesco_esortazione-ap_20131124_evangelii-gaudium.html – **20:** Roswitha Fröhlich, aus: Hans-Joachim Gelberg, Überall und neben dir, Verlag Beltz & Gelberg, Weinheim und Basel 1989, S. 202. – **21:** Regina Schwarz, aus: Hans-Joachim Gelberg, Überall und neben dir. Verlag Beltz & Gelberg, Weinheim und Basel 1989, S.159 – Karlhans Frank: © Karlhans Frank, Gelnhaar bei Frankfurt am Main. – **23:** Gloria Swanson, aus: Vorlesebuch Religion 1. Für Kinder von 5-12 herausgegeben von Dietrich Steinwede und Sabine Ruprecht, Kaufmann, Vandenhoeck & Ruprecht/Patmos/TVZ, 1992. – **24:** Marie Luise Kaschnitz, Neue Gedichte, Claasen Verlag, Hamburg 1957. – **25:** Ein zwölfjähriges Mädchen aus Korea, aus: Ingo Baldermann, Gottes Reich – Hoffnung für Kinder, Neukirchener Verlag, Neukirchen-Vluyn 1991. – **26:** Verfasser/in unbekannt, aus: Spurenlesen 5/6, Calwer Verlag, Stuttgart/Ernst Klett Verlag, Stuttgart ... 1997, S. 56. – **27:** Reiner Kunze, Das Kätzchen, S. Fischer Verlag, Frankfurt am Main 1979. – **36:** Wolf Harranth, Nimm ein Buch, aus: Hans-Joachim Gelberg, Überall und neben dir, Verlag Beltz & Gelberg, Weinheim und Basel 1989, S. 128. – **36:** Helmut Glatz, Rätsel, aus: Hans-Joachim Gelberg, Die Erde ist mein Haus, Verlag Beltz & Gelberg, Weinheim und Basel 1988, S. 6. – **47:** Herr, gib uns Mut zum Hören, Text und Melodie: Kurt Rommel 1963, © Strube Verlag, München. – **55:** Geh mit uns auf unserem Weg, Text: Norbert Weidinger/Jutta Richter, Melodie: Ludger Edelkötter, © KiMu Kinder Musik Verlag GmbH, 45219 Essen. – **76:** Fynn, „Hallo, Mister Gott, hier spricht Anna", S. Fischer Verlag, Frankfurt am Main 1978, S. 79. Dt. von Helga Heller-Neumann. – **77:** Rabbi Levi Jizchak von Berditschew, aus: Martin Buber, Werke Bd. 3, Kösel-Verlag, München 1963, S. 334 (mit kleinen Änderungen). – **83:** Ein persönliches Gebet, © Gudrun Pausewang, Schlitz. – **91:** Möge dein Weg, zit. nach: www.ekhn.de/aktuell/gluecksegen/ueber-den-segen/segenssprueche/segensspruechе-irische-segen.html – **122:** Euro-Weihnachten, frei aktualisiert nach Robert Gernhardt, in: FAZ, 26.1.2002, S. 49. – **122:** Rolf Krenzer, Wann fängt Weihnachten an?, Lahn Verlag, Kevelaer, © Rolf Krenzer, Dillenburg. – **127:** Wilhelm Willms, Der geerdete Himmel. Wiederbelebungsversuche, Butzon & Bercker, Kevelaer, 7. Aufl., 1986, S. 5 i.A. – **140:** P. Eismann/J. Wiggers (Hg.), Vorlesebuch zum Katholischen Katechismus, Band 2, Kösel-Verlag, München 1955, S. 322. – **141:** Fabel vom Maikäfer und Engerling, © Roman Mensing, Bonn. – **142:** Jesus in Frankfurt, © Gudrun Pausewang, Schlitz. – **142:** Die Herkunft des Textes ist unklar, © Wilhelm Willms/Butzon & Bercker, Kevelaer. – **178:** Wilhelm Willms, Meine Schritte kreisen um die Mitte. Neues Lied im alten Land, Butzon & Bercker, Kevelaer 1984, S. 30 f. – **194:** Dekret über den Ökumenismus Nr. 1, zit. nach: Karl Rahner, Herbert Vorgrimler, Kleines Konzilskompendium, Verlag Herder, Freiburg i. Br. 1966, S. 229. – **213:** Islamische Erzählung, aus: Annemarie Schimmel, Die Träume des Kalifen. Träume und ihre Deutung in der islamischen Kultur, Verlag C. H. Beck, München 1998, S. 189.

Bibeltexte: zit. nach der Einheitsübersetzung, © 1980 Katholische Bibelanstalt, Stuttgart.

Bildquellenverzeichnis

Cover: Art Archive/images.de / © VG Bild-Kunst, Bonn 2016; **2:** *oben* Flonline; *Mitte* akg-images / Erich Lessing; *unten* Shutterstock / Joao Virissimo; **3:** *oben* images.de / LEEMAGE; *Mitte* akg-images / Albatross; *unten* akg-images; **4:** *oben* bpk / Joseph Martin; *Mitte* KNA-Bild / Harald Oppitz; *unten* epd-bild; **5:** *oben* picture-alliance / AP Photo; *Mitte* Flonline; *unten* Cornelsen / Rainer Moers; **7:** © Kyu-Chul Ahn / Welthungerhilfe e.V. / Patmos Archiv; **8:** *oben* Shutterstock / BestPhotoStudio; *unten* Shutterstock / karelnoppe; **9:** *oben links, oben rechts* Shutterstock / Monkey Business Images; *2. von oben links* Shutterstock / sanneberg; *2. von oben rechts* Glow Images / Imagesource; *unten links, 2. von unten links* Shutterstock / iordani; *2. von unten rechts* Shutterstock / Alexander Raths; *unten rechts* Shutterstock / racorn; **11:** © Succession Picasso / VG Bild-Kunst, Bonn 2016; **12:** bridgemanart.com; **13:** bridgemanart.com; **14:** Fotofinder.de / CIRIC; **16:** culture-images / Fine Art Images; **17:** Glow Images / ImageBROKER RM; **18:** akg-images / © VG Bild-Kunst, Bonn 2016; **20:** Shutterstock / Andrey Burmakin / Cornelsen / Rainer Moers; **22:** *rechts* epd-bild / version / Herby Sachs; *links unten* Flonline / Tips Images; *links oben* imago / Schwörer Pressefoto; **26:** bridgemanart.com; **27:** *oben* Wildlife / Juniors/J.-L. Klein & M.-L. Hubert; *unten* Klaus Staeck / © VG Bild-Kunst, Bonn 2016; **28:** © Nolde Stiftung Seebüll; **29:** Flonline; **30:** *unten* laif / Sebastian Hartz; *oben* Sammlung Museumsberg Flensburg / © VG Bild-Kunst, Bonn 2016; **31:** *Mitte* laif / Martin/Le Figaro Magazine; *rechts* laif / Bettina Flitner; *links* picture-alliance / Ton Koene; **32:** *oben* akg-images / © Fondation Oskar Kokoschka / VG Bild-Kunst, Bonn; *Logo Misereor* Bischöfliches Hilfswerk MISEREOR e. V.; *Logo Die Sternsinger* Die Sternsinger, Aachen; *Logo Caritas* Deutscher Caritasverband e.V.; *Logo Don Bosco Mondo* Don Bosco Mondo e.V., Bonn; **33:** Rainer Moers, Mönchengladbach; **34:** *links* bpk / Staatsbibliothek zu Berlin / Ruth Schacht; *rechts oben* Interfoto / Photoaisa; *rechts unten* Shutterstock / violetkaipa; **35:** *unten links* epd-bild / Caro; *unten rechts* KNA Agentur; **36:** *Cover „Oksa Pollock"* Verlag Friedrich Oetinger GmbH; *Cover „Die Kinder-Uni"* © dtv - Deutscher Taschenbuchverlag; *Cover „Gregs Tagebuch"* © Bastei Lübbe (Baumhaus Taschenbuch); *Cover „Die unendliche Geschichte", Cover „Die kleine Hexe"* © by Thienemann Verlag GmbH, Stuttgart/Wien; *Cover „Sie bewegten die Welt"* © Verlag FISCHER Sauerländer; *Grafik unten* Ivan Steiger; **37:** UVK Verlagsgesellschaft mbH / © Südverlag GmbH, Konstanz, 2000; **38:** *Hintergrund* picture-alliance / fStop; *oben* picture-alliance / dpa Themendienst; *unten* Cornelsen / Rainer Moers; **40:** *beide* picture-alliance / dpa; **41:** INTERFOTO / JTB PHOTO; **42:** *oben* akg-images; *Mitte, unten* akg-images / Bible Land Pictures; **43:** akg-images / Erich Lessing; **44:** akg-images / Rabatti – Domingie; **45:** bridgemanart.com; **46:** *links* Shutterstock / sanneberg; *unten* Glow Images / Imagesource; *rechts* Shutterstock / iordani; **47:** akg-images / Russian Look / © VG Bild-Kunst, Bonn 2016; **48:** bpk / RMN – Grand Palais / Gérard Blot / © VG Bild-Kunst, Bonn 2016; **50:** *unten* bpk / Vorderasiatisches Museum, SMB / Olaf M.Teßmer; *oben* Interfoto / Bildarchiv Hansmann; **51:** *links* bpk / Vorderasiatisches Museum, SMB / Gudrun Stenzel; *rechts* Shutterstock / Joao Virissimo; **52:** bpk / The Trustees of the British Museum; **53:** *unten* action press; *oben* picture-alliance / CITYPRESS 24; **54:** picture-alliance / Heritage Imag; **56:** *oben, Mitte* akg-images / Erich Lessing; *unten* bpk / RMN - Grand Palais / Gérard Blot / © VG Bild-Kunst, Bonn 2016; **57:** picture-alliance / dpa; **58:** *(1)* bpk / Lala Aufsberg; *(2)* mauritius images / Rainer Hackenberg; **59:** *(4), (5)* akg-images / De Agostini Picture Lib.; *(3)* picture-alliance / /HIP; **60:** akg-images / The National Gallery, London; **62:** bpk / RMN - Grand Palais / Gérard Blot / © VG Bild-Kunst, Bonn 2016; **63:** akg-images / © VG Bild-Kunst, Bonn 2016; **64:** mauritius Images / Alamy / Ian M. Butterfield; **65:** Glow Images / SuperStock RM / © VG Bild-Kunst 2016; **67:** bpk / RMN - Grand Palais / Gérard Blot / © VG Bild-Kunst, Bonn 2016; **68:** CV Archiv / © VG Bild-Kunst, Bonn 2016 / Marc Chagall; **70:** Fotofinder / Art Archive; **71:** Österreichische Nationalbibliothek, Wien / Wiener Genesis; **72:** akg-images / Erich Lessing; **74:** Glow Images / imageBROKER; **76:** mauritius images / Alamy / David Burton; **77:** *links* Shutterstock / Veronika Galkina; *rechts* TopicMedia / Klaus-Werner Friedrich; **78:** *(1)* Shutterstock / iofoto; *(2)* YourPhotoToday; *(3)* picture-alliance / blickwinkel/M; *(8)* Cornelsen / Ivan Steiger; *(9)* Cornelsen / Rainer Moers; **79:** *(4)* KNA Agentur; *(5)* epd-bild / Dirk v. Mallinckrodt; *(6)* bpk / Gemäldegalerie, SMB / Volker-H. Schneider; *(7)* mauritius images / imageBROKER / John Eveson / FLPA; **80:** Interfoto / Granger; **81:** © Angelica Küper, Bonn / Patmos Archiv; **82:** *oben* Shutterstock / Vibe Images; *unten* KNA Agentur; **83:** *oben links* Shutterstock / Vibe Images; *unten* Glow Images / BlendRF; *oben rechts* picture alliance / Design Pics; **84:** imago / UIG; **87:** Patmos Archiv / © VG Bild-Kunst 2016, Bonn; **88:** *(1)* akg-images; *(2)* images.de / LEEMAGE; **89:** *(3)* picture-alliance / dpa; *(4)* Shutterstock / Jose Gil; *(6)* Shutterstock / CHEN WS; *(5)* mauritius images / Alamy / Ben Wyeth; **90:** *rechts* Shutterstock / Carlos Amarillo; *links* Aus: Macht, Siegfried. Dein Name ist Dubistbeimir. München 1985. © homepage: siegfriedmacht.de; **91:** Cornelsen / Berthold Frinken; **92:** *oben* akg-images / Albatross; *Mitte* Shutterstock / Flik47; *unten* Shutterstock / Mykola Ivashchenko; **94:** *unten* akg-images / Yvan Travert; *oben* akg-images / Bible Land Pictures; **95:** picture-alliance / Hanann Isacha; **96:** *rechts* epd-bild / Thomas Lohnes; *links* imago; **97:** *Lucas* Shutterstock / sanneberg; *Mesut* Glow Images / Imagesource; *Ester* Shutterstock / iordani; *unten* PantherMedia / Paul Kaizer; *Grafik* Cornelsen / Patmos Archiv; **99:** Sächsische Landes-, Staats- und Universitätsbibliothek Dresden (SLUB) 01054 Dresden / Deutsche Fotothek / Martin Würker / © VG Bild-Kunst, Bonn 2016; **100:** *oben* bpk / Scala; *unten* akg-images / Peter Connolly; **101:** *oben* bpk / The Trustees of the British Museum; *unten, Mitte* akg-images / Erich Lessing; **102:** bridgemanart.com; **104:** *oben* bridgemanart.com; *unten* © E. Baryshkov / Palphot Verlag Israel, www.palphot.com; **105:** *oben* © E. Baryshkov / Palphot Verlag Israel, www.palphot.com; **106:** bridgemanart.com; **107:** akg / De Agostini Picture Lib.; **108:** akg-images / Rabatti – Domingie; **109:** *unten* interfoto / Granger; **110:** picture-alliance / dpa / dpaweb; **111:** © Biblioteca Medicea Laurenziana, Firenze; **112:** *(1), (2), (3)* akg / De Agostini Picture Lib.; *(4)* bridgemanart.com; **115:** akg-images; **116:** akg / The National Gallery, London; **117:** Shutterstock / Mayboroda; **118:** laif / contrasto; **119:** *oben* akg-images / Jürgen Sorges; *unten* akg-images / Erich Lessing; **121:** akg / De Agostini Picture Lib.; **122:** *links* picture alliance / Westend61 / Jan Tepass; *rechts* imago; **123:** akg / De Agostini Picture Lib.; **125:** *Körner* Shutterstock / sss615; *Baum* Harel Stanton, Hadera / Israel; **126:** *unten* bridgemanart.com; **127:** Little Shark Entertainment GmbH, Köln; **128:** *oben* akg-images / Erich Lessing; **130:** akg-images / Rabatti - Domingie; **131:** *unten* Shutterstock / l i g h t p o e t; *Mitte* Glow Images / CulturaRF; *oben* Shutterstock / Denis Kuvaev; **132, 134, 137, 139:** akg / De Agostini Picture Lib.; **140:** Cornelsen / Berthold Frinken; **141:** mauritius images / Fritz Rauschenbach; **143:** Thomas-Morus-Akademie Bensberg, Bergisch Gladbach; **144:** akg / De Agostini Picture Lib.; **145:** akg-images / Erich Lessing; **146:** bpk / Joseph Martin; **148:** akg-images / André Held; **149:** akg-images / Bildarchiv Monheim; **150:** *unten* Interfoto / LatitudeStock / Rawdon Wyatt; *oben* mauritius images / Alamy / NPC Collection; **151:** *unten* akg-images / Erich Lessing; *oben* INTERFOTO / O. Eckstein; **152:** Alamy / Michael Jenner; **153:** akg-images / Erich Lessing; **154:** Photograph © Sarah Blaffer Foundation Collection / The Museum of Fine Arts, Houston; **155:** akg-images / André Held; **156:** akg-images / Cameraphoto; **157:** Fotolia / Benjamin [,O°] Zweig; **158:** *links* Interfoto / Zill; *rechts* FOTOFINDER / Leemage; **159:** *oben* epd-bild / KNA-Bild / Wolfgang Radtke; *unten* bpk / Gemäldegalerie, SMB / Jörg P. Anders; **160:** *oben* epd-bild / akg-images; *unten* Glow Images / Heritage Images RM; **161:** imago; **162:** Staatsbibilothek Bamberg / Gerald Raab ; **163:** *oben* picture-alliance / Artcolor; *unten* Interfoto / Sammlung Rauch; **164:** akg-images / Bildarchiv Monheim; **165:** Rheinisches Bildarchiv, Köln; **167:** *oben links* bridgemanart.com; *oben Mitte* akg-images; *oben rechts* Cornelsen / Werner Trutwin; *unten links* Interfoto / Granger; *unten Mitte* picture-alliance / dpa; *unten rechts* epd-bild / KNA; **168:** The Israel Museum, Jerusalem; **172:** *links* action press / OLYCOM S.P.A.; *rechts* mauritius images / Alamy / Godong; **173:** FOTOFINDER / Sinopictures; **174:** *oben* Shutterstock / ISchmidt; *Mitte, unten* Colourbox / Eric Audras; **175:** *oben* © 2013 KNA-Bild, Alle Rechte vorbehalten; *Mitte* Alamy / Wheldrake; *unten* action press / ABACA; **176:** *oben* Shutterstock / DGLimages; *unten* mauritius images / Alamy / Robert Fried; **177:** mauritius images / Alamy / Friedrich Stark; **178:** *oben* KNA-Bild / Harald Oppitz; *unten* imago / UIG; **179:** *(4)* mauritius images / Alamy / Godong; *(5)* KNA-Bild / Nadine Loesaus; *(6)* KNA-Bild / Wolfgang Radtke; *(7)* KNA-Bild / Gerd Vieler; **180:** *rechts* KNA-Bild / Harald Oppitz; *links* KNA-Bild / Erika Rebmann; **181:** *Mitte* akg-images / Erich Lessing; *Grafik* Cornelsen / Patmos Archiv; **182:** *Mitte* mauritius images / Tetra Images; *oben* Shutterstock / racorn; *unten* mauritius images / Alamy / Israel images; **183:** *oben* Your_Photo_Today; *unten* Shutterstock / A and N photography; **185:** KNA-Bild / Harald Oppitz; **186:** *oben links* imago; *oben rechts* Cornelsen / Berthold Frinken; *Mitte links* KNA-Bild / Alexander Brüggemann; *Mitte* Cornelsen / Berthold Frinken; *Mitte rechts* KNA-Bild / Barbara Beyer; *unten links* epd-bild / Meike Böschemeyer; *unten rechts* epd-bild / Rainer Oettel; **187:** *unten links* epd-bild / Andreas Arnold; *unten rechts* KNA-Bild / Harald Oppitz; **190:** *oben links* Fotofinder / Art Archive; *oben rechts* akg-images / De Agostini Picture; *unten* bridgemanart.com; **191:** *oben links* Shutterstock / Lopolo; *oben Mitte* Rainer Moers, Mönchengladbach; *oben rechts* Shutterstock / Image Point Fr; **192:** *oben, Mitte* Jals Smolinski, Bern; *unten* epd-bild; **193:** Cornelsen / Berthold Frinken; **194:** *links* © WCC; *rechts* imago; **195:** ddp images / Joerg Koch; **196:** Image Source / Alex Greenwood; **197:** *oben* epd-bild / Rolf Zöllner; *unten links* epd-bild / Daniel Peter; *unten Mitte* epd-bild / Dirk Silz; *unten rechts* picture-alliance / dpa; **198:** *oben links, Mitte links* picture-alliance / dpa; *oben rechts* LOOK-foto / Karl Johaentges; *unten links* picture alliance / dpa / Patrick van Katwijk; *unten rechts* Corbis / Demotix / Theo Schneider; **199:** Cornelsen / Rainer Moers; **200:** INTERFOTO / imageBROKER / Jochen Tack; **202:** *oben* Shutterstock / A and N photography; *unten* Fotofinder / Leemage / Luisa Ricciarini; **203:** bpk / Museum für Islamische Kunst, SMB / Wolfgang Selbach; **204:** *oben* mauritius images / age / Ton Koene; *unten* picture-alliance / AP Photo; **205:** Cornelsen / Werner Trutwin; **206:** *alle rechts* epd-bild / Rolf Zöllner; **207:** *unten* Fotolia / ayazad; **208:** *links* laif / REA/Benoit Decout; *rechts* Shutterstock / William Perugini; **209:** picture-alliance / dpa; **210:** picture-alliance / dpa; **211:** Reuters / Stringer; **212:** *Mitte* LOOK-foto; *oben* mauritius images / age / Boaz Rottem; *unten* picture-alliance / dpa; **213:** *oben* bpk / Gemäldegalerie, SMB / Volker-H. Schneider; *unten* Fotofinder / Leemage / Luisa Ricciarini; **214:** picture-alliance / fStop; **215:** *oben* Shutterstock / Monkey Business Images; *unten* F1online; **216:** *oben* Shutterstock / Tyler Olson; *unten* Shutterstock / Monkey Business Images; **217:** laif / Theodor Barth; **218:** Shutterstock / maxbelchenko;

Illustrationen: Konrad Lüftelberg: 10, 15, 21, 24, 25, 85, 124, 171, 189, 219, 220, 221;
Sachillustrationen: Dieter Gelsheimer: 55, 63 l., 65 u., 69, 94 o., 95 o., 96 o., 98, 103, 106 o., 108 o., 109 o., 114 o., 116 o., 118 o., 124 u., 125 u., 126 o., 128 u., 133, 134 u., 138, 153 u.;
Karten: 97, 201, 224, Umschlaginnenseite – Patmos Archiv / © 2014 Oldenbourg Schulbuchverlag GmbH, München / © 2016 Cornelsen Verlag GmbH, Berlin
Nicht eigens aufgeführte Layout-Grafik: Cornelsen / Rainer Moers, Mönchengladbach

Religion – Sekundarstufe I
Band 1
Jahrgangsstufe 5-6
Grundfassung
Zeit der Freude

erarbeitet von Werner Trutwin

Redaktion:	Berthold Frinken
Bildredaktion:	Jana Markert/Franziska Becker/ Jana Tichauer
Umschlaggestaltung:	Claudia Bachmann, Berlin
Layout und technische Umsetzung:	Rainer Moers, Mönchengladbach

www.oldenbourg.de

Soweit in diesem Lehrwerk Personen fotografisch abgebildet sind und ihnen von der Redaktion fiktive Namen, Berufe, Dialoge und Ähnliches zugeordnet oder diese Personen in bestimmte Kontexte gesetzt werden, dienen diese Zuordnungen und Darstellungen ausschließlich der Veranschaulichung und dem besseren Verständnis des Inhalts.

Die Webseiten Dritter, deren Internetadressen in diesem Lehrwerk angegeben sind, wurden vor Drucklegung sorgfältig geprüft. Der Verlag übernimmt keine Gewähr für die Aktualität und den Inhalt dieser Seiten oder solcher, die mit ihnen verlinkt sind.

1. Auflage, 1. Druck 2016

Alle Drucke dieser Auflage sind inhaltlich unverändert und können im Unterricht nebeneinander verwendet werden.

Zugelassen als Lehrbuch für den katholischen Religionsunterricht von den Diözesanbischöfen von Aachen, Berlin, Essen, Fulda, Hamburg, Hildesheim, Köln, Limburg, Mainz, Münster, Osnabrück, Paderborn, Speyer und Trier.

Druck: Mohn Media Mohndruck, Gütersloh

ISBN 978-3-7627-0615-1

PEFC
PEFC/04-31-1033

PEFC zertifiziert
Dieses Produkt stammt aus nachhaltig bewirtschafteten Wäldern und kontrollierten Quellen.

www.pefc.de

Karte I
DER WÜSTENZUG DER ISRAELITEN
Ägyptische Grenzfestungen
Zug der Israeliten entsprechend den Angaben der Bibel
Kundschaftereinfälle
Spätere Vorstöße
0 25 50 75 100 km
MITTELMEER
Byblos
PHÖNIZIEN
LIBANON
ARAMÄER
Sidon
Damaskus
Tyrus
Akko
See Gennesaret
Megiddo
Karmel
KANAAN
AMMON
Joppe
Jordan
Bet-El
Jericho
Berg Nebo 810 m
Aschdod
Aschkelon
Jerusalem
Totes Meer
Gaza
Hebron
PHILISTÄA
Beerscheba
MOAB
Ramses
GOSCHEN
WÜSTE SUR
Kadesch
EDOM
Pitom
Sukkot
Bitter-See
Heliopolis
AMALEK
Berg Hor
Memfis
Rissa
ÄGYPTEN
WÜSTE SIN
Elim
SINAI DER GESETZGEBUNG
MIDIAN
Schilfmeer (Rotes Meer)
Horeb 2292 m
SINAI-GEBIRGE
Golf von Akaba
ARABISCHE WÜSTE

Karte II
DAS LAND ISRAEL ZUR ZEIT JESU
Bis auf wenige Ausnahmen finden sich hier nur Ortsnamen, die im Neuen Testament vorkommen
Sidon
ABILENE
Damaskus
Tyrus
SYROPHÖNIZIEN
Hermon
Cäsarea Philippi
TRACHONITIS
GALILÄA
ITURÄA
Ptolemais (Akko)
Chorazin
Kafarnaum
Betsaida
Magdala
Tiberias
Karmel
Kana
Tabor
See Gennesaret
Nazaret
Abila
Nain
Gadara
MITTEL-MEER
Megiddo
Cäsarea
Jordan
ZEHN STÄDTE
SAMARIA
Pella
Samaria
Gerasa
Sichem
Sychar
Garizim
Schilo
Jafo (Joppe)
Arimathäa
Bet-El
Philadelphia (Amman)
Lydda
Jericho
PERÄA
Emmaus
Betanien
Aschdod
Jerusalem
Qumran
Nebo 810 m
Aschkelon
Betlehem
Totes Meer
JUDÄA
Hebron
Gaza
−394 m
Machärus
Masada
Provinzgrenzen
Beerscheba
IDUMÄA
0 10 20 30 40 50 km